まるごとアコギの本

山田篤志
Atsushi Yamada

青弓社

まるごとアコギの本

目次

装丁——犬塚勝一

はじめに

　私とアコースティックギターとの出会いは三十年ほど前です。子供のころから歌が好きで「自分の歌に伴奏を付けられないかなー」といつも感じていました。高校入学をきっかけに家にあったアコースティックギターを弾き始めました。基本的な教則本を片手に、毎日練習したことを覚えています。現在は自営業のかたわら趣味としてアコースティックギターを弾いています。

　当時の私と同様に、本書を手に取った方の多くも、プロを目指すわけではないがアコギライフを楽しみたい、と思っていることでしょう。しかし練習を重ねてもなかなか上達せず、途中でギターを諦めてしまう方がいます。あまりにももったいない話です。初心者がぶつかる壁はほぼ同じで、上達が早い人と遅い人の差はほんの少しのコツを会得するかどうかです。またアコースティックギターの指南書はたくさんありますが、アコースティックギターを一生の趣味としてどのように楽しめばいいのか、自分の音楽をアコースティックギターでどのように表現するのかについて書かれたものはあまりなく、そういった知識を希望している人もいるのだと思います。

　そのために、ピントを「一生の趣味」に合わせて、なるべくわかりやすくアコースティックギターの話をしてみようと思いました。

　これからアコースティックギターを始めようとしている人、練習してもなかなか上達しない初心者を対象に、よくありがちな悩みを解決するコツはもちろん、ギター本体や弾き方、テクニックの話だけでなく、ライブのやり方、耳コピーや録音の方法など、私が趣味としてやってきたことをまとめました。

アコースティックギターは奥が深い楽器なのですべてを網羅できたわけではありませんが、基本的なことを理解できれば、そのあとのアレンジはいくらでも可能です。アコースティックギターが娯楽として必須の楽器であることはまちがいありません。みなさんのアコギライフをスタートするきっかけとして、本書がお役に立てば幸いです。

第1章　アコースティックギターの魅力――一生の趣味として

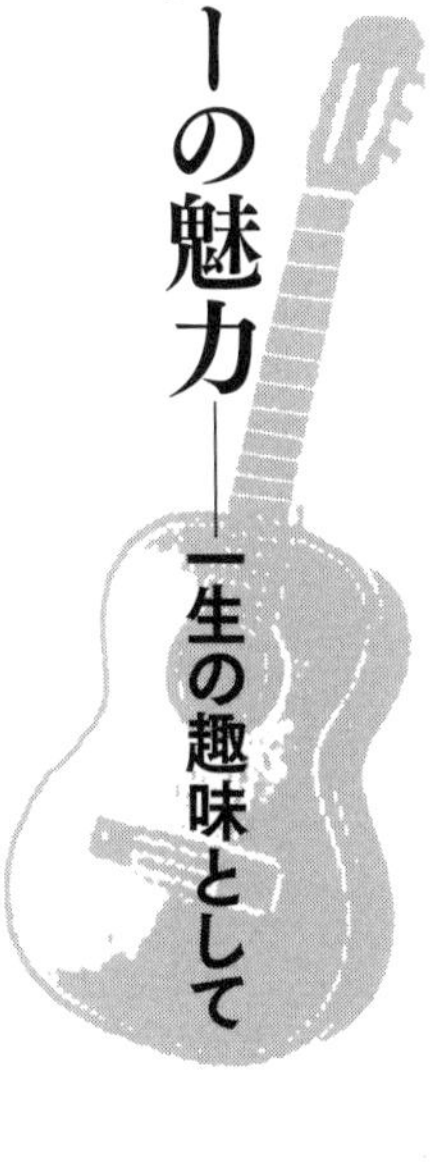

1　ギターは小さなオーケストラ

アコースティックギターの魅力を一言でいえば、「ギターは小さなオーケストラ」と言われるくらい表現力がある楽器だということでしょう。オーケストラは多数の弦楽器や管楽器、打楽器で構成しますが、それらをギター一台で同じように演奏できるということです。とても一人で演奏しているとは思えない曲を聴くことがあり、アコースティックギターの世界が広がります。音楽の三要素と言われるリズム（律動）、メロディー（旋律）、ハーモニー（和声）をたった一台のアコースティックギターで表現できるわけですから、本当にすばらしい楽器です。もちろんリード楽器としてもその力は発揮されます。

　アコースティックギターの音色も特徴的です。非常に心休まる温かい音色です。アコースティックギターの音色が好きで興味をもっている方も多いでしょう。アコースティックギターの音は使われる木材やその管理状態によって変わりますし、同じギターでも弾き手の爪の形や硬さ、弾き方によって音色が変わります。このあたりがアコースティックギターの醍醐味と言っていいでしょう。またギターにはギター特有のサウンドがあります。弦を押し上げることで音程を変えるチョーキングや指を滑らせることで音程を変えるスライドなどは弦楽器特有のものでピアノでは表現できませんし、倍音を多く含むハーモニクス音も弦楽器特有のものです。ときには打楽器のようにボディーをたたいてパフォーマンスすることもあります。

このような長所がある楽器にもかかわらず、手軽で、音を出すのにも大掛かりなセッティングは必要ありません。持ち運びが容易で、いつでもどこでも演奏を楽しむことができます。ピアノやドラムなどと比べて音も大きくないので、家での演奏にも適しています。ライブなどで大音量が必要となれば、ピックアップ（ギター専用のマイク）を取り付ければエレキギターのようにバンドで演奏することもできます。「小さなオーケストラ」とはよく言ったもので、アコースティックギターは一人での演奏からバンドでの演奏までさまざまな形態に広く対応でき、自分のスタイルに合わせて楽しむことができるのです。

2 アコギは簡単？ やっぱり難しい？

ギターを始めた学生のころは「簡単！　ちょっと練習すればすぐ弾ける！」と思っていました。それから三十年ほどたった現在、逆に私は「難しい、奥が深い」と感じています。

ギターは弦楽器のなかでもコード（和音）を弾ける楽器です。左手は数種類のコードを覚えて押さえるだけ、右手は腕を上下に振るワンパターンの動作……たったこれだけで曲の伴奏を弾くことができるようになります。これはほかの楽器からするととても魅力的なことで、ギターほど簡単に弾ける楽器はないと言い切ることができます。

それと同時に、ギターは世界中のさまざまなジャンルで弾かれる楽器であり、クラシック、ジャズ、ロック、ポップス、演歌……と挙げだしたらきりがないのですが、それぞれの特有の奏法をすべてマスターすることは至難の業です。まあ、その幅の広さがギターのすばらしいところでもあるのですが。

それでもアコースティックギターは人気の楽器ですので、教材や楽譜が豊富にそろっていて、音楽教室も充実しています。また、一緒に楽しい時間を過ごせる仲間を作りやすいのも特徴です。アコギを一生の趣味としてとらえるなら、そんなアコギ仲間の存在は重要です。アコギを習得するうえで初心者がつまずくポイントはだいたい同じですので、アコギ仲間に練習するコツを聞くことができたり、アコギ仲間が増えることでいままで知らなかった音楽やギター奏法に出会うことができたりするからです。お互いが刺激しあうことで、上達度が早くなります。

ギターに限ったことではないのですが、人間には欲望があります。「あの曲を弾きたい」「もっとカッコよく弾きたい」「あのギタリストのように弾きたい」……言いだしたらきりがないのですが、ギターが弾けるようになればなるほど高い壁にぶつかります。そして、そのときに感じます。「ギターって難しいな、奥が深いな」と。

それを克服して難しい曲が弾けるようになったときの達成感はこのうえない喜びです。音楽は楽しいものです。ギターは誰でも一生の趣味にできます。

3 アコギの上達には、お金がいくらかかるのか

初心者用のアコースティックギターと演奏に必要な付属品を一通りそろえると四、五万円ほどかかります。これを高いと思うか安いと思うかは人によりますが、ほかの楽器と比較すると安いほうです。特に学生に多いのですが、「なるべく安くギターを始めたい」「タダでうまくなりたい」という方がいます。この気持ちはよく理解できます。私もギターを始めたころはまだ学生で、金銭的な余裕はまったくありませんでした。「なるべく安くギターを手に入れたい」「誰かタダで教えてくれないか」「どこかに楽譜が落ちていないか」なんて毎日のように思っていました。

しかし、何か新しいことを始めるときはいくらかのお金が必要で、ギターもまったく同じです。うまくなるために教室に通おうと思って調べてみると授業料もバカにできません。現在のギター教室の授業料の相場は月に一万円ぐらいです。有名な先生につくと一時間で数万円です。たしかに有名な先生についたほうが上達は早いかもしれませんが、そこまでしないと上達できないのかは疑問です。私は独学でギターを覚えましたので、個人的には教室に行く必要はないと思っていますが、人によってはそれも一つの手かもしれません。また、教室に行けばアコギ仲間を見つけやすいというメリットが

ありますが、行かないと仲間が見つからないわけでもありません。

新しいギターを買うためにアルバイトをするのはいいことだと思います。アルバイトをすると練習時間がなくなるような気がするのですが、そうやって苦労して買ったギターには愛着がわいて、「絶対にうまくなってやる」と思うものです。こういったモチベーションが上達を早めます。なんでもかんでも高級品をそろえろということではありません。アコースティックギターを始めるのに、そんなにお金はかかりませんが、まったく「タダ」というわけにはいきません。必要なものをそろえるには、いくらかのお金がいることは覚悟してください。

ほんの少しの投資で一生楽しめる趣味が手に入るのですから、「ラッキー」くらいに考えましょう。

4 きょうからあなたもギタリスト

アコースティックギターに限ったことではないのですが、楽器の演奏は性別を問いませんし、何歳から始めても練習したぶんだけ上達が実感でき、やりがいを感じられることが特徴です。アコギを趣味とするには、まずスタートしないと始まらないので、何らかのきっかけが必要になります。アコギを弾き始める年齢やきっかけは人によってさまざまです。どういったパターンがあるのか、ちょっと見ていきましょう。

中学、高校、大学と進学をきっかけにアコギを始める方は大勢います。部活動やサークルがきっかけになることが多いようです。学生は仲間も増えやすく時間もたっぷりあるので上達も早いのです。

就職してお金に余裕ができるようになると、趣味を増やすタイミングということでアコギを選ぶ方がいます。「以前からやりたいと思っていたが、きっかけがなかった」というパターンですね。また忘年会がきっかけになることも多いですし、結婚式で「昔覚えたアコギを披露するか」と再出発する方もいます。

最近では、定年後の第二の人生、老後の趣味としてアコギを選ぶ方も多くなりました。二〇一四年の日本の平均寿命は男性が八十・五歳、女性が八十六・八歳ということですので、六十五歳で定年を迎えたとしても、その後に十五年から二十年近くの時間があります。この時間をどのように有意義に過ごすかが重要であることは言うまでもありません。

また、一般に老後には「お金」「健康」「孤独」という三つの問題があるとされます。アコギはこれらの問題にすべて応えてくれます。

老後の趣味もいろいろで、お金のかかる車やゴルフもあれば、お金のかからない将棋やマラソンもあります。前節で触れたようにアコースティックギターをスタートするのには四、五万円ほどかかりますが、維持費はそれほどかかりません。アコースティックギターの維持費で考えられるのは、弦やピックなどの消耗品、楽譜の購入くらいです（どれも数百円から数千円程度です）。もちろんオールドギターの収集を趣味とする場合は話が変わってしまいますが、演奏を楽しむレベルであれば、アコースティックギターはお金がかからない趣味です。

音楽療法、ミュージックセラピー、モーツァルト効果という言葉があるように、楽器を演奏することは健康にいいといわれています。楽譜を読み指先を動かすことで老化防止につながり、認知症の予防になるのだそうです。ピアノやトランペットなどの大きな音が出る楽器は練習をするために時間を制限されたり、練習スタジオの利用や防音室の設置を余儀なくされます。それに比べてアコギは音が小さい楽器なので、手軽に自宅で演奏を楽しむことができます。これはアコギが趣味として選ばれる大きな理由になっています。

そして先ほども話した友達ですが、アコギは人気の楽器ですので仲間を増やしやすいのです。最近ではフォーク喫茶やフォーク酒場といったアコギ好きが集まる場が再注目され、はやっています。

これらの理由で老後の趣味としてアコギを選ぶ人が増えています。たいへん健全で喜ばしいことですね。

ところがアコギを趣味としていたのにもかかわらず、何らかの理由で続けられなくなる方もいます。恋人ができ、結婚し、子供が生まれ、責任がある仕事を任せられ、ママ友との付き合いが始まり、親を介護し……となるとやはり趣味どころの話ではなくなってしまうのでしょうか。「毎日忙しすぎてストレスがたまっているのに、趣味でアコギを再開するなんてとんでもない！」という声が聞こえてきそうです。せっかく買った、あんなに夢中になったアコギをケースに入れて押し入れの奥にしまってしまいます。とても残念です。

ですが、逆にそんなときこそ、アコギの出番です。音楽鑑賞や楽器の演奏がストレスを解消するというのは有名な話です。カラオケで大声を出すとスカッとした気分になりますよね。アコギも同じようにアコギ仲間と交流し、一緒に演奏することでストレスを発散できます。

アコギは本来、楽しむためのものです。「毎日忙しいから練習するのが面倒だ」「ライブまでに曲を覚えないといけない」などと、アコギがつらいものになっては意味がありません。

難しく考える必要はありません。アコギを単純に楽しめばいいのです。CDを聴くときに、アコギで一緒に合わせてもいいし、テレビを見ながらでもいいのです。カラオケにアコギを持っていってもいいでしょう。会社帰りにギター教室に通うのもいいし、食事の支度の合間を縫って、十分間だけギターをポロロンと弾くだけでも十分に楽しめます。もっと極端に言えば、「アコギの練習をしよう」と集まってみたものの、練習そっちのけでアコギ仲間に仕事や子育ての相談をしてもいいと思うのです。

このように考えればアコギを一生の趣味にできるはずです。きっかけを作って早くスタートしましょう。きょうからあなたもギタリストです。きっと、豊かな人生を送れるはずです。

第2章 アコースティックギターの基礎知識

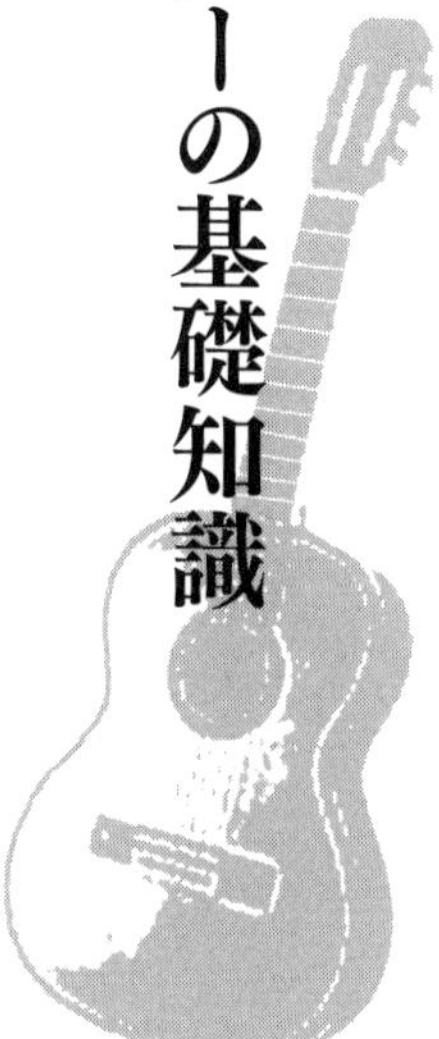

1 各部の名前

最初にギター各部の名前を覚えましょう（図２－１）。

ギターの部位は大きくボディー、ネック、ヘッドに分かれます。一般的にギターはボディーサイズが大きいほど大きい音量を出すのに有利であり、弦長が長いほど（ネックが長いほど）低音に有利です。弦の並びは構えたときに下から一弦、二弦……、フレットはナット側から一フレット、二フレット……となります。また指板と弦の距離（十二フレットで測ることが多い）を弦高といい、この高さもギターによってさまざまです。弦高は弾きやすさに関係してきますので、細かく調整するプロのギタリストもいます（図２－２）。

アコースティックギターの内部を見てみると、トップ板とバック板には図２－３のようにブレイシング（力木）と呼ばれる木の棒が貼ってあります。またフォークギターのネックのなかには、ネック

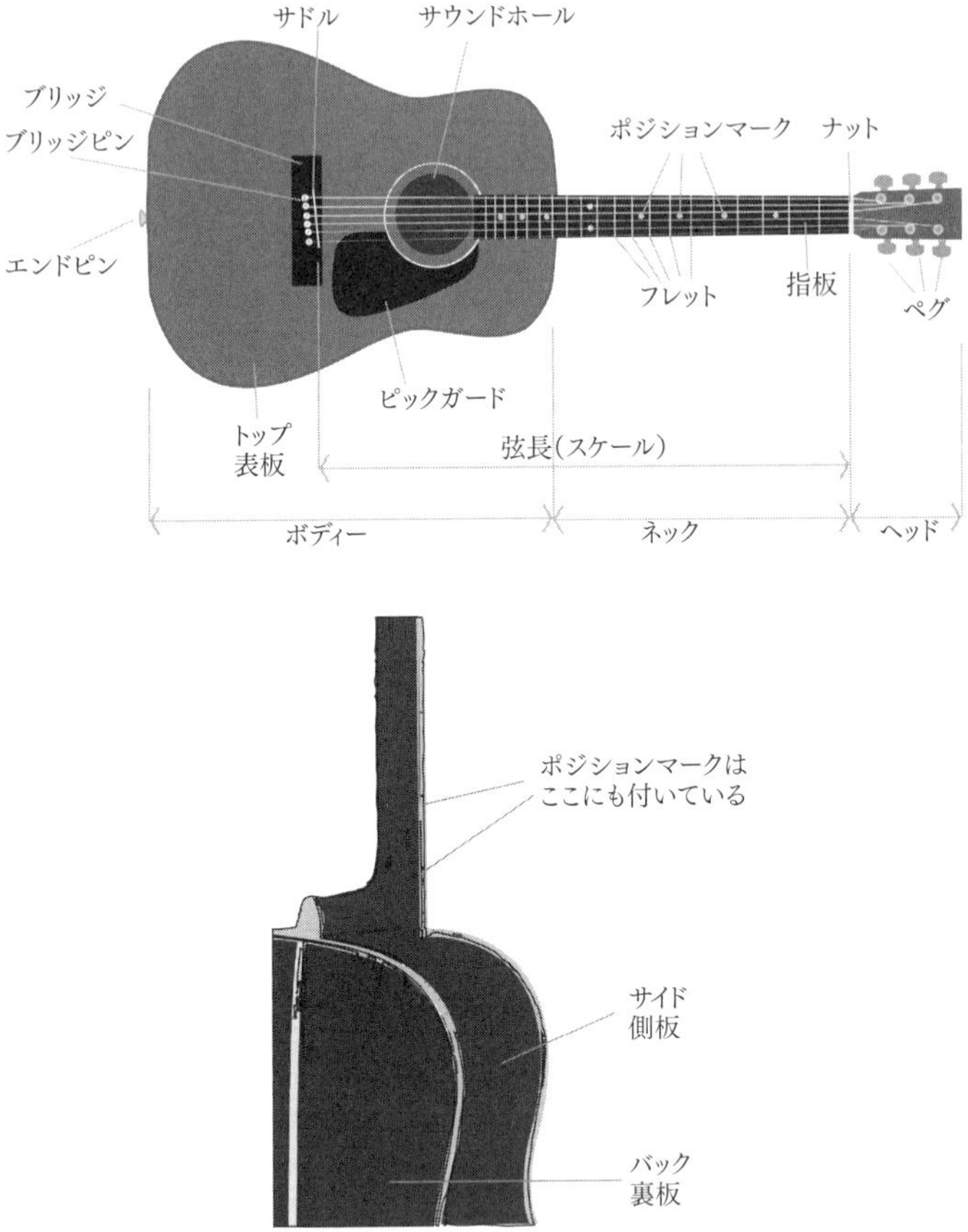
サドル
サウンドホール
ブリッジ
ブリッジピン
エンドピン
ポジションマーク
ナット
フレット
指板
ペグ
ピックガード
トップ
表板
弦長(スケール)
ボディー
ネック
ヘッド
ポジションマークは
ここにも付いている
サイド
側板
バック
裏板

図2−1　各部の名前

のそりを防いだり調整したりするためのトラスロッドと呼ばれる鉄の棒が埋め込まれています。このトラスロッドはクラシックギターにはありません。

ボディーの型や厚さ、木材、ネックの幅、弦長などは、ギターのカタログなどに記載されていますので、細かい仕様はそこで確認することができます。

2 アコースティックギターの種類

フォークギター（フラットトップギター）

一般的にアコースティックギターと言えばコレです。トップ板が平らなのでフラットトップギターとも言います。次に紹介するクラシックギターもトップ板が平らですが、フラットトップギターと言えばこのフォークギターを指すことが多いのです。フォークギターには金属製の弦を使用します。ネックとボディーは十四フレットで接続されているものがほとんどです。またカッタウェイといって十四フレット以上も弾きやすいようにボディーの形を工夫したものもあります（写真2－1）。さまざまなギターサイズがあるので目的に応じて選びます。例えば、小

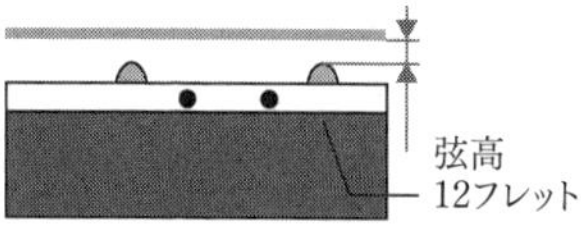

図2－2　弦高

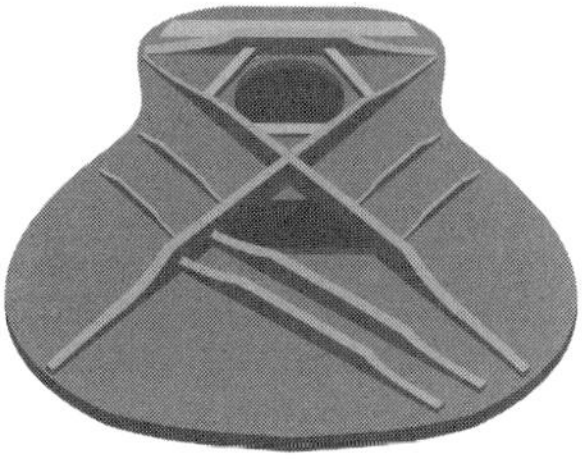

図2－3　ブレイシング

柄な人なら小さめのサイズ、ハイポジションでの演奏もしたいならカッタウェイという具合です。

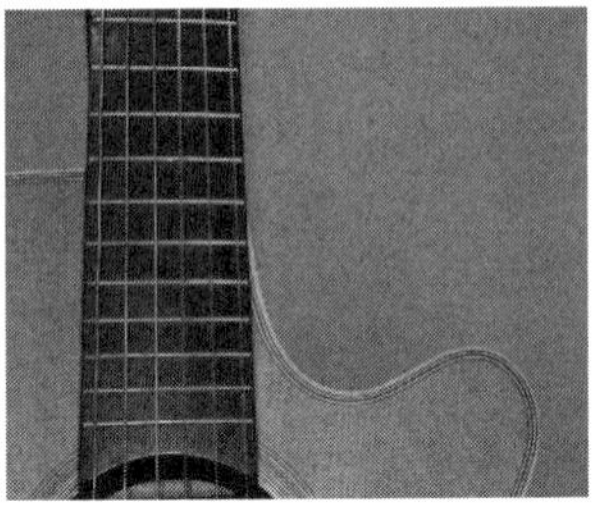
写真2ー1　カッタウェイ

クラシックギター（ガットギター）

ナイロン弦を使用します。フォークギターよりネック幅が広く、ボディーは小さめです。ネックとボディーは十二フレットで接続されているものがほとんどです。指で弾く演奏スタイルに最適になるよう設計されていて、木の材質や内部の構造がフォークギターとは違います。またフラメンコ用に作られたものをフラメンコギターといいます。

エレクトリックアコースティックギター（エレアコ、エレガット）

アコースティックギターにピックアップ（ギター専用のマイク）を付けたもので、アンプを通して使用することができ、どこでもすぐに大きな音を出せます。生音よりもピックアップを通した音に重点を置いて設計されています。プリアンプ（音色を作るためのアンプ。詳しくは第6章「ライブの準備をしよう」を参照）も付いていて、手元で音量や音質の補正が可能です。ライブハウスや練習スタジオであればアンプなどの機材があるので、エレアコとシールド（エレアコとアンプをつなぐケーブルのこと）を持っていくだけですぐに演奏が始められるし、ライブなどバンド形態で使用すると大活躍します。またガットギターにピックアップをつけたものをエレガットと言います。

十二弦ギター

十二弦ギターの特徴は、やはり広がりがある音です。十二弦ギターは六弦ギターと同じ構成音でチューニングされるので、コードの押さえ方など運指はまったく同じで弾くことができます（詳細は第5章第2節の「十二弦ギターで差をつける」を参照）。

リゾネイターギター

大きな音が出せるようにボディーに反響板が付いています。カントリーやブルースでボトルネックバーを使ったスライド奏法で使われることがほとんどです（詳細は第5章第2節の「ボトルネック奏法」を参照）。反響板が三つ付いているものもあります（トライコーンという）。

ボディーは金属製のものと木製のものがあり、ネックには丸みを帯びたラウンドネックと四角いスクエアネックの二種類があります。

ミニギター（3／4ギター）

ボディーが小さめで、持ち運びに便利なギターです。決まったサイズがあるわけではなく、メーカーによってさまざまです。弦長は五十センチ前後からで五十四センチや五十八センチのものが多くみられます。ミニギターは子供用というわけではありませんが、これを使う手もあります。

アーチドトップギター

トップ板がアーチ状に丸みを帯びているのでアーチドトップギターと呼ばれます。ピックアップが付いていてボディーが厚いものをフルアコースティックギター（フルアコ）、薄いものをセミアコースティックギター（セミアコ）、ピックアップが付いていないものをピックギターと呼ぶことが多いようです（この分類は曖昧で、教則本によって違うこともあるようです）。フラットトップギターと比べ、温かくマイルドな音色が特徴です。ジャズでよく使われるギターです。

フルアコとセミアコはアコースティックギターという名前が付いていますが、たいていはエレキギターに分類されます。

3 弦について

弦の構造

ギターは一般的に六本の弦を張りますが、それぞれ太さが違います。芯線だけのものをプレーン弦、芯線に巻き線が巻いてあるものをワウンド弦（巻き弦）といいます（図2-4）。さらに巻き線には丸いものと平たいものがあり、それぞれラウンドワウンド、フラットワウンドといいます。アコースティックギターに使うのはラウンドワウンドです。

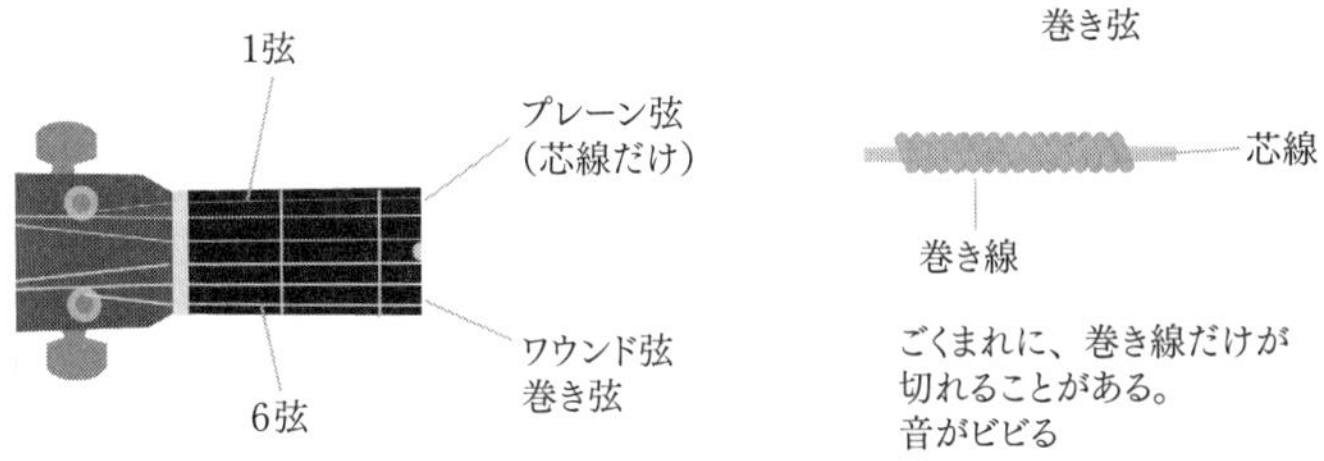

図2−4　プレーン弦とワウンド弦

弦の種類

弦の種類もさまざまです。現在、ギターに使われる弦には、大きく分けて、芯線に鉄を使ったスチール弦とナイロンを使ったナイロン弦（ガット弦）があります。スチール弦はクラシックギターには張れませんし、ナイロン弦はフォークギターには張れませんので気をつけてください。それぞれに特徴があるので、みなさんが楽器店などで購入するときの参考にしてください。

①フォークギター用のスチール弦

・ブロンズ弦：一般的にフォークギターに使う弦です。巻き弦に銅を使っています。

・フォスファーブロンズ弦：こちらもフォークギターに使う弦です。巻き弦に銅とリンを混ぜたものを使っています。ブロンズ弦よりも長持ちし、きらびやかな音質が特徴です。

・コンパウンド弦：巻き弦の芯線をシルクやナイロン繊維で覆っていて、そこに巻き線を巻いています。ブロンズ弦とナイロン弦の中間の音色で、指で弾くスタイルの演奏に向いています。弦を押さえたときも柔らかい感触なので、アコギ初心者にお勧めです。

・コーティング弦：弦の表面に特殊なコーティングがしてあり、寿命がきわめて長いのが特徴です。普通の弦に比べ、音質が劣化することなく数倍は長持ちします。

②ナイロン弦（ガット弦）

クラシックギターに使う弦です。芯線をナイロンで作っています。柔らかく温かい音が特徴です。ガット（gut）とは「消化管、腸」という意味で、昔の弦はガット（羊の腸）を使っていました。現在ではナイロンでできていますが、昔の名残でナイロン製の弦もガット弦と呼ばれることが多いのです。

③ニッケル弦、ステンレス弦

ニッケル弦、ステンレス弦はエレキギターに使う弦です。アコースティックギターには使いません。

ゲージ(太さ)について

スチール弦にはさまざまなゲージがあります。弦には「.012」「.016」というような数字が書いてあります。これは弦の太さを表していて、「.012」と書いてある弦は、〇・〇一二インチ（約〇・〇三センチ）の太さということです。

弦は各弦をバラで購入することができますが、弦を交換するときは六本の弦を一度に交換することがほとんどですので、六本が一セットになったものを使います。その際は先ほどの数字を参考に弦を選びます（図2－5）。

　ナイロン弦は、ゲージよりも「テンション」という張りの強さで分類します。ライトテンション（ローテンション）、ノーマルテンション（ミディアムテンション）、ハードテンション（ハイテンション）と大きく三つに分類できます。

　太い弦は低音や迫力のある音が出やすく音質的に有利ですが、張力が強いので初心者には弾きにくくなります。細い弦は押さえやすいのですが、音も細くなります。弦による音質の違いは好みの問題で、良しあしではありませんので、演奏スタイルや自分に合った弦を選びます。

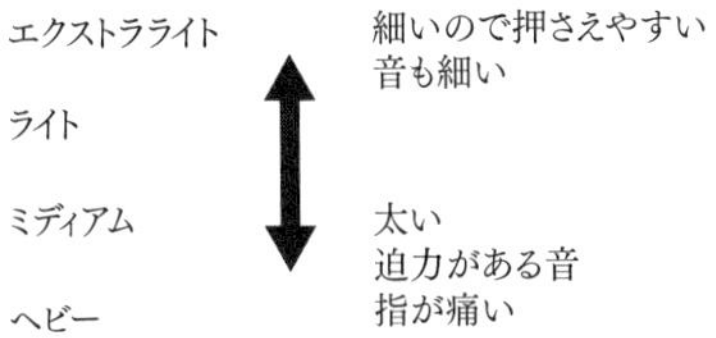

図2－5　ゲージ

　例えばブルーグラス（アメリカで生まれた音楽ジャンル）などのフラットピッキング（フラットピックを使って弾く演奏スタイル）ではミディアム、フィンガーピッキング（指で弾く演奏スタイル）ならライトかエクストラライト……といった感じです。

　また初心者は弾きやすさの観点から弦を選ぶことが多いでしょう。スチール弦であればライトかエクストラライト、ナイロン弦であればノーマルテンションがオススメです。これらの弦を試してみて、自分に合ったものを探してください。

4 ギターの歴史とボディーの大きさ

アコースティックギターにはさまざまな大きさがあります。特にフラットトップギターに関していえば、ボディーサイズと音量は深い関係にあり、その時代の歴史背景や各メーカーの販売戦略とともに現在のサイズに至っています。

それでは簡単にギターの歴史を見てみましょう。

ギターの起源はよくわかっていませんが、十六、七世紀のはじめにはビウエラというギターに似た楽器が存在したようです。その後、一八〇〇年ごろに現在のギターのような形になりました（ロマンチックギターや十九世紀ギターなどという）。十九世紀ギターは現在でも入手可能で、そのレプリカも作られていて、現代クラシックギターと比較するとかなり小さいものだということがわかります。

一八〇〇年代の後半には、現代クラシックギターの始祖と言われているスペイン出身のアントニオ・デ・トーレスによってその形や大きさが確立されました。十九世紀ギターよりも大きなボディーと長いネックを採用して、現代クラシックギターの音色と音量を作り出し、それを標準化しました。

ドイツ出身のクリスチャン・フレデリック・マーティンは一八三三年にアメリカに渡り、ニューヨークでギター制作を始めます。これがアコースティックギターメーカーとして業界をリードしてきたマーティン社の始まりです。五〇年代には、ガット弦の代わりにスチール弦を張っても十分な強度をもったXブレイシング（エックスブレイシング）を完成させたと言われています（ほかのギター制作家がマーティンよりも先にXブレイシングを開発したという説もあります）。これはいまでも多くのメーカーが採用しています。その後、音楽の多様化から他楽器に負けない音量を実現するため、ボディーの大型化が進み、一八〇〇年代の終わりごろから「OO」（ダブルオー）、「OOO」（トリプルオー）といったモデルが開発されます。さらに一九一六年には、現在のフォークギターの標準サイズとなっているドレッドノートサイズが作られ、ついに三四年に十四フレットでボディーと接続するドレッドノートが発表されます（それまでは十二フレット接続）。

マーティン社以外にも、アコースティックギターの有名メーカーであるギブソン社（一九〇二年設立）も同様に一九三四年にジャンボサイズを発表し、現在でも多くの有名アーティストが使っているJ—45を四二年に発売しました。

このように、ガット弦の現代クラシックギターはスペインで、スチール弦のフォークギターはアメリカで発展し、音量を得るために必然的にボディーサイズが大きくなっていったのです。それでもまだ他楽器と共演するには、ギターは音量の面で不利でした。そこでさらなる大音量を実現するために電気の力を使って音を増幅することが考案されました。これがエレキギターの始まりで、一九四八年ごろから大量生産されるようになりました。

アコースティックギターも同様に、ボディーのサイズではなく電気の力で音量を増すことが考えられ、エレキ用のピックアップを付けたアコギが登場します。一九五四年にはギブソン社のJ—160Eが発表され、のちにビートルズが使用したことで大人気のギターとなりました。

表2−1　アコギの歴史

ギターの歴史	アメリカの出来事	日本の音楽	日本の出来事
ロマンチックギター、19世紀ギターの登場（1800年ごろ）	アメリカ独立宣言（1776年）		江戸時代
マーティン社設立（1833年）	鉄道の登場（1830年）	近世邦楽	大塩平八郎の乱（1837年）
X ブレイシングの開発（1850年代）	南北戦争（1861年）		黒船来航（1853年）
アントニオ・デ・トーレスが現代クラシックギターを標準化、フラットトップギターも大型化する（1800年代後半）	エジソンが蓄音機を発明（1877年）	軍歌「宮さん宮さん」（1868年）	明治維新（1868年） 日清戦争（1894年）
ギブソン社設立（1902年）	デルタブルース（1900年代はじめ）、レコードの人気が高まる（1900年代はじめ）	滝廉太郎「花」（1900年）	日露戦争（1904年）
マーティン社：14フレット接続のドレッドノートが登場、ギブソン社：ジャンボサイズが登場（1934年）	ラジオの登場（1920年〜）、カントリーミュージック人気（1920年ごろ〜）	山田耕筰「赤とんぼ」（1927年）、アンドレス・セゴビア初来日公演（1929年）、「丘を越えて」（1931年）など古賀政男の活躍	大正時代（1912年）ラジオ放送の開始（1925年）、昭和時代（1926年）、第二次世界大戦（1939年）
エレキの大量生産が始まる（1948年ごろ〜）		並木路子「リンゴの唄」（1946年）	日本国憲法公布（1946年）
エレキ用のピックアップを搭載したアコギの登場（1950年代はじめ）	シカゴブルース（1950年ごろ〜）、エルビス・プレスリー「Thats Alright (Mama)」（1954年）	映画『禁じられた遊び』の主題歌「愛のロマンス」がヒット（1952年）、美空ひばり「リンゴ追分」（1952年）	テレビ放送の開始（1953年）

	ビートルズ「Please Please Me」(1963年)、ボブ・ディラン「風に吹かれて」(1963年)、坂本九「SUKIYAKI」(1963年)	坂本九「上を向いて歩こう」(1961年)、グループサウンズ(1960年代後半)	東京オリンピック(1964年)
ピエゾ式エレアコが広まる(1970年代)		日本フォークソングの全盛(1970年ごろ)	日本万国博覧会(1970年)
エレアコの音質が進化(1980年代〜)	マイケル・ヘッジス「Breakfast In The Field」(1981年)	CDの登場(1982年)	平成元年(1989年)

一九七〇年代にはピエゾピックアップ(詳しくは第6章「ライブの準備をしよう」を参照)を搭載したオベーション(ギターメーカー)が世界に広がり、日本のギターメーカーも、その流れを追うようにしてエレクトリックアコースティックギターの販売を始めています。

エレアコが常識となったいまでは、音量とボディーの大きさはあまり関係ないかもしれません。現在では演奏する音楽ジャンルや弾き方、音色などに重点を置いてギターサイズを選ぶことがほとんどになっています。

5 制作者側から見たアコースティックギター

アコースティックギターの制作に関心がある方は「TOKYOハンドクラフトギターフェス」に足を運ぶといいと思います。全国から百社ほどのギターメーカーや関連パーツ会社が参加する展示会で、毎年開かれています。ほかにも楽器ショーが各地で開催されていますので、ネットで検索してみてください。

さて、普段はなかなか聞くことができないギター制作について、愛知県在住のアコースティックギター個人制作家、N.S Guitar Works の鈴木尚好さんに話を聞くことができました。アコースティックギターを作ってみたい人はもちろんですが、ギターの構造、設計、音色、購入時のポイントなどの話はギタリストにも参考になるでしょう。

ルシアー（ギター個人制作家）について

山田篤志　最近は職業として個人で弦楽器を制作されている方をルシアーって言うんですね。クラフトマンという言葉もありますけど。

鈴木尚好　ルシアーという言葉は最近ではないですよ。昔からあります。クラフトマンというと大手メーカーでギターを作っている人というイメージが強いですね。それに対し、ルシアーは個人で特別なこだわりをもって一から十まで（木材の選別から制作、営業、販売まで）ギターを制作している人というイメージがあります。どちらもギターを制作する人ですが、そんな違いがあると思います。

山田　ルシアーになったきっかけはありますか？

鈴木　もともとはシステムエンジニアとしてサラリーマンをやっていました。あるとき自分でギターを作ってみたいと思い、二〇〇九年にルシアーになりました。

山田　ギターは昔から弾いていたのですか？

鈴木　クラシックギター音楽が好きで、高校のときにギターマンドリンクラブに入ったのがギターとの出合いです。ギターは人気があって定員になってしまい、私はマンドリンの担当に回されましたけど（笑）。どうしてもギターが弾きたくて、自分で楽譜を用意して独学で弾いていました。
山田　どのようにギター制作の勉強をされたのですか？
鈴木　ESPギタークラフトアカデミーでギター制作の基本を学びました。そこからは試行錯誤しながら自分のオリジナリティーを出すようにしています。
山田　鈴木さんが尊敬しているルシアーやギターメーカーはありますか？
鈴木　みんな尊敬していると言えばしてますし、気にしていないと言えばしていません。ほかのギターをまねしても仕方がないので、自分の個性を出そうとしています。

制作方法について

山田　最初に、ギターの基本的な制作工程を教えてください。
鈴木　まず、木材を用意します。アコースティックギターは大別して六パーツの木材が必要です。トップ板、バック板、サイド板、ネック、指板、ブリッジです（図2－1）。
木材からトップ板、バック板、ネック、指板をギターの形に切り出します。トップ板とバック板にはブレイシング（図2－3）を取り付けます。ブレイシングは非常に重要で、ギターに弦を張っても簡単に壊れないように強度を出すためと、音色を決定するために取り付けます。アコースティックギターはボディーの木が振動して音が出る仕組みですので、ブレイシングの形状や貼り付ける位置は大きく音色に影響します。
サイド板はギターの形になるように曲げて、ギターボディーを箱の状態にします。

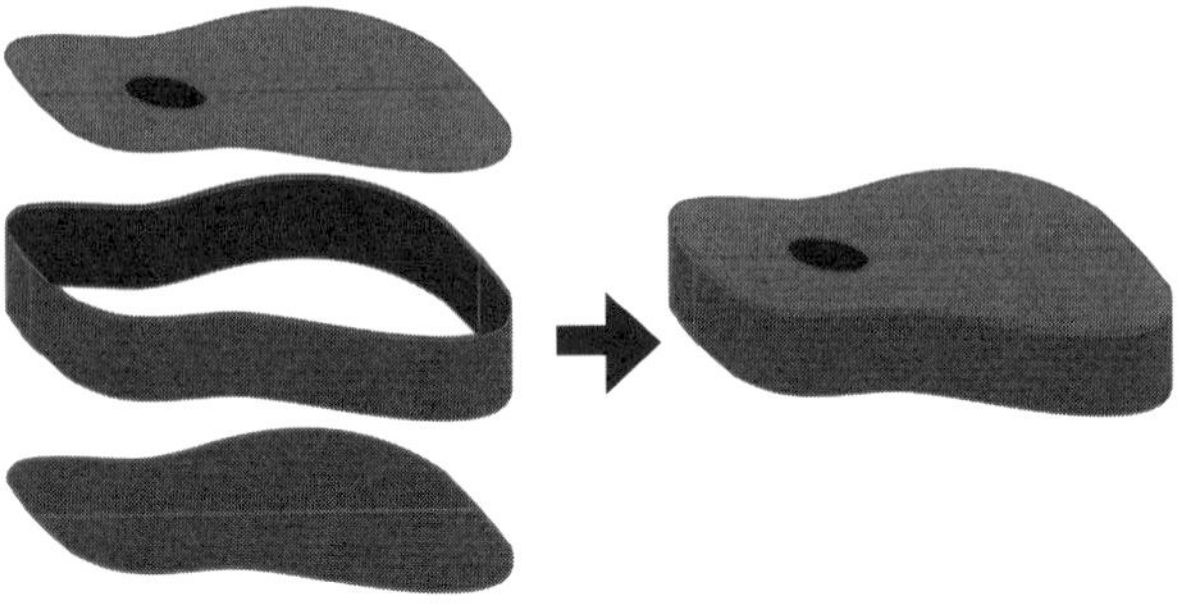

図2−6　ボディー組み立てのイメージ

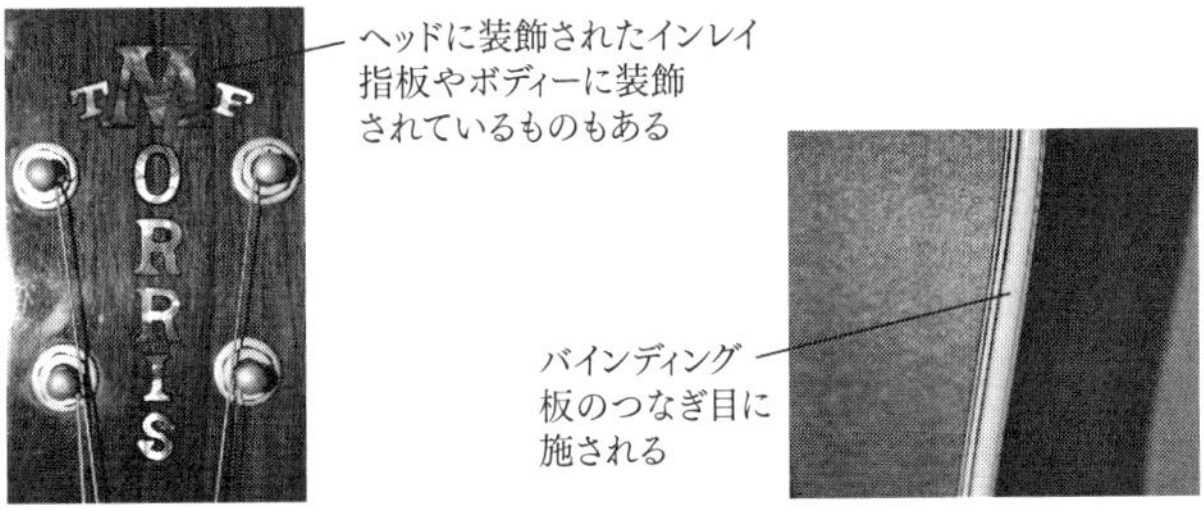

図2−7　インレイとバインディング

ネックは木材のブロックからその形に削り出します。指板とブリッジも同様に切り出します。

ブレイシングを付けたトップ板とバック板、箱の状態のサイド板を組み合わせてボディーを作ります（図2−6）。その組み合わせたボディーにネックと指板を取り付け、塗装をしたあと、ブリッジを取り付けてギターの形にします。

最後にフレット、ペグ、ナット、サドルを取り付け、最終的な調整をして完成です。

もちろん、これ以外にも、バインディング（板のつなぎ目に施される装飾）やインレイ（貝を施した装飾）などの細かい作業も付随してやります（図2−7）。

山田　一本のギターを作るには、どのくらいの時間がかかるのでしょうか？

鈴木　数カ月でできます。
山田　そんなに早くできるんですね。個人制作家はすべてを一人で作るので、もっと時間がかかるのかと思っていました。アコギに使う木材はどのように入手するのですか？
鈴木　ギター木材専門の業者がありますので、そこに行って自分で見て仕入れます。このあたりですと、アイチ木材加工や大和マークですね。
山田　サイド板はどうやって曲げるんですか？
鈴木　ベンディングアイロン（木材の曲げ加工に使うアイロン）（写真２－２）というもので曲げていきます。鍋に湯を沸騰させてハケでサイド板の表面に塗って少し湿らせて、ベンディングアイロンでサイド板に熱を加えながら曲げます。
山田　木は乾燥させたほうがいいっていうことですが、お湯を使うんですか？
鈴木　そうなんです。私も最初は驚いたのですが、ギターはこうやって作ります。乾燥させた木を曲げやすくするために、ほんの少し水分を与えるという感じです。
山田　曲げるコツってあるんですか？
鈴木　ありますね。曲げるコツは……「熱いのを我慢する」、それだけです（笑）。
山田　トップ板などの加工は、均一の厚さを出すためにどのようにするのですか？
鈴木　電動工具で専用の刃物を使って加工します。私が使っているのはセーフティープレーナーというものです。とても便利なんですけど、セーフティーという名前のわりには結構危ないです（笑）。
山田　アコギの制作で銘木とされるブラジリアンローズウッド（ハカランダ）が枯渇して、現在はワ

写真2－2
ベンディングアイロン

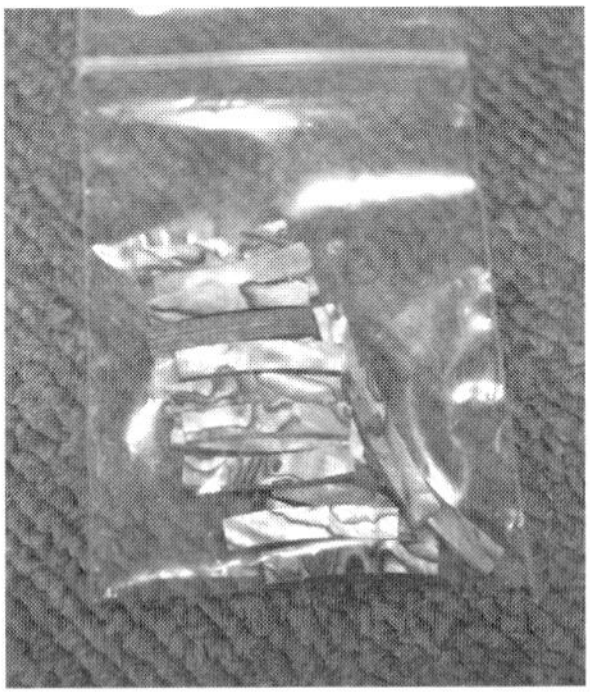
写真2－3　インレイの素材

シントン条約で伐採や輸出入が禁止されています。その代替材としてのインディアンローズウッドなども近い将来使えなくなるのではないかと聞きましたが、どうお考えですか？

鈴木　一時期そういった話がありましたが、いまのところインド系は大丈夫みたいですね。スプルースもまだ大丈夫だと思います。ただマダガスカルローズウッドは危ないですね。もう入ってこないって言われています（二〇一六年現在）。いまは入手可能な木材でも、数年後、数十年後はどんどん規制されて入手できなくなる可能性はありますね。

山田　バインディングとインレイについてもう少し聞かせてください。例えばバインディングはなくても作れるものなのでしょうか？

鈴木　バインディングはなくても作れますよ。ただし、木の側面がむき出しになってしまってカッコ悪くなりますけど……。そして、これがインレイの材料ですね。トップ板の外周に沿って飾るときに使うものです（写真2－3）。トップ板にトリマーで溝を作って、そこにインレイを一つひとつ手作業ではめ込みます。ポジションマークやヘッドの装飾も同様に作ります。

山田　繊細で大変な作業だということがよくわかりました。ギターの塗装はどのようにするのですか？

鈴木　専用の部屋で換気扇を回しながら塗装します（写真2－4）。ギターに使われる塗料には数種類のものがありますが、私はラッカーを使っています。スプレーガンでムラが出ないように慎重に塗っていきます。

山田　アコースティックギターを制作するための書籍なども販売されているのでしょうか？

写真2－4　塗装専用の部屋

写真2－5　ギター制作の書籍
右：ロイ・コートナル『メイキング・マスター・ギター ―― ギターの名器とその製作法詳説』瀧川勝雄訳、現代ギター社、2013年

鈴木　はい、ありますよ（写真2－5）。右（『メイキング・マスター・ギター』）はクラシックギターについて書いてあります。左（"The Guitar Maker's Manual"）はフォークギターについても書いてありますね。
山田　左の本は英語で書いてありますけど、これだけで器用な人だったらギターを作られますね。
鈴木　そうですね。できると思います。
山田　フォークギターとクラシックギターでは制作方法が違うのですか？
鈴木　はい、フォークギターとクラシックギターでは、ネックとボディーのジョイントの仕方が違います。アコギの制作にはドイツ式とスペイン式があります。フォークギターはドイツ式、クラシックギターはスペイン式で作られることが多いですね。先ほどの基本的な制作工程はドイツ式です。ドイツ式は最初にボディーを作ってそのあとネックを付けます（図2－8）。スペイン式はトップ板にネックを付け、そこにサイド板とバック板を付けていきます。またドイツ式のなかでもネックを取り付ける方法はさまざまで、アリ溝といって組み木みたいに組む方法とネジでとめる方法などがあり、三者三様で制作者次第ですね。フォークギターとクラシックギターは張る弦も違いますが、それ以上に作り方もブレイシングも違います。

図2－8
ネックとボディーの接合（ドイツ式）

音色について

山田　基本的な制作工程を教えていただきましたが、いい音がするギターを作る要素として、木材以外に何かありますか？

鈴木　全部が大事ですね。材質はもちろんボディーの形や大きさ、ブレイシング、ネックとボディーの接合、塗装……などすべてです。アコースティックギターはそういったさまざまな要素が絡み合って作られ、音色が決まります。制作前に頭の中でイメージして作り始めるわけですが、いろんなギターを自分で弾いてみて何十年も作り続けて、そういうことがわかるんだろうと思います。

山田　ボディーの木材の厚さで音が変わりますか？

鈴木　変わりますね。トップもサイドもバックも変わります。薄いほうがよく振動しますので、音はよくなります。ただし薄くすると板が割れやすくなりますけど。木は生き物なので怖いですね。

山田　ギターは弾き込むことで音がよくなるという話を聞いたことがありますが、本当ですか？

鈴木　そのとおりです。特に正確に計算され設計されたギターはガッチリと作ってあることが多いので、最初は鳴らないんですけど、弾き込むことでいい音になるように木が成長します。

山田　弾き込むといい音になるっていうのは本当なんですね。

鈴木　ええ、本当です。弾き込むことで木がなじんできて、その振動で「自分はギターだぞ」って認識しはじめるみたいです。

山田　ヤイリ（日本のギターメーカー）はギターにクラシック音楽を聞かせて木をなじませていると聞いたことがありますが、やはり音に変化があるのでしょうか？

鈴木　ありますね。私も専用のバイブレーターを使って木をなじませてから出荷しています。

山田　指板やネックも音に関係するんですか？
鈴木　しますね。例えばエボニーとローズウッドを比べた場合、違いますね。エボニーは、硬くはっきりした音になります。
山田　塗装はどのように音色に影響するのですか？
鈴木　塗装は薄く仕上げたほうが音質的に有利です。スプレーガンで数回吹き付けますが、吹き付ける回数で調整します。厚さはコンマ何ミリの世界ですね。
山田　アコギにはさまざまな形や大きさがありますが、例えばカッタウェイは音質的に不利なのでしょうか？
鈴木　不利ですね。振動する面積が少なくなりますので。ただ、いまのルシアーはそこをカバーして豊かな音がするような作り方をしていますね。
山田　そこが素人にはよくわからないんですけど、不利な条件でもいい音を出すために、具体的にどのような方法があるのでしょうか？
鈴木　ブレイシングの形とか高さとか、そういうところで調整します。ちょっとザックリした説明ですけど（笑）。
山田　極端な話ですが、サウンドホールが意外な場所についているギターや独特な形のギターもブレイシングなどの加工や設計でいい音になるのでしょうか？
鈴木　ン〜、難しい質問ですね。そういったギターはたいていピックアップが付いていて、そこでカバーしてるんじゃないですかね。純粋な木のギターでそのような独特のギターも存在しますが、そういった場合はそれ自体がルシアーの特徴や個性になっている部分が大きいと思います。

山田　なるほど、楽器としての要素はもちろんですが、工芸品というか芸術品というか、そういった要素もルシアーにとって重要なんですね。

鈴木　はい、重要ですね。装飾や形がルシアーの個性になりますから。

ギターの取り扱いについて

山田　ルシアーからみて、日常のメンテナンスで気をつけることはありますか？

鈴木　基本的なことですが、弾いたあとは弦を拭いてください。そのままにすると弦がさびますから。ギターにもよりますが、弾かないときはちょっと弦を緩めたほうがいいですね。そってきますので。ただし一弦と三弦は切れやすいので、緩めずそのままでもいいかもしれません。

山田　一弦と三弦はどうしてよく切れるんですか？

鈴木　細いからですね。三弦は二弦よりも太く見えますが、巻き弦のなかは細いんです。場合によっては三弦の芯線は一弦よりも細いかもしれませんね。ちなみに、ガット弦は四弦から巻き弦です。そして三弦のほうが四弦よりも太いのです。

山田　なるほど。勉強になりました。では、保管時に気をつけたほうがいいことはありますか？　例えば湿度の管理はどうですか？

鈴木　日本製のギターであれば、湿度はあまり気にすることはないと思います。日本は気候の変動が大きく、その環境に慣れてしまったギターですので、ケースに入れずそのままギタースタンドに置いてあってもそれほど問題ないと思います。逆に海外製の輸入したギターは日本の気候に慣れていませんので、注意が必要かもしれません。もちろん木は生き物ですので、日本製であっても海外製であってもネック調整などのメンテナンスが必要になる場合もあります。

山田　サドルや弦高の調整についてはどうですか？

鈴木　弦高はプレイスタイルによりますので、何とも言えません。もしサドルを削ったり交換したりする場合は、確実なのは専門家に任せることです。まあ、自分でやると愛着が湧いていいかもしれませんね。音的にはわからないんですけど……（笑）。

山田　初心者がトラスロッドを触るのはどうでしょう？

鈴木　それはやめたほうがいいですね。私も知識がないときはやってましたけど（笑）。

弾き手に心から満足してもらえるギターを作りたい

山田　どのようなこだわりをもってギター制作に取り組んでいますか？

鈴木　「シンプルイズベスト」がモットーです。派手で目立つギターを好まれる方もいるので、そういった方向性に不安を感じるときもありますが……。自分のギターを気に入って買ってくれた人もいるので、これからも「シンプルイズベスト」でやっていこうと思っています。例えば、トップ板やバック板、サイド板はなるべくつなぎ目がわからないように木目を合わせることにこだわっています（写真2－6）。派手な装飾のギターよりもシンプルなものが好きなので、さりげない美しさを追求しています。あと、ブリッジピンも少し特殊なものを使っています。「溝なしブリッジピン」とでも言いましょうか。一般的なブリッジピンは弦を通すために溝がありますが、私は溝がないものを使っています。ブリッジピンに溝がありませんので、ブリッジに弦が通る溝を作ってそこに弦を通し、密着させて溝がないブリッジピンで固定します。ボディーに振動を伝えやすくするためにやっています。ギター本体に弦を完全に入れてしまおうという考えです。言葉で表現するのは難しいですが、音の詰まりがなくなってヌケがよくなるというか、高音側がキラキラする感じになります（写真2－7）。

山田　鈴木さんが考える「シンプル」の意味がよくわかりました。それでは鈴木さんが展開されているN.S Guitar Works のラインナップを教えてください。

鈴木　現在はフォークギター、クラシックギター、ウクレレを作っています。フォークギターのサイズもいろいろで、ドレッド、スモールジャンボ、OM、グランドコンサート、L―00を用意していますが、木を持ち込んでオーダーされるお客もいますし、インレイなどの装飾を指定されるお客もいます。そのときは、それぞれの要望に合わせて制作しています。将来的にはエレガッ

写真2－6　美しいつなぎ目

写真2－7　ブリッジの溝

トも作ってみたいです。ガット弦の音もとても魅力的ですので、そのよさを伝えたいですね。まあ、ギター制作に関してはいろいろなやり方や考え方がありますが、弾き手に心から満足してもらえるギターを作りたいと常に考えています。そのために試行錯誤を繰り返すなど、そういった小さな積み重ねがいいギターを作ることだと思っています。

写真2－8　N.S Guitar Works

ルシアーのこだわり

長時間にわたりルシアーのこだわりや哲学を聞くことができました。それがN.S Guitar Worksのギターにも表れていましたが、それ以上に制作者の想いが込められていることも感じました。アコースティックギターの制作はとても繊細なものであり、それはただ単に楽器というだけでなく芸術品と言っても過言ではありません。楽器店に並ぶギターは、このようにして作られているのです。制作者のこだわりや想いを考慮してギターを選ぶことも必要かもしれません。

N.S Guitar Worksの鈴木尚好さん、ご協力いただきありがとうございました。

「N.S Guitar Works」(http://www.nsguitar.jp) 愛知県安城市箕輪町青木7－2

第3章 ギターを手に入れよう——購入からチューニングまで

1 失敗しないアコギの選び方

前章では、アコースティックギターの種類などを見てきました。しかし、初めてギターを買うときはどのように選べばいいのかわからず、悩んでしまいます。初心者にとって一本目のギターはその後の上達に大きく影響します。ここでつまずいてアコギを諦めてしまう人が多いので、慎重に選んでください。それでは私が初心者に勧めている「初めてのギター選び」を紹介します。最初の一本は次の二つの点が満たされているギターを選んでください。

①自分の体と手に合ったもの
②ちゃんとチューニングができるもの

この二つの点が満たされていれば、フォークギター、クラシックギター、エレアコなどの種類を問わず、どんなギターでもＯＫです。

男性、女性、子供では体の大きさ、手の大きさが違います。その人の体に合ったギターを選ばないと、「Fが押さえにくい」「弾いていると疲れる」「肩が痛い」などのトラブルの原因になります。これではギターの上達は見込めません。ギターのボディーにはさまざまなサイズがあります。ネックの幅や太さもギターによって違います。自分の体に合ったギターを選びましょう。

またネックがそっているギターなど、ネックの状態によってはちゃんとチューニングできないギターがあります。チューニングができていないギターは致命的です。「弾きにくい」「ヘタクソに聞こえる」という問題ばかりでなく、直すのに余分な出費が増えます。管理がしっかり行き届いたギターを選びましょう。

しかし初心者にとって、「どのギターが自分の体に合っているのか?」「このギターはちゃんとチューニングができるのか?」を見極めることは難しいと思います。そこで選ぶときのポイントを見ていきます。

絶対に外せないポイント

①店で買うか通販で買うか

私が初心者の方にオススメしているのは、店での購入です。「自分の体と手に合ったもの」を確認するには実際にギターを手にしてみないとわかりません。店で購入するメリットは、実際に構えて試奏できることです。

店でのチェックポイントは、

・ボディーの大きさ
・弦高の高さ
・ネックの状態（図3－1）、幅、厚さ
・音色の確認
などです。

そうは言っても、初心者はそんな見極めはできないと思いますので、ギター経験者や詳しい人と一緒に買いにいってください。そのような人がいない場合は、店の人に相談して選んでもらうのがベストです。

そのためにもお店に行っていきなり買うのではなく、購入予定店の店員と仲良くなっておきましょう。購入の予定があることを伝えれば、いろいろ相談に乗ってくれます。予算も伝えたほうがいいでしょう。そのときにギターカタログをもらって、研究材料にするといいと思います。店員というのは楽器を愛している方がほとんどなので、初心者の悩みに快く応対してくれます。逆に、応対が悪い不親切な楽器店での購入は避けたほうがいいかもしれません。また、店も一つだけでなく、いくつも回ってみましょう。

一方、通販の長所は安いことです。また、レアなギターをオークションなどで手に入れることができるメリットもあります。しかし、店のように実際の試奏は不可能ですし、細かい傷などは確認のしようがありません。「家にギターが届いてから構えてみたら、自分のイメージと違った」となっては元も子もありません。初心者が一本目のギターを購入するときは、店での購入を勧めます（表3－

1）。

②中古品か新品か

①自分の体と手に合ったもの、②ちゃんとチューニングができるもの、であれば中古でも新品でもかまいません。中古品を購入するときの注意点は、②ちゃんとチューニングができるもの、を必ず選ぶことです。

ギターの弦は普通、EADGBEとチューニングしますが、たとえ開放でチューニングできたとしても十二フレットを押さえたときやハーモニクスの音がずれていることがあります。これはネックが曲がっていたり、ひねってあったりするとよく起こる現象で、管理が悪いギターや古いギターにあることです。

中古品を販売する店は、もちろん中古品といえども商品を売るわけですから、しっかり管理はしているはずです。しかし、どこの販売店も「完璧な管理」をしているとはかぎりません。中古品を購入するときは、そのあたりを見極めることが重要になります。

表3—1　チェックしよう

	自分の体に合っているか？	ちゃんとチューニングができるか？
店	確認できる	確認できる
通販	確認できない	確認できない
中古	実際に構えて確認する	見極めが重要 詳しい人に確認してもらう
新品	実際に構えて確認する	問題なくできる

中古品購入時の確認項目として、本節の「①店で買うか通販で買うか」のポイントに加え、

・ネックの状態
・フレットの減り具合

・傷の有無
・エレアコであれば電気系統の確認

などが考えられます。

特にネックの状態が悪いと正確にチューニングができないし、演奏も困難になるので、必ず確認するようにします。ネックの状態は図3－2のようにヘッド側から確認する方法が初心者にとってわかりやすいと思います。初心者は詳しい人と一緒に買いにいくことを考えたほうが賢明ですが、適任者がいない場合はこの方法で確認してください。

「中古品は安い」という安易な理由で購入してしまい、上達が遅れるようでは意味がありません。取り返しがつかないことにならないように注意してください。

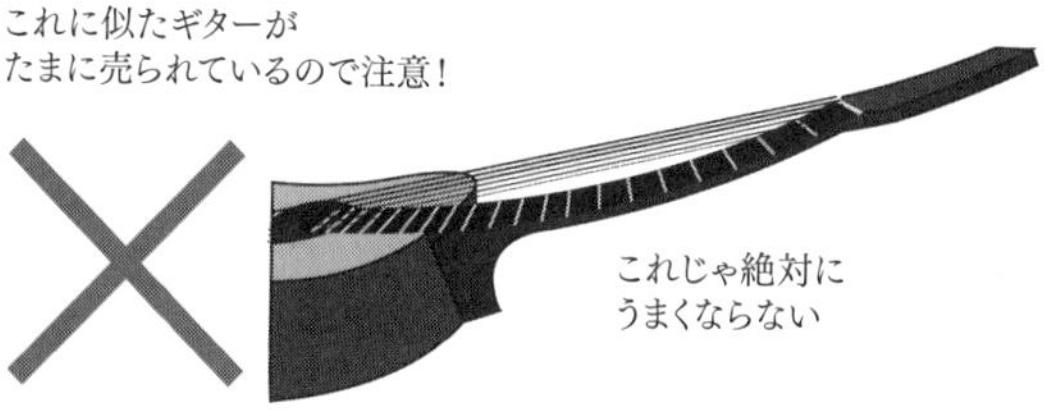

図3－1　絶対に上達しないギター

図3－2　そりの確認

③五千円のギターか十万円のギターか

アコギの価格はピンキリで、中古の粗悪なものは五千円程度から、新品の最高級品は数百万円というものもあります。ギターは、高ければいいというものではないし、安ければいいというものでもありません。繰り返しますが、初心者が一本目のギターを購入するときは、①自分の体と手に合ったもの、②ちゃんとチューニングができるもの、の入手に徹底するべきです。

では、ギターの値段はどのように決まるのでしょうか。

新品の場合、ギターの値段は「木」で決まります。詳細は説明しませんが、初心者が一本目のギターを選ぶときに最低限知っておいたほうがいい知識を話します。

アコースティックギター（フォークギター）に使われる「木」はほぼ決まっていて、トップ板は「スプルース」か「松」、バックとサイドは「マホガニー」「メイプル」「ローズウッド」がほとんどです。「木」によって値段と音質が違うのは事実ですが、音質はそのギターの設計や管理状態も大きく影響します。「ハカランダ」という高級材がありますが、「ハカランダ＝必ずいい音」とは言えないと思っています。「いい音」は人それぞれ違うもので、好みの問題です。

そしてその木が単板か合板かで値段に差が出ます。単板とは一枚の板から作られるもので、合板は複数の板を重ねて貼り合わせて作ったもの（ベニア板）です。ギターメーカーのカタログに「表板：スプルース単板」と書いてあれば、表板（トップ板）にスプルース材の単板を使用しているということです。「表板：スプルース」と書いてあれば、合板が使われています。

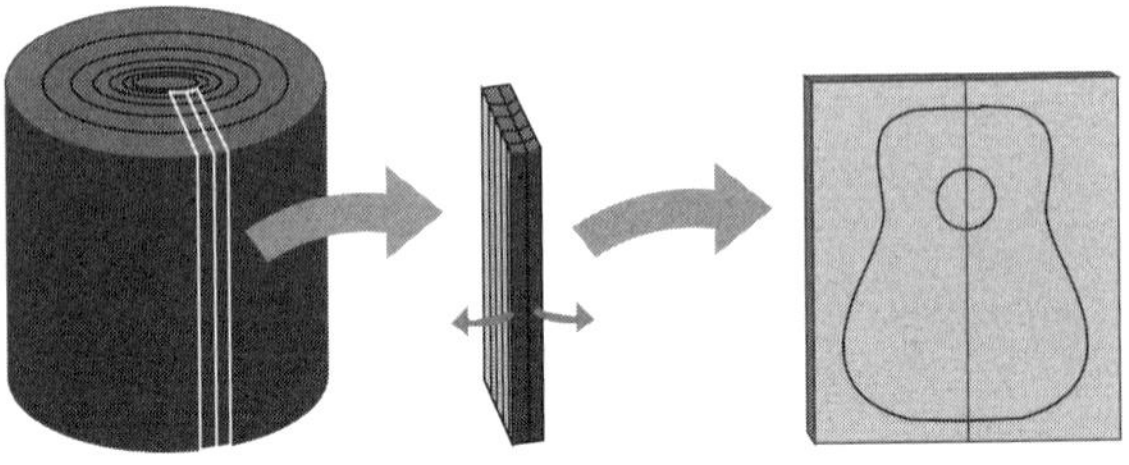

図3－3　単板はよく振動する

単板は一枚の板で作るので強い力が加わると木目に沿って割れやすい弱点がありますが、よく振動するので「単板はいい音がする」と言われます。その弱点を補うため強度のある木を使用します。また、単板で作られているギターは値段が高くなります（図3－3）。
合板は複数の板を貼り合わせて作るので強度があり、ギター自体を軽く安く作れるメリットがあります。しかし貼り合わせているぶん、振動しにくく、単板と比べると音質は悪いと言われています。
一般的に、
合板だけで作られているギター（新品で二万円前後から）
←
トップ板だけに単板を使用し、バックとサイドに合板を使用したギター（新品で五万円前後から）
←
すべて単板で作られているギター（新品で十万円前後から）
の順に値段が高くなります。
さらにヘッドや指板などに施されるインレイや、板のつなぎ目に施されるバインディング、ペグの種類によって値段に差が出ます。同じ木材と設計で作っているギターでも、装飾によって金額が変わっていくということです。インレイとは貝を施した装飾のことで、確かに派手でカッコよくなります。しかしこの部分は音質とはまったく関係ないので、ここにお金を使うかどうかは意見が分かれるところです。
五千円と十万円のギターの違いは何となく理解していただけたと思います。最低限この程度の知識があればギターを購入するときに役立ちます。各メーカーのカタログを集めて比較研究するといいでしょう。メーカーサイトにはギターのカタログや比較表をダウンロードできるサービスがあります。そういったものを活用してみましょう。

④左利きの人はどうするか

天才ギタリストのジミ・ヘンドリックスは右利き用のギターを左右逆に持って演奏していたことで有名です。右利き用のギターを左右逆に持つと、「一弦が上、六弦が下」になりますが、「六弦が上、一弦が下」になるように弦を張り替えて弾いていました。ナットもサドルも右利き用のままで使っていたようで、かなり特殊な状態です。初心者がマネをすることはオススメできません。

ほかに右利き用のギターを左右逆に持って演奏するギタリストでは、アルバート・キング、日本ですと松崎しげるが有名です。彼らは「一弦が上、六弦が下」の状態で弾きます。これもかなり特殊です。同じギターでも、別の楽器と考えたほうがいいでしょう。もちろん教則本もありませんし、誰かに教えてもらうこともできません。

普段は左利きでギターは右利きという方はたくさんいます。最近ですと、木村カエラはこのスタイルです。

ですがやはり、左利きの方は左利き用のギターを使うことを勧めます。左右対称になっているので、利き手を変えることなくスムーズに練習できると思います。ただし左利き用のギターは生産量が少ないためか、右利き用と比べると値段が若干高くなります。

本書では右利き用のギターで弾くことを前提に書いているので、左利きの方は左右を入れ替えて読んでください。

さまざまな購入事例とオススメの選び方

これまでのことをまとめます。もう一度確認しますが、初心者が一本目のギターを買うときは次の二つの条件を満たすギターを選びましょう。

①自分の体と手に合ったもの
②ちゃんとチューニングができるもの

これらの条件を満たしているとして、初心者が一本目のギターを購入するときのパターンを見てみましょう。

図3−4　よくあるパターン

①パターン1

・右記の二つの条件を満たし、そのなかでも安い数万円の「新品のギター」を購入する。ある程度弾けるようになり、ギターのことがわかってから高級ギターにステップアップする。

やはりこのパターンが多いですね。

②パターン2

・数十万円の高級ギターを新品で購入する。

このパターンはお金に余裕がある人限定です。有名アーティストが使用している高級ギターや好きなメーカーなど、すでにほしいギターが決まっているパターンです。気合が入って、「絶対うまくなってやる」というモチベーションが維持できます。こういったことができるのは、ほんの一握りの人たちでしょう。

③絶対に上達しない最悪のパターン1

・憧れのアーティストが使っているギターとまったく同じものをオークションで見つけ、何も考えずに購入。手元に届いたら、管理が悪くチューニングさえもまともにできないギターだった。

憧れだけではマズイのです。どれだけ練習しても上達は見込めません。

④絶対に上達しない最悪のパターン2

・店で中古品を購入。よくわからないため、店員と相談しながら決定。値段も手頃で、見た目もよかったのが決定要因。そのギターをギター歴がある友人に見てもらったら、「ネックがそってるね」と言われた。

このパターンは非常に多いのです。注意しましょう。中古品を扱う店の店員がアコギに詳しいとは限りません。その店員の専門はピアノかもしれないし、吹奏楽部に所属するアルバイトかもしれません。新品なら不慣れな店員でも問題ないのですが、ここが中古品の怖いところです。店で中古品を買うときは、ギター経験者と一緒に行きましょう。

⑤私の経験と、初心者にオススメの選び方

私の場合は、家の押し入れに眠っていたアコギを引っ張り出してきて弾いていました。いまから考えるとそれはとても弾きにくいギターで、前述の「最悪のパターン」でした。当時は弾きやすいギターも弾きにくいギターも区別ができないため、こんなものだと思っていました。そのギターを三年間弾きました。あるとき友人のギターを弾いてみると、とても弾きやすすく感動しました。指がまったく痛くないのです。弾きやすいだけでなく、音のバランスがよく、とてもうまく弾けるではありませんか。この経験のあと、すぐにアルバイトをして十七万円ほどのギターを買いました。

私にはこのような経験がありますので、ギターを買うときは細心の注意を払うようにしています。特に初心者が初めてギターを買うときは、誰もが聞いたことがある有名メーカーの「新品」を「店」で相談しながら買うのがベストだと考えています。例えば国内メーカーであればヤマハ、モーリス、タカミネなど、海外メーカーであればマーティン、ギブソンなどで、みなさんが知っているメーカーを選ぶといいでしょう。

その場合、いちばん安くギターを始めるならギター本体が二、三万ぐらい、そのほか演奏に必要な付属品やギターケース、教則本、楽譜などを買って四、五万円ぐらいでしょう。

もしあなたが中学生で、どうしてもお年玉の一万円でアコギを始めたいなら、その予算で購入できるギターを探さなくてはなりません。一生弾けるギターは見つかりませんが、「初心者の練習用」と割り切ったギターはあると思います。この場合、前述の最悪のパターンにならないよう経験者と相談しながら購入してください。

二本目以降はギターのことが理解できているでしょうから、中古品でもオークションでも何でもアリですよ。

2 ギター演奏に必要な付属品――ギターアクセサリー

音叉

チューニングのときに使う道具です。音叉を使ったチューニング法はあとで詳しく説明します。

音叉は、アコースティックギター上達のために必須のアイテムです。音叉によるチューニングができる人とできない人では、はっきりと演奏に差が出ます。単にチューニングをするだけならチューナーで十分ですが、ギター上達のためには音叉でなければならない理由があります。

音叉を使うと、チューニングをする目的以外に音程感を養うことができます。音叉によるチューニングは、まず音叉の音を聴いて、そのあとギターの音をそれに合わせます。音程を意識し、耳でチューニングすることになります。そうすることによって耳が鍛えられるのです。

プロのギタリストは演奏中にチューニングすることがあります。いつでもその場で自分のギターの音と他楽器の音を比べ、チューニングするのです。また、うまい人は一度曲を聴いただけですぐにその曲を弾いてしまいます。初心者からすると不思議でしょうがないのですが、鍛えられた耳や音程感をもっていれば誰でもできます。そのためには訓練が必要です。実は音叉でチューニングすることが、こういった能力を得る訓練になります。

それに対して、チューナーによるチューニングは耳を使いません。チューナーの針を見て正しい音になるようチューニングしていきます。つまり、チューナーによるチューニングは耳ではなく、目を使って合わせているのです。

これではいつまでたっても「正しい音程」や「いい音」を知る訓練にはなりません。ギター上達のために、いい耳をもつことは必要です。初心者は、音叉によるチューニングをぜひマスターしてください。値段は数百円と安く、小さいので持ち運びにも便利です。電池切れの心配もありません。音叉にはいくつかの種類があり、楽器用では四百四十ヘルツあるいは四百四十二ヘルツが多く売られています。四百四十ヘルツの音叉を買ってください。

超便利！チューナー

前項で音叉によるチューニングを勧めましたが、チューナーも必要です。チューナーには音叉にないメリットがあります。ギター上達のためには、音叉とチューナーの両方を使いこなすことが大切です。

写真3−1　チューナー

ライブ会場や練習スタジオなどで他楽器が音を出しているときにはチューナーが大活躍します。チューナーのいいところは、音を聴かなくてもチューニングできるところです。これが音叉だったら、そうはいきません。

チューナーにもいろいろな種類があります。初心者が初めてチューナーを買うときは、クリップ式が使い勝手がよくオススメです。クリップ式はチューナーをギターヘッドに挟み、そこから振動を拾ってピッチを表示してくれます。ピックアップがないアコースティックギターに最適です。また、暗いステージ上でも見やすいＬＥＤで表示してくれるものがいいでしょう。

さらに、クロマチック対応のクリップ式チューナーをもっておくと完璧です。クロマチックとは半音階という意味で、普通のギター用チューナーとは違ってすべての音を表示してくれるものです。カポタスト（後述の「カポタスト」で説明）を付けたままチューニングをするときなどに便利なので、購入する際にクロマチックに対応しているかどうか確認するといいでしょう。

このように、チューナーは音叉にはない、とても便利な機能があるのでギタリストにとっては必需品です。

またスマートフォンのアプリでも「チューナー」で検索するとたくさんヒットします。しかも無料で利用できるところがすばらしい。ホントに便利な世の中になりました。しかし、アプリはマイクで音を拾うタイプですので、周りに雑音があるとうまく使えないから注意してください。

最近のチューナーは安くなり、千円弱からあるようです。一つ購入することを勧めます。

ピック

①フラットピック

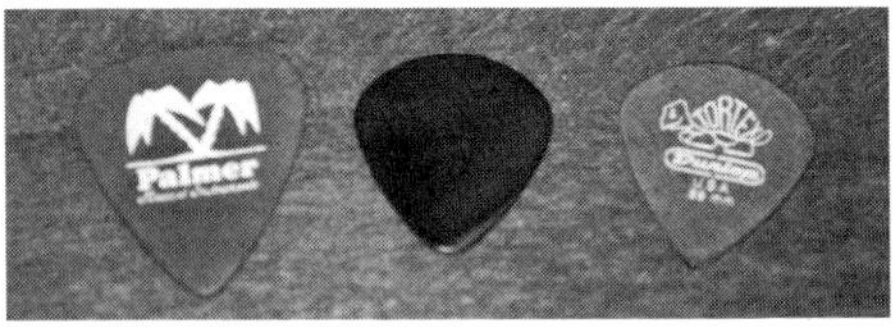

写真3－2　フラットピック

涙のしずくの形をしたティアドロップ、正三角形のようなトライアングルなどさまざまな種類と厚さがあります。プラスチックのほか、べっこうなどさまざまな素材で作られています。滑り止めが付いているものもあります。弦のゲージや曲によって厚さを使い分ける人が多いです。

最終的には自分が使いやすいものを選ぶことになりますが、初心者でよくわからない場合は、厚さが〇・八ミリ前後のティアドロップを使うといいでしょう。

②サムピックとフィンガーピック

親指に付けるピックをサムピック、それ以外の指に付けるピックをフィンガーピックといいます。

プラスチック、鉄、べっこうなどで作られています。さまざまな形状や厚さがありますので、自分の好みのものを購入してください。同種のサムピックでも付け心地が違いますので、楽器店で実際に親指に付けてみて、いちばんピッタリくるものを選びましょう。サムピックにこだわる人は多く、ヤスリなどで自分の好きな形状に加工する人もいます。山崎まさよしは自分で考案したオリジナルのサムピックを使うことで有名です。みなさんもいろいろ試すといいでしょう。

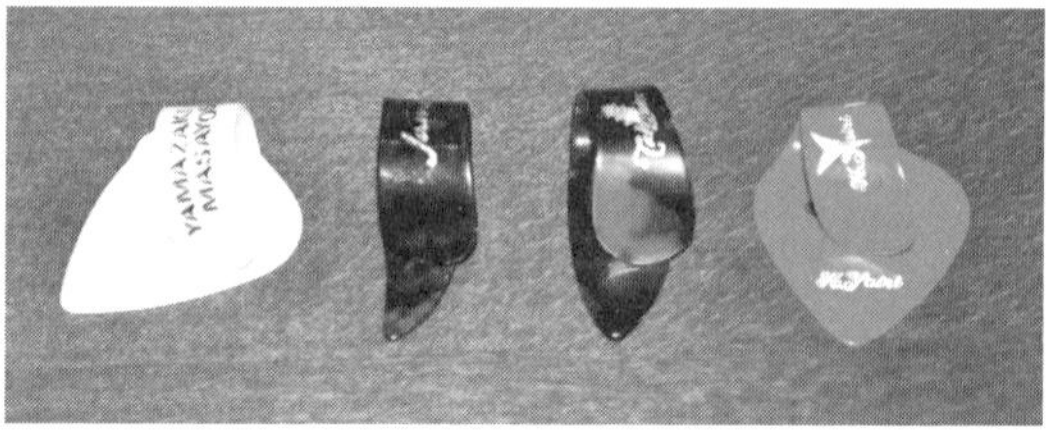

写真3−3　サムピック

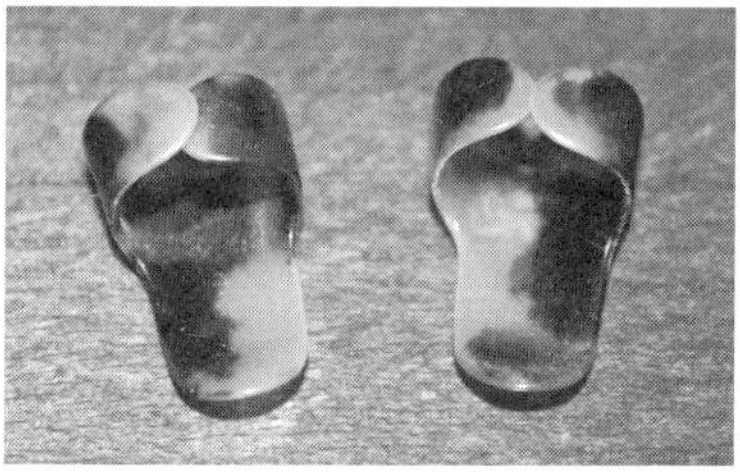

写真3−4　フィンガーピック

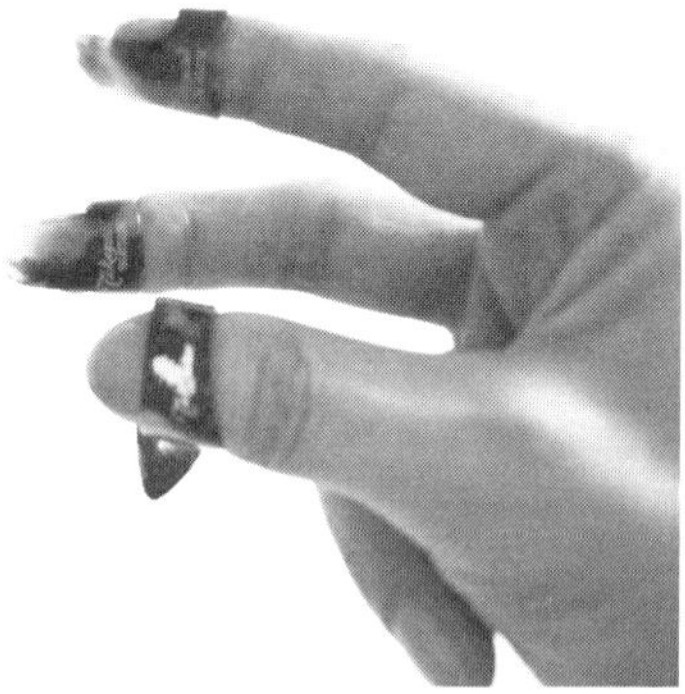

写真3−5　サムピックと
フィンガーピックの付け方

左利き用のサムピックも販売されています。ただし、一般の楽器店ではあまり見かけませんので、メーカーに問い合わせるかインターネットで検索してください。

サムピックとフィンガーピックの付け方は写真3-5を参考にしてください。

カポタスト

一般的にカポと言われます。カポタストを使うと簡単に移調（キーの変更）することができます。使い方は第5章第1節の「カポを使いこなす」で詳しく説明します。

種類がたくさんあります。初心者が購入するときのポイントとしては、取り付けたときにチューニングが狂いにくいもの、演奏時にじゃまにならないものを選ぶといいでしょう。

①ゴム式

安価ですが、すぐにゴムが伸びて使いものにならなくなります。チューニングも安定しないので、オススメしません。

②バネ式

取り付けと取り外しが簡単で、スピーディーに操作できます。その手軽さからバネ式のカポは人気があります。デメリットとしては押さえ付ける力を調整できないことです。メーカーによってはバネの力が強すぎたり弱すぎたりしてチューニングが狂いやすいものもあります。押さえ付ける力はチューニングに大きな影響を与えるので注意が必要です。

③ネジ式

取り付けと取り外しが面倒ですが、安定感は抜群です。締め付ける力を調整できるので、チューニングの狂いを最小限にすることができます。私は脱着の手間よりも安定感を重視していますので、ネジ式を使っています。

さらにみなさんにオススメしたいカポがあるのでご紹介します。G7th社のPerformance capoというカポです。このカポはクラッチを使った構造になっていて正確にはネジ式ではありませんが、ネジ式カポタストと同様の安定度を持ち合わせ、着脱もワンタッチでできる優れものです。手の力でカポを締め付けると、その位置で固定されホールドする仕組みで、締め付ける力を調整できるのでチューニングの狂いを抑えることができます。エリック・クラプトンやジョン・レンボーンなどの有名アーティストも大絶賛のカポですので、興味がある方は探してみてください。

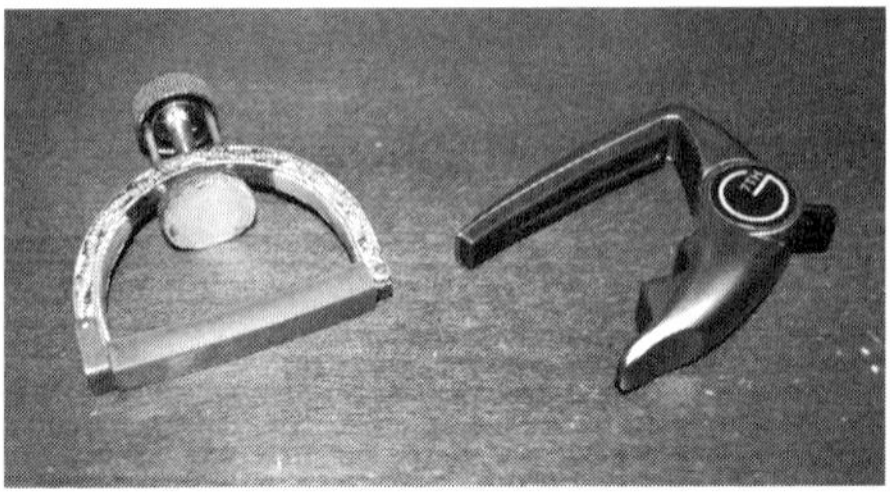
写真3−6　カポタスト

メトロノーム

アコギ上達のためにメトロノームは必需品です。詳しくは第5章第1節の「メトロノームを必ず使う」で話します。メトロノームには機械式と電子式があります。現在は電子式のほうが主流です。また、スマートフォンのアプリにも無料で使えるものがあるので探してみてください。

そのほかのアクセサリー

①ストラップ

立ってアコギを弾く場合はストラップが必要になります。ストラップは革、布、ナイロンなどの材質で作られています。デザインも大切ですが、私が購入するときは、皮膚とこすれて痛くないもの（素材が柔らかいもの）、滑りにくいもの、耐久性があるもの……こういった点に注意を払っています。体が大きい方は長さにも気をつけたほうがいいかもしれません。

エレアコには、たいていネックの根元にストラップピンが付いているので、そのままストラップピンとエンドピンにストラップを装着します。しかし、ほとんどのアコギにはエンドピンしか付いていませんので、ヘッド側はどのようにするかという疑問があります。たいていはストラップに付属している紐を使ってヘッドの根元に縛り付ける方法でストラップを装着します（写真３－７）。

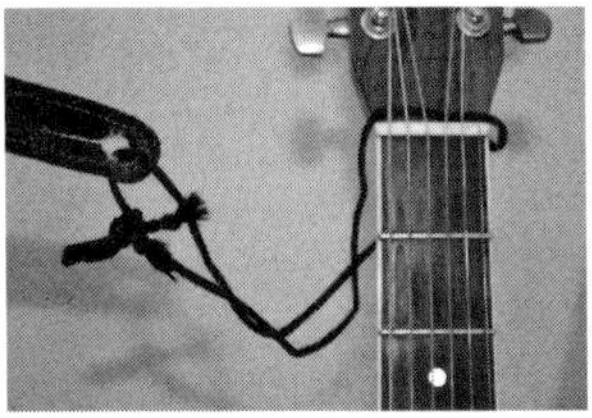

写真3−7　ストラップ

ほかには、エレアコのようにストラップピンをボディーに打つ方法があります。先ほどのヘッドに紐を縛る方法では演奏時にストラップがじゃまになるときには、この方法がいいでしょう。その場合、必ず専門家にやってもらいます。

②ニッパー、ワインダー、ピン抜き

弦を交換するときに使う道具です。ペグを回すときにワインダーがあると便利ですが、なくてもかまいません。

ピン抜きはブリッジピンを抜くときに使います。ブリッジピンは、かなりきつく差し込まれているので、手では抜けません。ニッパーなどでブリッジピンを挟んで抜く人もいますが、ギターを傷つけることがあるのでお勧めできません。ピン抜きはあったほうがいいでしょう。またワインダーにピン抜きの機能がついたものがあります。便利ですのでオススメです。

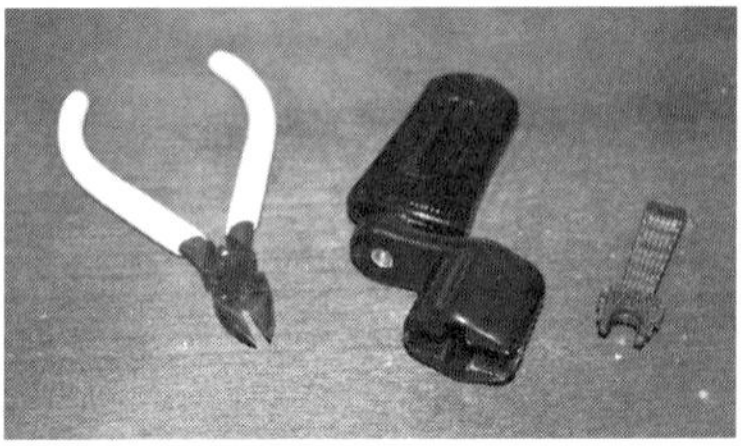
写真3−8
ニッパー、ワインダー、ピン抜き

ニッパーは弦を切るときに使います。新しく弦を張り替えたときに、ペグから飛び出している弦を切ります。

③ナットとサドル

さまざまな材質があり、プラスチック、牛骨といったものが代表的で、楽器店で購入することができます。材質で音質が変わり、硬いものほど音がいいので、牛骨製が人気です。

ナットは普通、接着剤で固めてありますので外れません。ただギターによっては接着があまく、外れてしまうものもあります。しかし接着しなければならない理由はないので、気にすることはありません。そのまま弦を張ってください。弦を張ると、その張力で固定されます。サドルは引っ張ると簡単に外れます。向きがあるので、外すときは向きを覚えておきましょう。取り付けるときは同じ向きに取り付けてください。

ナットやサドルの交換やリペアの方法が書籍やサイトで紹介されていますが、初心者は絶対に自分でやってはいけません。もしやるならもとに戻せる対策をしてからおこなってください。「弦高を調整する必要がある」「決まった弦だけ同じ箇所で切れる」などの場合には、ナットやサドルの調整が必要かもしれませんが、トラブルの原因はほかの箇所にある場合もあります。交換やリペアが必要なときは専門家に相談するのが鉄則です。

④ピッチパイプ、調子笛

私は最近、まったく使っていませんが、いまでも人気があるようです。音叉と違って両手があくので、初心者にはチューニングしやすいのかもしれません。クロマチックのピッチパイプもあります。ハーモニカと同じ構造で吹くとそのピッチの音が鳴るので、音に合わせてチューニングします。音叉やチューナーをもっていれば必要ありません。

⑤ギタースタンド

必需品です。ギターを壁などに立てかけるのはお勧めしません。倒してギターを壊す危険があります。壁に立てかけるぐらいなら、床に転がしておいたほうが安全です。私も一度、ギターを倒してネ

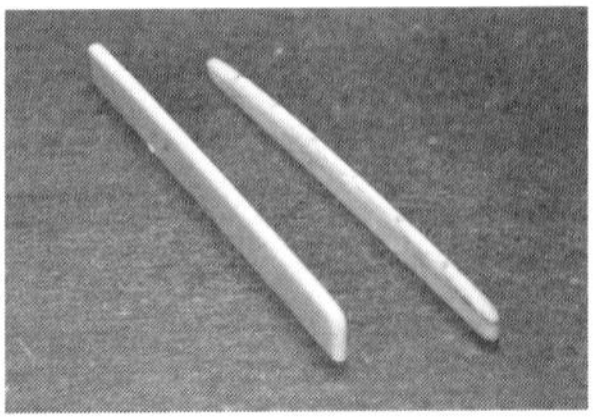

写真3−9　サドルとナット

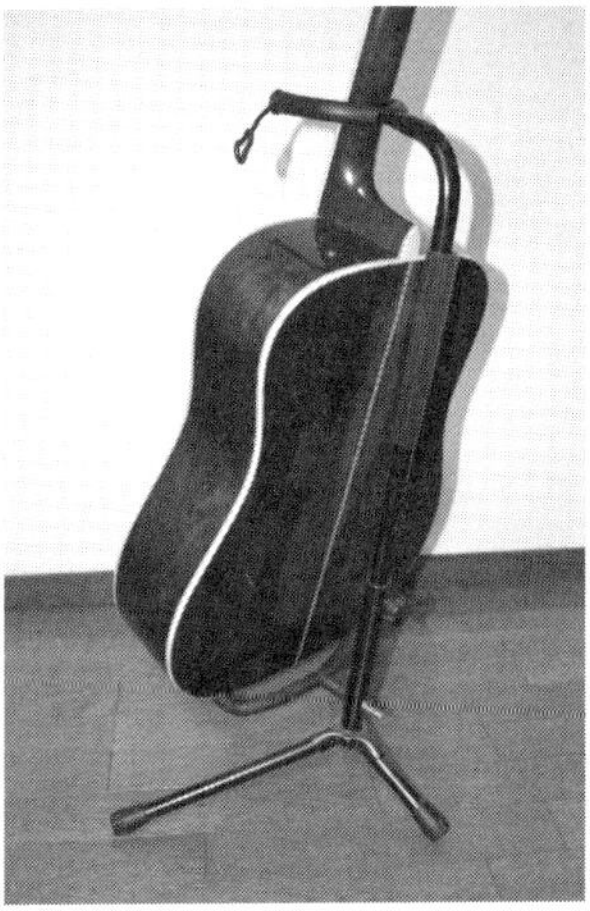

写真3−10　ギタースタンド

ックを折った経験があります。

また、ギターがケースのなかではなくギタースタンドに立てかけてあると、「ちょっと弾こうか」という気分になります。この「ちょっと弾く」という行動は上達を早めます。

ギタースタンドには壁掛け用もありますが、あまりお勧めしません。ネックに負担をかける可能性があります。床式のギタースタンドを置くスペースがどうしてもない場合は仕方がないですが、ギターの取り扱いには気をつけてください。

⑥ギターケース

ギターケースを使う目的は運搬時や保管時のギターの保護です。ケースの大きさはさまざまなので、ギターのサイズに合っているものを選ぶようにしてください。アコギの購入と同時にギターの大きさにピッタリのケースを購入するのがベストです。あとからケースだけを購入するときはギターを店に持っていき、ピッタリのものを選んでください。

ギターケースには大きく分けて四種類あります。

・ソフトケース：ナイロンや布で作られていて非常に薄く、軽く、値段も数千円と安価ですが、ギター の保護という点ではお勧めできません。安価なギターを購入したときに付属していることが多いです。

・ハードケース：ギター保護の観点からすると、やはりこのハードケースをお勧めします。木材やチップボード（木片や厚紙を圧縮して成型した板）などで作られます。ソフトケースと比べて頑丈ですが、重く、値段も一万円前後から数万円と高価です。

・ギグバッグ・セミハードケース：ソフトケースとハードケースの中間的な存在としてギグバッグやセミハードケースがあります。メーカーによって呼び名が異なるだけで、明確な違いがあるわけではありません。ソフトケースに緩衝材などを付けて外部からの衝撃に耐える作りになっています。ソフトケースよりはギターの保護になりますが、ハードケースよりも劣ります。駅前などでギターを背負

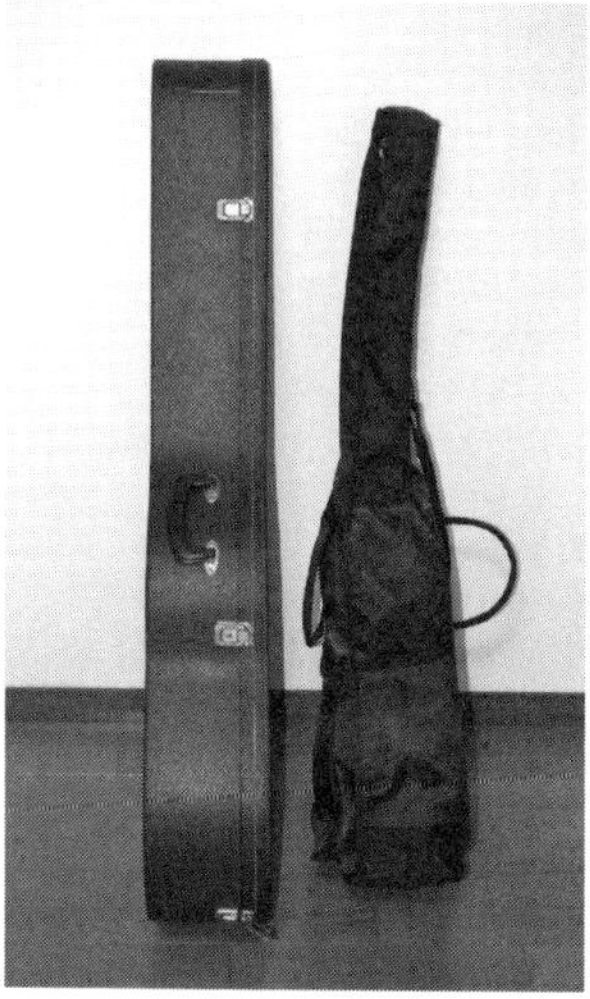

写真3－11　ギターケース

写真3－12　足台

って歩いている学生をよく見かけますが、あれがギグバッグです。

⑦譜面台、譜面灯、足台

あったほうが何かと便利です。どれもそれほど高価ではないので、もっておくといいでしょう。

⑧弱音器

音を小さくするためのアクセサリーで、夜ギターを弾くときにとても便利なものです。第5章「上達するための知識とメンテナンス」の第1節で詳しく紹介します。

写真3－13　教則本

⑨教則本

現在はいい教則本や教則DVDがたくさんあります。憧れのアーティストの楽譜も重要ですが、初心者は基本的な教則本を一つ買って、諦めず最後までやり通してください。基本が理解できてから曲をコピーするのと、基本を知らずにするのとでは、大きな差が出ます。何事も基本は大事です。さまざまな教則本を売っているので、自分の興味があるものを探してみましょう。

また、インターネットや動画サイトで弾き方を研究するのもいいでしょう。ただし、紙に書かれた文字や楽譜で練習したほうが上達は早いと思います。見やすい、どこに何が書いてあるかわかりやすい、重要事項をメモできるなど、紙面には紙面のよさがあります。これだけテレビやインターネットが普及しても新聞や書籍がなくならないのと同じ理由です。教則本ではわからない、もっと詳しく知りたい、というときにインターネットを活用するほうがいいと思います。

教則DVDや動画サイトを見るときは鑑賞会にならないようにすることが重要です。教則DVDや動画サイトには紙面だけでは伝えきれない情報量があり、アコギの上達には非常に有効です。しかし、教則DVDは最低でも一時間ほどのボリュームがあり、それを見ただけで満足してしまうことが往々にしてあります。ギターを構えて映像と同じように弾かないと、いつまでたっても上達しません。

⑩ギターコードブック

ギターコードブックとは、「あるコードをギターでどのように押さえるのか」をまとめた本です。すぐにコードの押さえ方を知りたい場合など、必要ならあってもいいでしょう。ギターコードはネットでも検索できます。楽譜の巻末に付録として付いている場合もあります。

コードブックはこちらが参考になります。リットーミュージック「かんたんコードブック」(http://www.rittor-music.co.jp/app/shibanzukun/simplechordbook.html)［二〇一七年六月二十九日アクセス］

3 チューニングしよう

基本の五フレットチューニング

アコギを弾くためにはチューニング（調律、調弦）をする必要があります。ギターは基本的に、六弦＝E、五弦＝A、四弦＝D、三弦＝G、二弦＝B、一弦＝Eとチューニングします。これをレギュラーチューニング、あるいはスタンダードチューニングといいます。初心者は基本的なチューニング法である五フレットチューニングを最初に覚えましょう。用意するものはアコギと音叉です。

チューニングの流れは次のとおりです。

①音叉（四百四十ヘルツ）＝五弦開放
②六弦五フレット＝五弦開放
③五弦五フレット＝四弦開放
④四弦五フレット＝三弦開放
⑤三弦四フレット＝二弦開放
⑥二弦五フレット＝一弦開放

詳しく見ていきましょう。

①音叉（四百四十ヘルツ）＝五弦開放

五弦の開放音（どこも押さえないで出す音）を出します。五弦を鳴らしたら、すかさず音叉の先端部分をひざに打ち付け音を鳴らします（机の角でたたいちゃダメですよ。きれいに鳴らないし音叉が壊れます）。

図3―5　音叉の鳴らし方

その音叉をすぐ耳に当てます（ギターのボディーに当ててもいい。噛んでも音がする）（図3―5）。

すると「ポワァーン」と音がします。この音は四百四十ヘルツのAの音です。五弦開放音をこの音に合わせます。

このときに注意すべきなのは、音を低いほうから合わせることです。高いほうから合わせるとペグが緩み、チューニングが狂いやすくなります。各弦をチューニングするときは同じように常に低いほうから合わせるようにします（図3―6）。

ここまでで①が終わりました。続けて②以降を合わせていきます。

②六弦五フレット＝五弦開放

六弦五フレットの音と、先ほど①で合わせた五弦開放音が同じになるように、六弦のペグを回します。①のときと同様に六弦の音を低いほうから合わせるようにします。

以降も同様に合わせていきます（図3－7）。

チューニングができました。ここで気になるのが、ホントにチューニングできているかです。スタンダードチューニングは六弦からＥＡＤＧＢＥでしたね。確かめる方法は二つあります。

・ギター経験者に聞く

チューニングのコツだけでなく演奏のコツも教えてくれるので、友人に経験者がいるのは「鬼に金棒」です。ですが、毎回では迷惑なので気をつけてください。

・チューナーで確認する

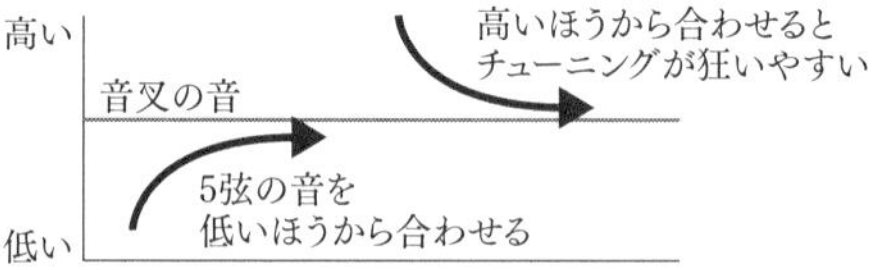

図3－6　低い方から合わせる

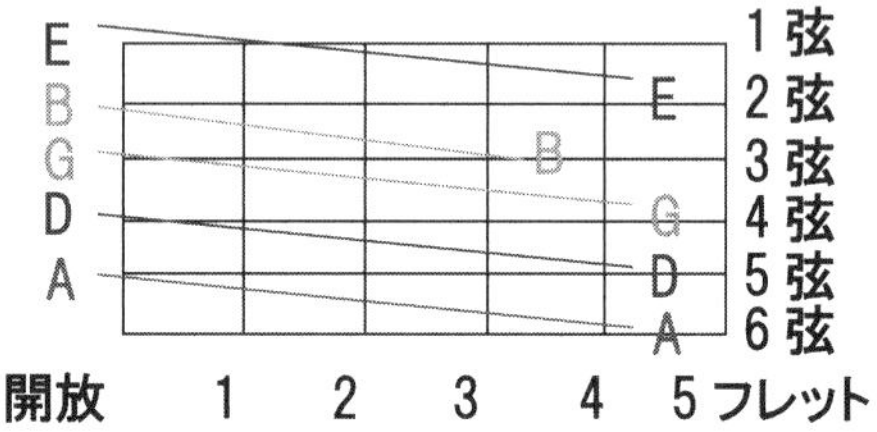

図3－7　5フレットチューニング

初心者は、プラス・マイナス十セントぐらいならいいでしょう（半音は百セント。チューナーの使い方は次項で）。慣れるにしたがって正確なチューニングを目指しましょう。チューナーは便利ですので購入してください。

これができれば完璧、ハーモニクスを利用したチューニング

初心者は、前項で説明した「五フレットチューニング」を最初に覚えましょう。そして慣れてきた

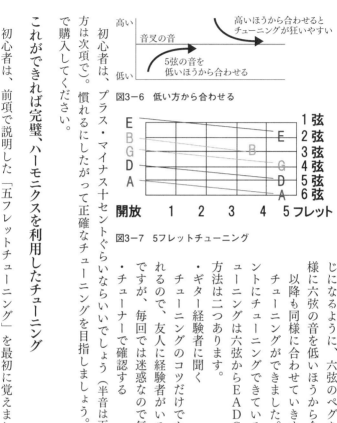

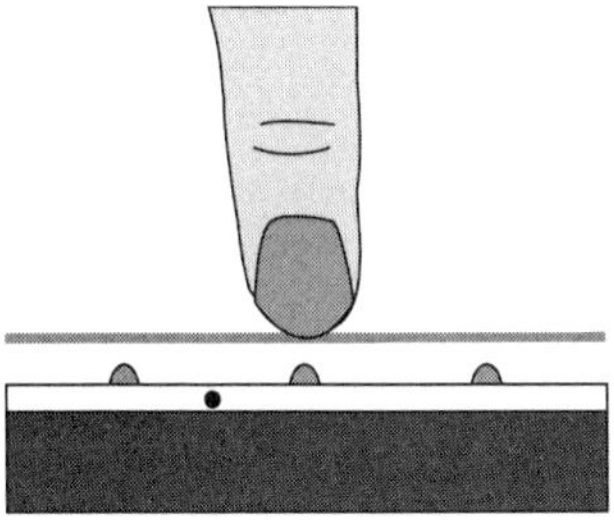
5弦5フレットの真上に指を置く
このとき指は弦に軽く触れている状態で、
しっかり押さえない
“フレットの真上”がポイント
右手で5弦を弾く
弾いたと同時に左指を弦から離す
離すタイミングが慣れるまで難しい
“ポワァーン”というキレイなハーモニクス音が出れば成功
ハーモニクス音は6弦12フレットが出やすいので、そこで練習するといい

図3−8　ハーモニクス音の出し方

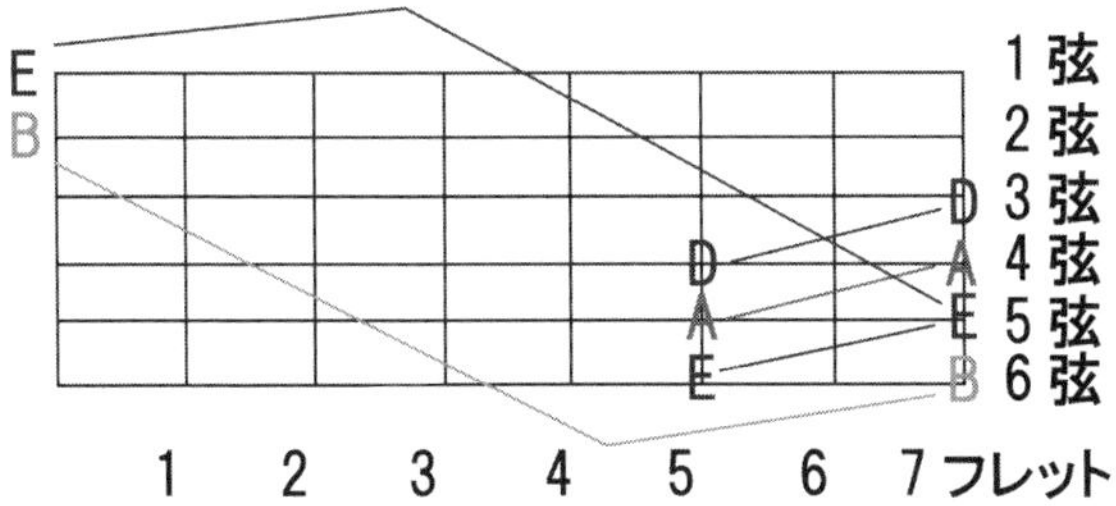

図3−9　ハーモニクスを利用したチューニング

ころに、この「ハーモニクスを利用したチューニング」に挑戦してみてください。ハーモニクスの音は非常に澄んだ音なので、音の高低が聞き取りやすく正確にチューニングできるという特徴があります。

　五弦五フレットのハーモニクス音を出してみましょう。図3-8を参考にしてください。ポイントはフレットの真上に指を置くことと、発音したときに指を離すタイミングです。

　ハーモニクス音が出るようになったら次の①から⑥のように、各弦をチューニングしてみましょう（図3-9）。

①音叉と五弦五フレットのハーモニクス音を合わせる

②六弦五フレットのハーモニクス音

＝五弦七フレットのハーモニクス音
③五弦五フレットのハーモニクス音＝四弦七フレットのハーモニクス音
④四弦五フレットのハーモニクス音＝三弦七フレットのハーモニクス音
⑤六弦七フレットのハーモニクス音＝二弦の開放音（または二弦の十二フレットのハーモニクス音）
⑥五弦七フレットのハーモニクス音＝一弦の開放音（または一弦の十二フレットのハーモニクス音）

「ハーモニクスを利用したチューニング」でのコツは、二つの音を聞き比べるときに「うなり」を聞くことです。二つのハーモニクス音がわずかな差まで近づくと、「ウァン ウァン ウァン ウァン ウァン ウァン」という音の強弱が現れます。これが「うなり」です。

この「ウァン ウァン ウァン ウァン ウァン」という「うなり」は、二つのハーモニクス音が同じ高さに近づけば近づくほど、

「ウァン ウァン ウァン ウァン ウァン」
←
「ウァーン ウァーン ウァーン ウァーン」
←
「ウァーーーン ウァーーーーン」

と聞こえる周期が長くなります。うなりがまったく聞こえなくなった箇所が、二つのハーモニクス音が同じ高さということです。うなりは誰でも聞き取れます。

このように「ハーモニクスを利用したチューニング」は正確にチューニングできるので、ぜひ会得してください。

誰でもできるチューナーを使ったチューニング

チューナーを使うと誰でも簡単にチューニングすることができます。使い方は非常に簡単で、電源を入れてチューニングしたい弦を鳴らし、チューナーの針が真ん中にくるようにペグを回します。

チューナーにはA音の周波数を設定する機能があるので、四百四十ヘルツにセットしてください。そのほかの周波数を初心者が使うことはありません。ただし、生ピアノとセッションするときは注意が必要です。生ピアノによっては少し高めに調律されていることがあります。そのときは生ピアノのAに合わせるようにします。

クリップ式のチューナーを使うときはクリップモード（メーカーによって呼び名は違います）にして使用します。ヘッドからの振動を感知してチューニングするモードですが、この設定になっていないと振動を感知しないので気をつけてください。

第4章　練習しよう

1　楽譜の読み方

　ギターを弾けるようになりたいけれど楽譜を読めるようになれるかどうかが心配だ、という方もいることでしょう。楽譜というと「五線譜」と「オタマジャクシ」を思い出しますが、結論から言うと、五線譜が読めなくてもギターは弾けるようになります。ギターには、ＴＡＢ譜（タブ譜）という初心者でも理解しやすいギター専用の楽譜があります。これで一安心ですね。

　またギターでは、同音異弦といって同じ音でも押さえ方が何通りかあり、初心者は混乱してしまいます。例えば、ド＝五弦三フレット＝六弦八フレットという具合です。ＴＡＢ譜ではこれらの情報も読み取れるのでギター譜として最適です。

　とはいえ、誰かにギターを教えてもらうにしても、教則本で勉強するにしても、音楽記号や用語を知らなければそれ以上の上達は見込めません。ＴＡＢ譜の読み方と基本的な音楽記号を覚えるところ

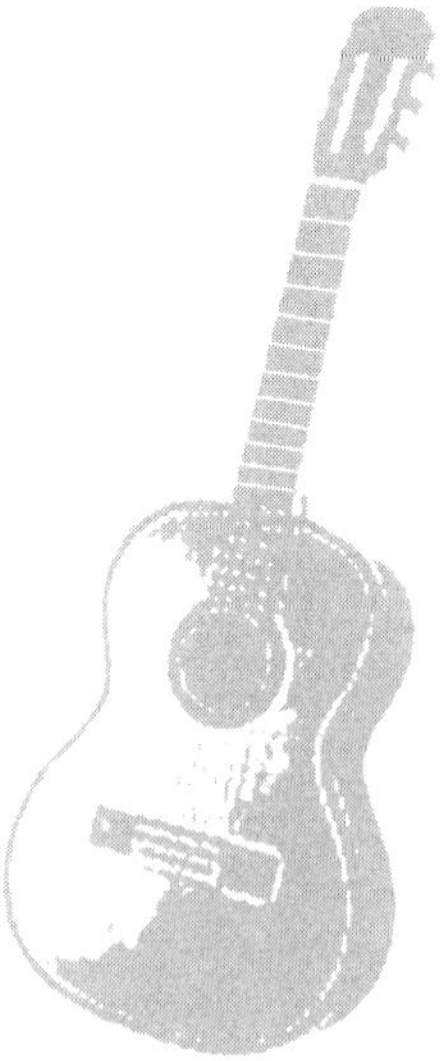

から始めましょう。

ギター専用の楽譜、TAB譜(タブ譜)の読み方

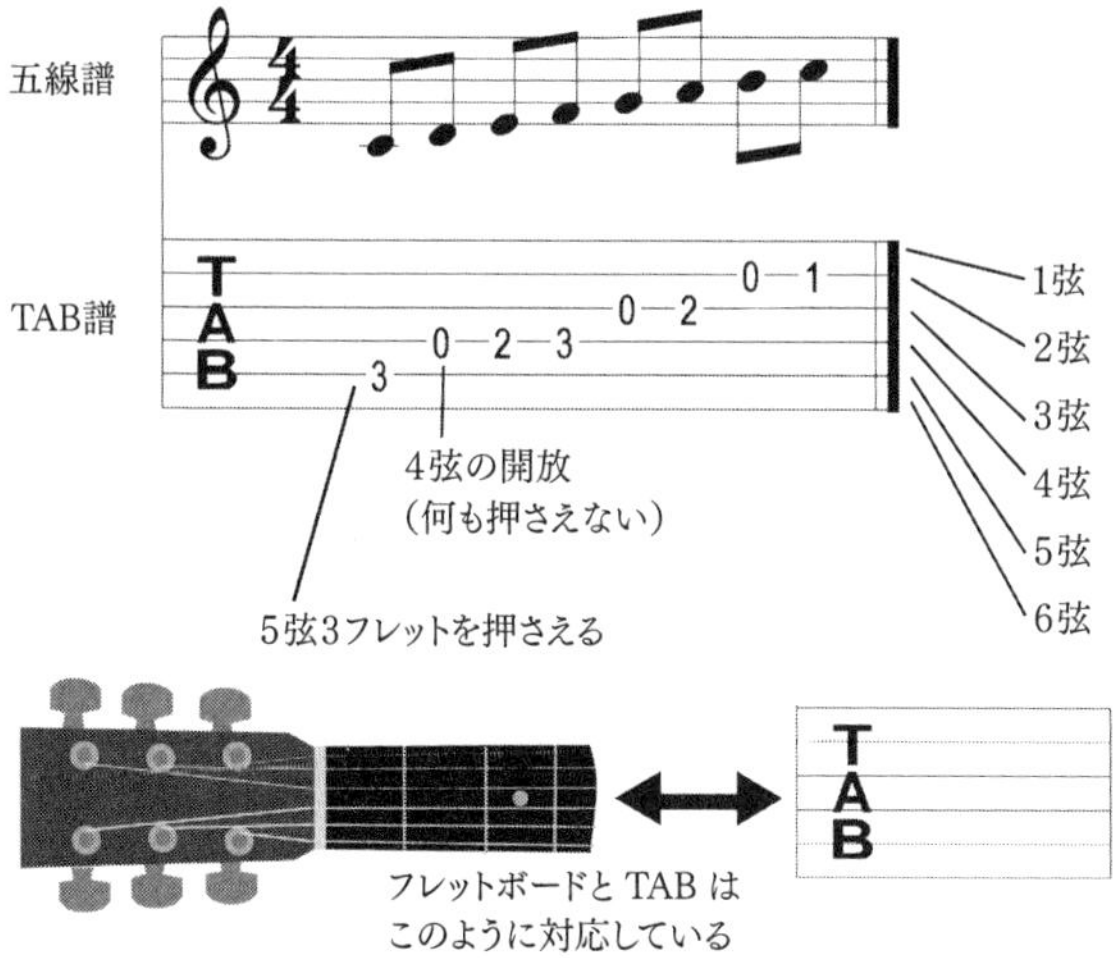

図4－1　TAB譜の読み方

五線譜が読めなくても、図4－1のようにTAB譜に対応する弦のフレットを押さえれば簡単に弾くことができます。それでは図4－1のTAB譜を弾いてみましょう。

左手でTAB譜のとおり弦を押さえます。最初なので、どの指で押さえてもかまいません。「0」は何も押さえない開放音を示しています。右手で弦を弾きます。フラットピックを使って音を出してみましょう。

うまく弾ければ、「ドレミファソラシド」と聞こえるはずです。最初にこのドレミファソラシドを弾けるようにしましょう。

図4－2がフレットボード上に並べた音階です。三フレットまでの音階を示しました。低いミから高

いソまでです。コードをマスターするときに必要な知識ですので、覚えてください。

小学校に入学したときから何度も耳にした「ドレミファソラシド」ですが、ギターを覚えるとき「ドレミファソラシド」は使いません。ポップスやロックでは「ドレミファソラシド」の代わりに「CDEFGABC」を使います。C＝ド、D＝レ、E＝ミ、F＝ファ、G＝ソ、A＝ラ、B＝シですので早く慣れましょう。

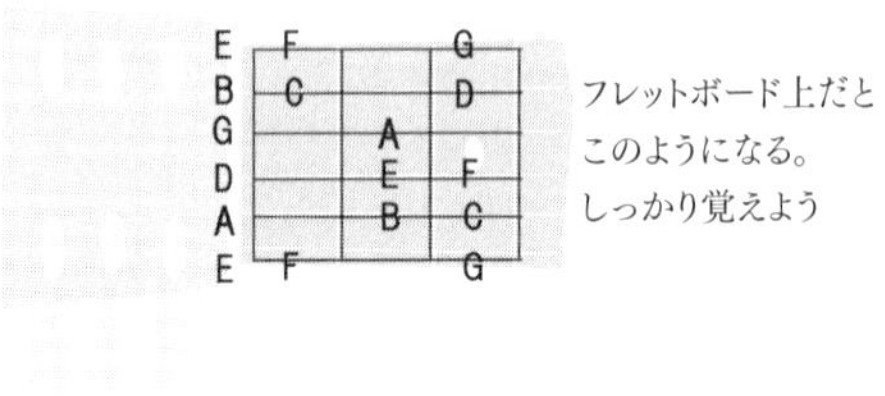

フレットボード上だとこのようになる。しっかり覚えよう

図4－2　フレットボードと音階

コードの押さえ方がわかるコードダイアグラム

ギターはコード（和音）が弾ける楽器です。「ドミソの和音」という言葉を一度は聞いたことがあると思います。コード（和音）とは複数の音を重ねることです。ドミソの和音は「ド」「ミ」「ソ」という三つの音が同時に鳴っていることを意味します。小学校のときに習ったリコーダーはコードを出すことができません。リコーダーは「ド」「ミ」「ソ」という三つの音を同時に鳴らせないのです。ギターはコードを鳴らすことができるので、数種類のコードを覚えるだけで、すぐに伴奏を弾くことができます。ホントにすばらしい楽器です。

コードを覚えるためにコードダイアグラムを使います。コードダイアグラムは、どの指で、どの弦の、どのフレットを押さえるのかを示したものです。最初にコードダイアグラムの読み方と左手の指

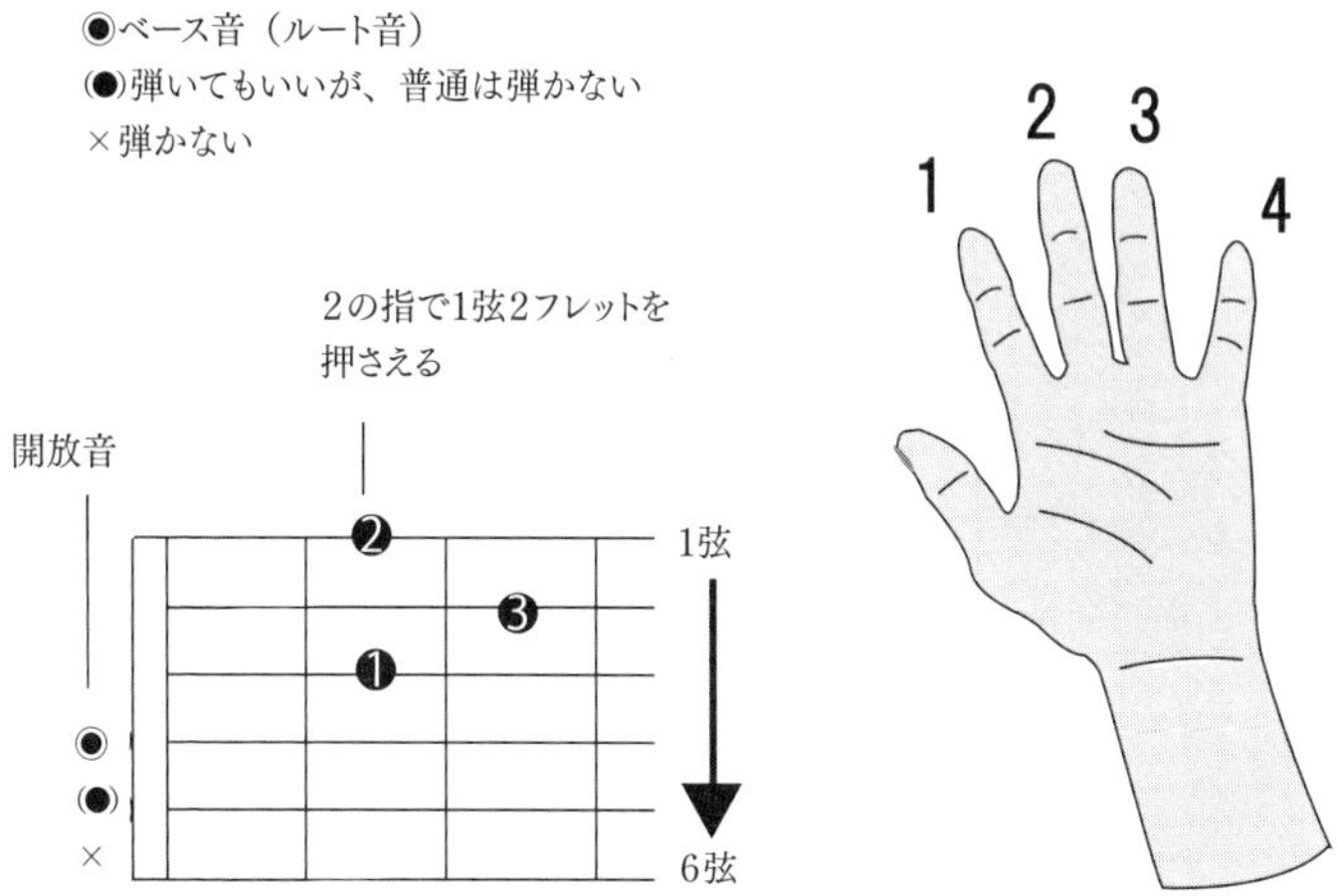

図4−3　コードダイアグラムの読み方

番号を覚えましょう（図4－3）。

　コードダイアグラムの読み方を理解したら、次に基本的なコードを覚えます（図4－4）。ギターで各コードを弾いてみてください。最初に、C、Dm、Em、F、G、Amの六つのコードを覚えるといいでしょう。これらのコードは頻繁に出てくるコードです。もっと言えば、この六つのコードだけで簡単な曲であればほとんどの曲が弾けてしまいます（詳しくは第7章第2節の「コードが圧倒的に見つけやすくなる——ダイアトニックコード」を参照）。それほど基本的なコードです。

　最初はキレイな音が出ませんが、練習するうちに誰でも押さえられるようになります。大事なことは指番号を守ることと、ベース音（＝ルート音とも言う）の位置を必ず覚えることです。ベース音とはコードを構成する基準となる音です。コードを弾くときは基本的にこのベース音から弾きます。ベース音を覚えているかどうかで上達に差が出ます。しっかり覚えてください。

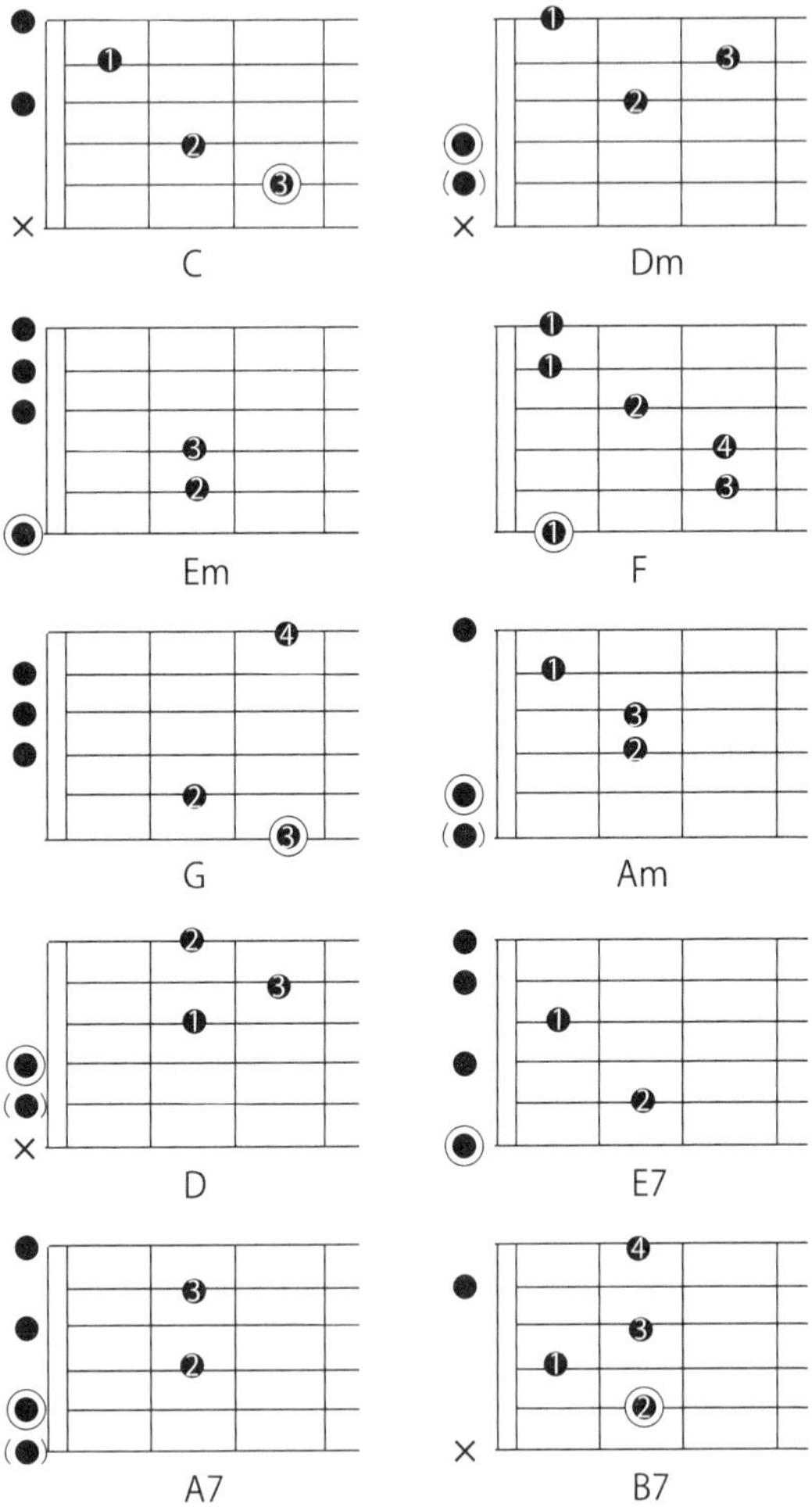

図4−4　基本的なコード

先ほどの六つのコードを覚えてから、そのほかの必要なコードを少しずつ増やしていくといいでしょう。

さまざまな音楽記号

楽譜には演奏するための多くの情報が記載されています。さまざまな音楽記号は練習を繰り返すうちに自然と身に付きますので、それほど心配する必要はありません。図4－5は「主な音符と休符、そのほかの記号」、図4－6は「コードネームの読み方」、図4－7は「反復記号」です。必要なときに見るようにしてください。

ギターならではのテクニックと記号

ギターの演奏には、ピアノなどでは表現できないスライドなどのギター特有の弾き方があります。ギター譜にはこういった弾き方を指示する記号が出てきます（譜4－1）。ぜひマスターして、カッ

全音符	𝅝	1小節の長さ
2分音符	𝅗𝅥	𝅗𝅥 + 𝅗𝅥 = 𝅝
4分音符	♩	♩ + ♩ = 𝅗𝅥
8分音符	♪	♪ + ♪ = ♩
16分音符	𝅘𝅥𝅯	𝅘𝅥𝅯 + 𝅘𝅥𝅯 = ♪
全休符	𝄻	1小節の長さ
2分休符	𝄼	𝄼 + 𝄼 = 𝄻
4分休符	𝄽	𝄽 + 𝄽 = 𝄼
8分休符	𝄾	𝄾 + 𝄾 = 𝄽
16分休符	𝄿	𝄿 + 𝄿 = 𝄾
付点2分音符	𝅗𝅥.	𝅗𝅥. = 𝅗𝅥 + ♩
付点4分音符	♩.	♩. = ♩ + ♪
付点8分音符	♪.	♪. = ♪ + 𝅘𝅥𝅯
2拍3連符	♩♩♩（3）	𝅗𝅥を3等分
1拍3連符	♪♪♪（3）	♩を3等分
半拍3連符	𝅘𝅥𝅯𝅘𝅥𝅯𝅘𝅥𝅯（3）	♪を3等分
タイ	♩‿♫	音をのばす
ダ・カーポ	D.C.	曲の先頭に戻る
ダル・セーニョ	D.S.	𝄋に戻る
コーダ	𝄌 Coda	曲の終結部
ツー・コーダ	to 𝄌	𝄌 Codaに進む
フィーネ	Fine	終わり
キー	Key	調のこと
イントロ	Intro.	前奏
フェイド・アウト	F.O.	次第に音が小さくなる
フェルマータ	𝄐	音を適当にのばす

図4－5　主な音符と休符、そのほかの記号

コいい演奏を目指してください。

①ハンマリングオン（ハンマリング）

ハンマリングオンは、ある音を鳴らし、右手でピッキングせずに、すぐ左指でたたくようにして押さえる動作だけで次の音を出します。記号h,H,H.Oなど。

コードネーム	読み方
C	シー
Caug	シーオーギュメント
C(♭5)	シーフラットファイブ
Cm	シーマイナー
Cm(#5)	シーマイナーシャープファイブ
Csus4	シーサスフォー
CM7	シーメジャーセブン
C7	シーセブン
C6	シーシックス
C7(#5)	シーセブンシャープファイブ
C7(♭5)	シーセブンフラットファイブ
CmM7	シーマイナーメジャーセブン
Cm7	シーマイナーセブン
Cm6	シーマイナーシックス
Cm7(♭5) Cφ	シーマイナーセブンフラットファイブ
Cdim　C○	シーディミニッシュ
C7sus4	シーセブンサスフォー

図4−6　コードネームの読み方

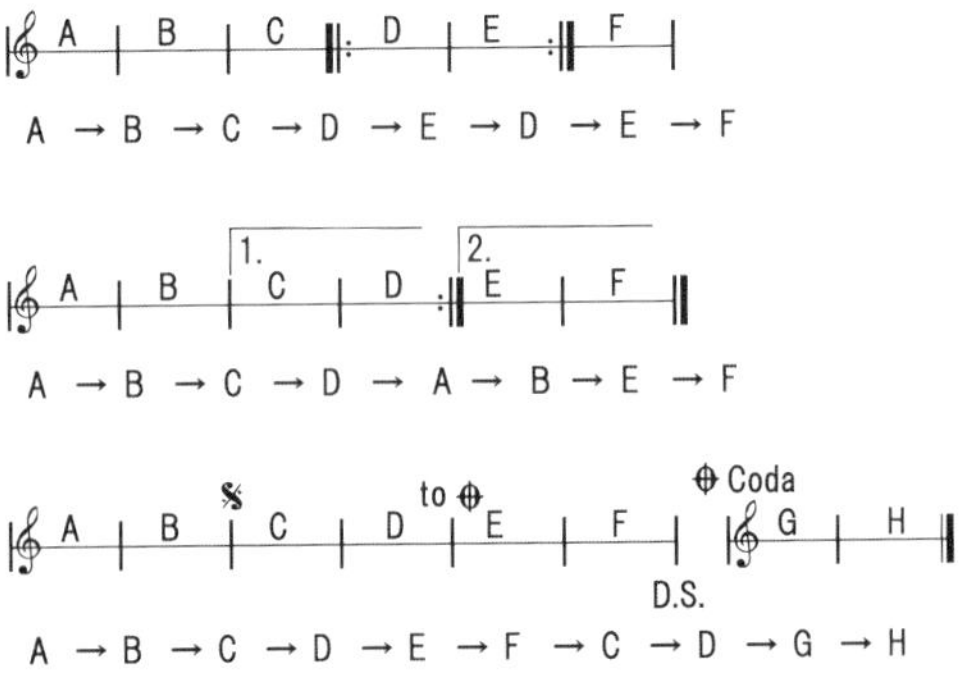

図4−7　反復記号

②プリングオフ（プリング）

プリングオフは、ある音を鳴らし、右手でピッキングせずに、すぐ左指でひっかくことで次の音を

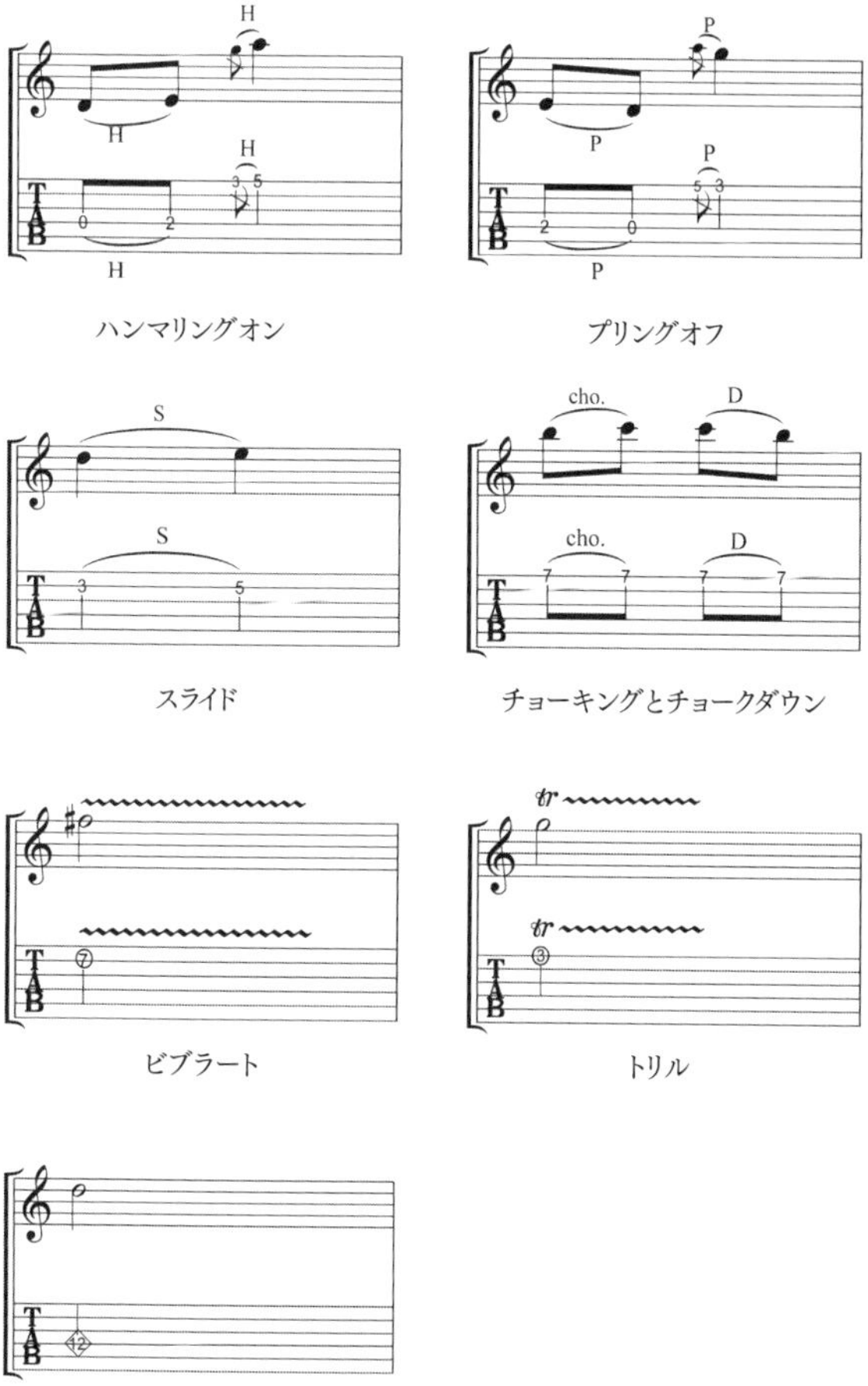

譜4−1　ギター特有の音楽記号

出します。記号p,P,POなど。

③スライド（グリッサンド）

弦を押さえて音を鳴らしたままフレットを移動し音程を変えます。記号s,S,gliss.など。

④チョーキング（ベンディング）

押さえている弦を押し上げる（または引き下げる）ことで音程を上げる奏法です。一音音程を上げる「一音チョーキング」、半音音程を上げる「半音チョーキング（ハーフチョーキング）」、四分の一音音程を上げる「クォーターチョーキング」などがあります。また、チョーキングした音から元の音に戻すことをチョークダウンといいます。ロック、ブルースでは必須のテクニックです。一音チョーキングの記号cho.など、半音チョーキングの記号h.cなど、クォーターチョーキングの記号q.cなど、チョークダウンの記号D,C.Dなど。

⑤ビブラート

音を揺らす（ふるわせる）奏法で、指を上下に揺らす方法（チョーキングを細かく連続させた動き）と、左右に揺らす方法があります。

⑥トリル

ハンマリングとプリングを細かく連続的におこなうことで音を出す奏法です。一般的には指定された音と、次の音階の音でトリルします。

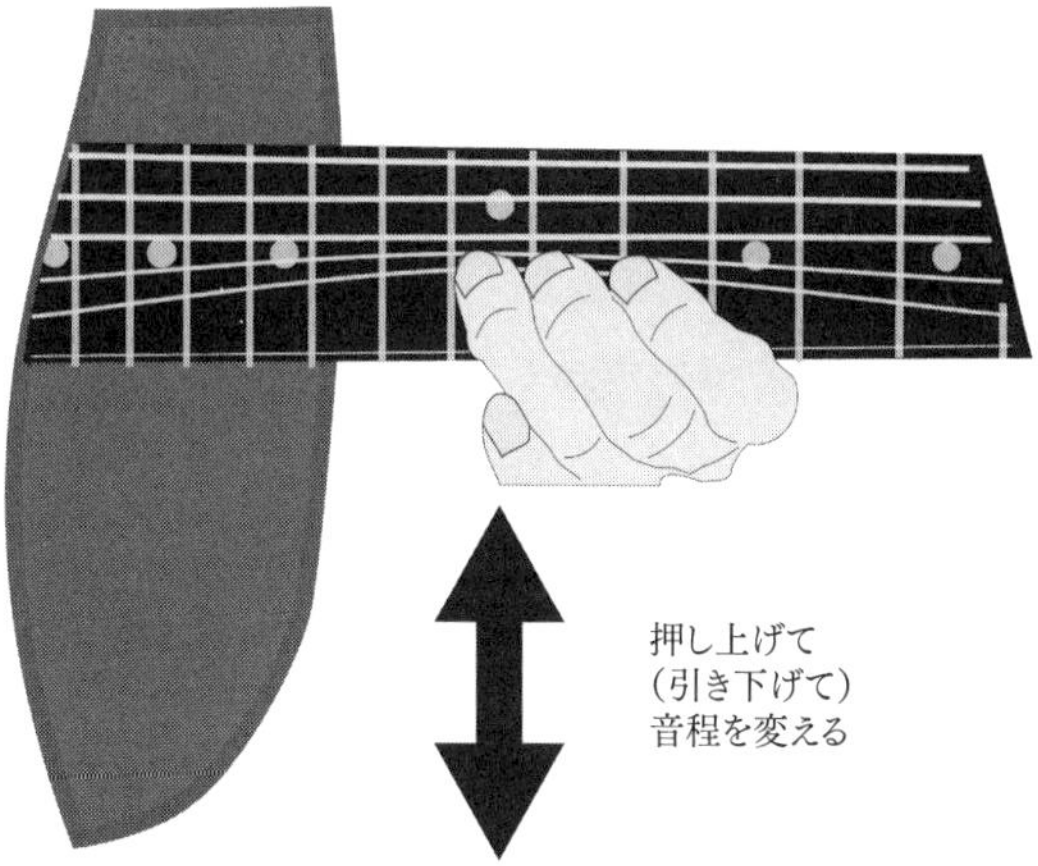
押し上げて
(引き下げて)
音程を変える

図4−8　チョーキング

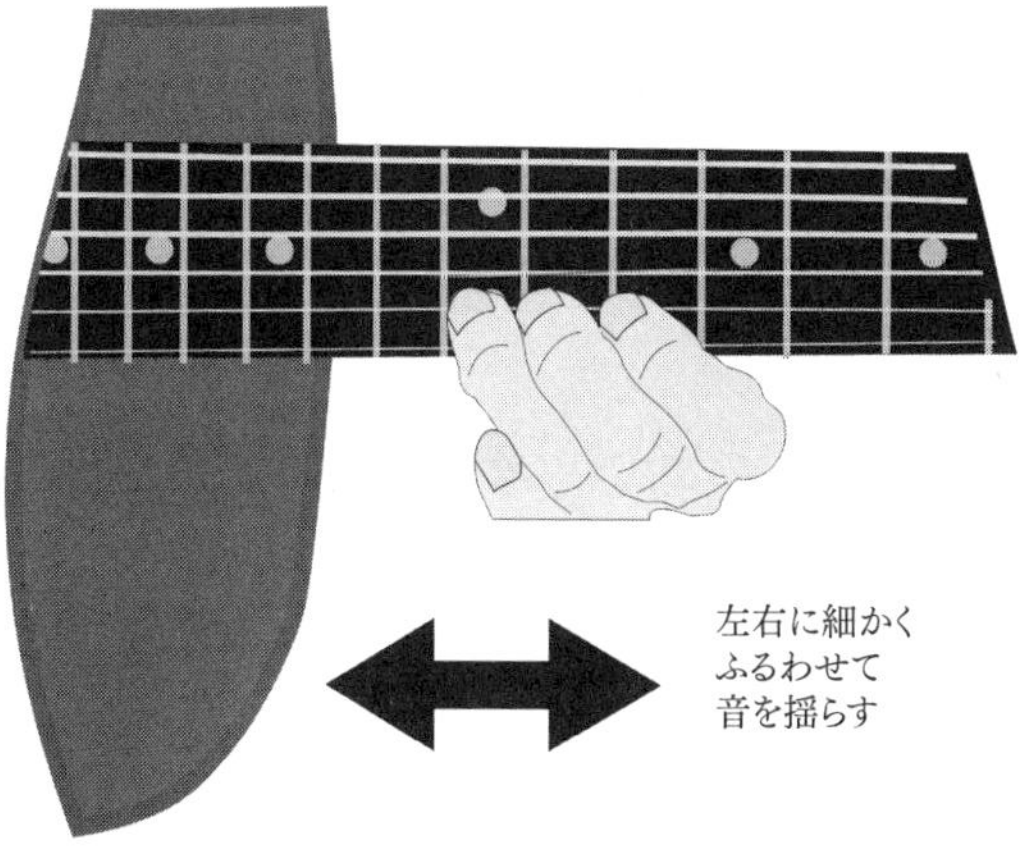
左右に細かく
ふるわせて
音を揺らす

図4−9　ビブラート

2 コードの押さえ方のコツ——左手の練習

初心者は、コードの押さえ方を理解してもうまく押さえられずに悩んでしまいます。ほんの少しのコツさえつかめば解決することが多いので、次のことを確認してみてください。

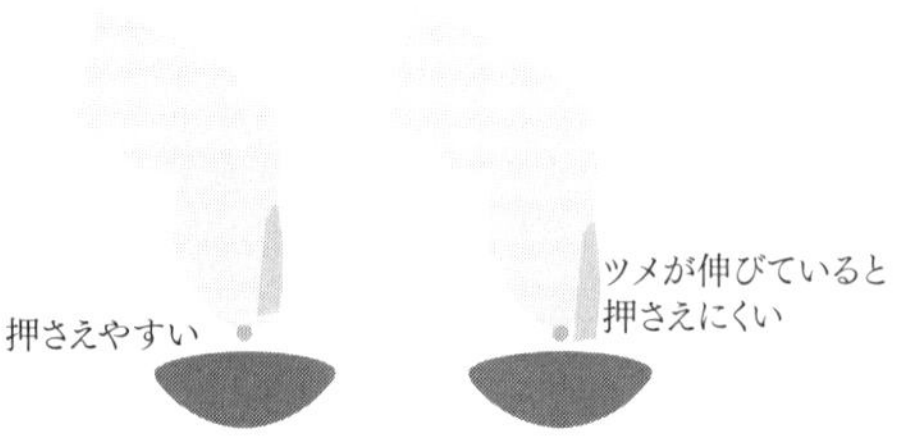
ツメが伸びていると
押さえにくい
押さえやすい

図4－10　左手の爪の長さ

爪の長さがポイント

左手の爪が長いと弦をうまく押さえられず、ちゃんと音が出ません。ではどのくらい切ればいいかですが、初心者はできるかぎり短いほうが早く上達します。もちろん深爪をする必要はありません（図4－10）。また、女性はネイルなどで指をきれいに飾っている人がいます。たしかにおしゃれで私も個人的には大歓迎なのですが、ギターの上達という面からすると、これは都合がよくありません。左手の爪は短く切ってください。

指を立てる

初心者はどうしても指が寝てしまいます。すると指が隣の弦に触ってしまい、音が出ません（図4

－11）。では、指を立てるためのコツはあるでしょうか。

図４－12を見てください。左と右では手首の角度が違います。左のような親指の位置にすると、自然と手首が図のようになって指が立ちます。逆に、右のようにネックを握り込むと指が寝やすくなります。

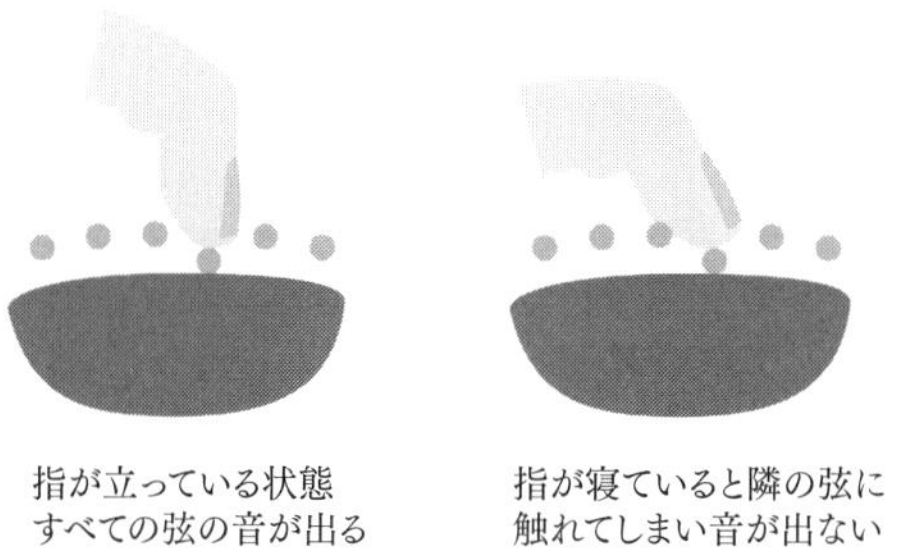
指が立っている状態
すべての弦の音が出る
指が寝ていると隣の弦に
触れてしまい音が出ない

図4－11　指を立てる

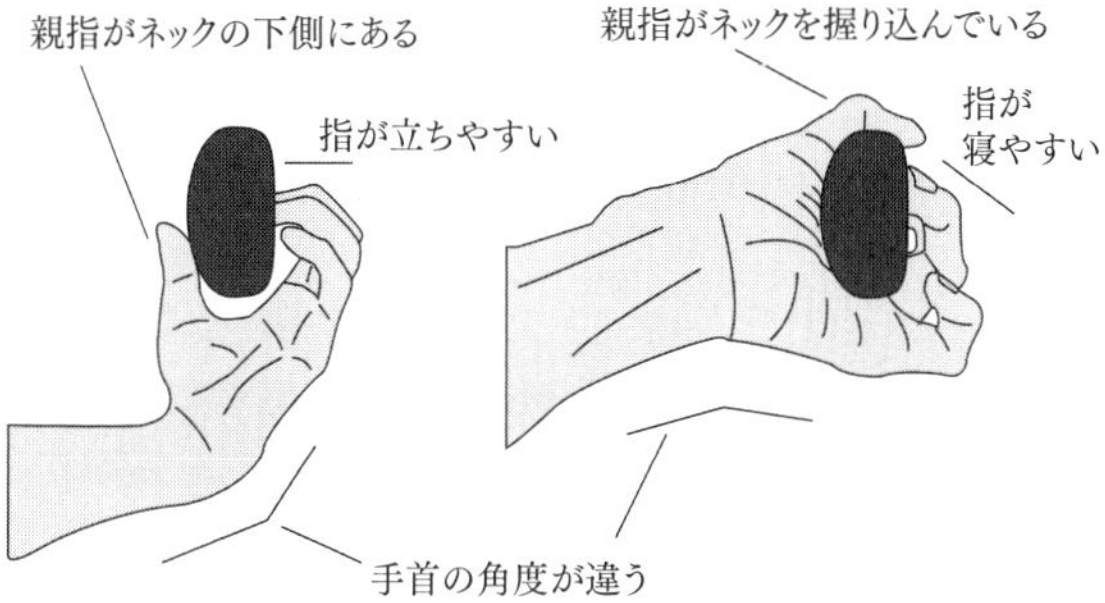
親指がネックの下側にある
指が立ちやすい
親指がネックを握り込んでいる
指が
寝やすい
手首の角度が違う

図4－12　手首の角度

　クラシックギターの世界では左が正解とされます。クラシックギターはボディーが小さくネック幅が広いため、左のように構えたほうが弾きやすいからです。

　逆にフォークギターやロックギターではネック幅が狭いので、右のように握り込んで弾くことが可能になります。握り込んで弾くメリットはいくつかありますが、いちばんは手のひらがネックに触れるので左手が安定することです。それに関連して握り込まないと弾けないような弾き方もありますので、最終的には握り

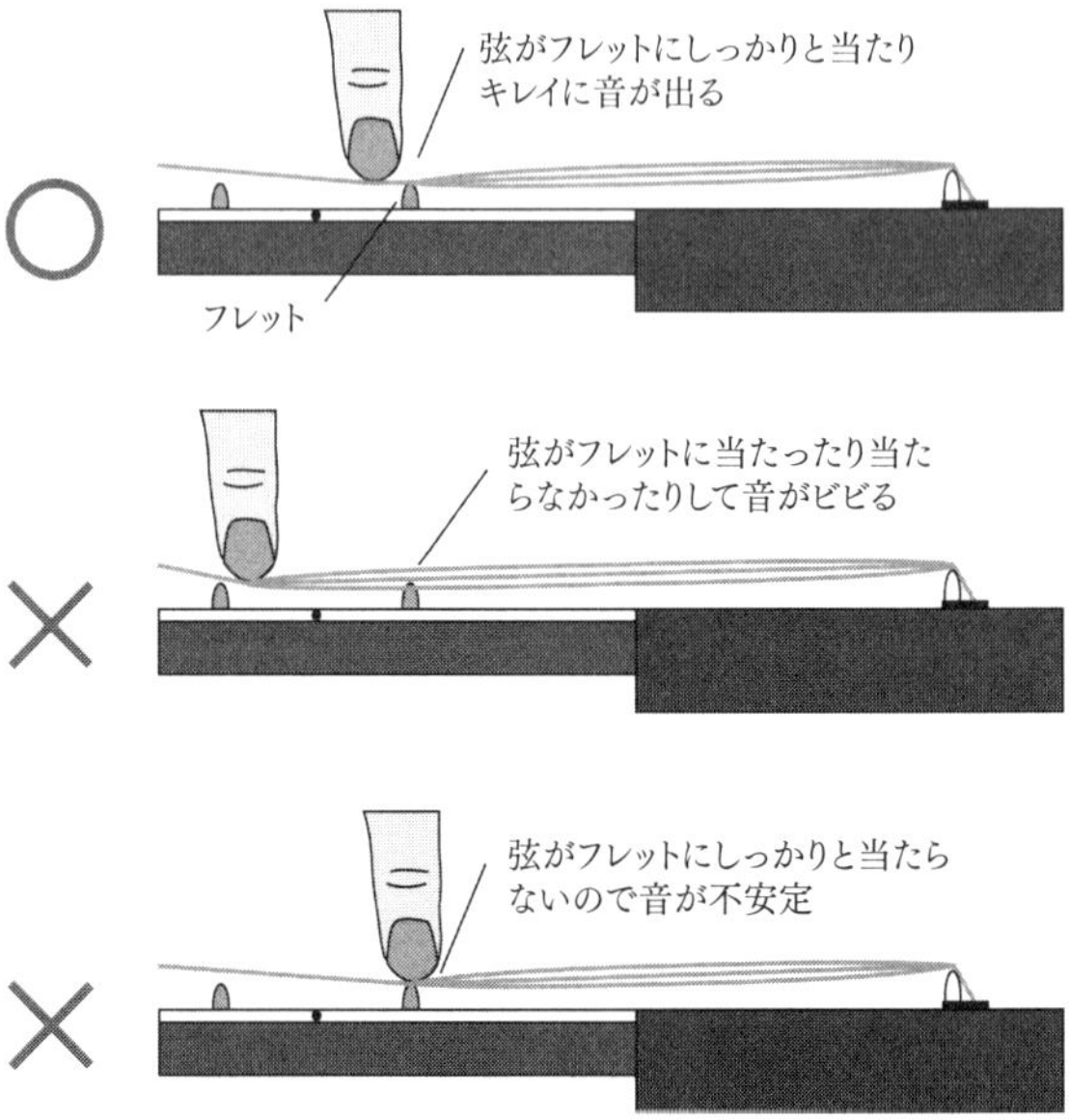

弦がフレットにしっかりと当たり
キレイに音が出る
フレット
弦がフレットに当たったり当た
らなかったりして音がビビる
弦がフレットにしっかりと当たら
ないので音が不安定

図4－13　フレットぎりぎりを押さえる

込んでコードを押さえられるように練習します。

「コードを押さえたとき、指が隣の弦に触ってしまい、すべての弦の音がキレイに出ない」という初心者は、左のように指を立てる練習をしてください。ポイントは親指の位置と手首の角度です。慣れてくると指を立てることを意識しなくても弾けるようになるので、少しずつ握り込んで押さえるフォームに変えていくといいでしょう。

フレットぎりぎりを押さえる

ギターにはフレットがあるため、初心者でも正確な音程が出せるようになっています。これがフレットのないバイオリンだったら、正確な音程を出すだけでも大変です。

ギターの弦はフレットとサドルの間で振動します。弦がフレットにしっかり当たっていないと音が出なかったり、ビビったりします。「音がビビる」とは聞き慣れない言葉ですが、図4－13の上から二番目の状態のときによく起こる現象です。弦がフレットに当たったり当たらなかったりして、「ビビビビビ…」と不快な金属音がします。

コードによっては「ぎりぎり」というわけにはいきませんが、いい発音のためにはできるだけフレットに近いところを押さえることがコツになります（図4－13）。

ギターの構え方を工夫する

「指を立てる」「フレットぎりぎりを押さえる」と頭ではわかっていても体は言うことを聞いてくれません。これを解決するには図4－14のように構え方を工夫するといいでしょう。

図4－14　手首を体の正面に

図4－15　クラシックギターの構え方

左の手首が体の正面にくるようにします。そうすると、左手首が下がりやすく、指先が立ちやすくなります。左手が正確に押さえられるようになったら、普通の構えに戻していくといいでしょう。ただし、この構えは、ギター自体が不安定になります。体とギターブリッジが離れるので右手は弾きにくくなるのです。あくまでも、「左手の練習用の構え」として認識してください。

クラシックギターの正しい構え方は図4-15のようにします。初心者がコードを押さえることができないときに、この構えは非常に有効です。左足を足台に乗せ、そこにギターボディーを乗せることで非常に安定し、ネックが自分の正面にきやすくなります。クラシックギターはボディーが小さく、指を立てて弾くので、このような構えになります。クラシック以外でもこの構えをする人は多く、例えば、ジャズギタリストの渡辺香津美が座って弾くときはこの構えです。

フォークギターやロックギターの世界で、ギターの構え方に正解はないと私は考えています。自分が弾きやすい構えを早く見つけることが大事です。

体と左手を近づけるもう一つの方法は、カポタストを利用することです。カポを二、三、四フレットに付けるだけで左手が体の正面にきますので、初心者にとって有効な練習法といえます。試してみてください。

指が痛くならない工夫をする

初心者にとって左指の痛みは悩みの種です。実は初心者だけではなく何年もギターを弾いている人でさえ、久しぶりに弾いたときや太いゲージに変えたときなどは指先が痛くなります。

弦はゲージ（太さ）によってテンション（張りの強さ）が違います。太いゲージほど強く、押さえるのに力がいります。太いゲージは指先により大きな力が加わるので、痛くなってしまうのです。特別な対策はなく、その力に慣れるしかありません。数日弾いていると指先の皮が厚くなり、痛みがなくなります。

しかし、初心者で指が痛くて練習できない人もいるので、練習を続けられる方法を二つ紹介します。

①コンパウンド弦を使用する

コンパウンド弦は芯弦にシルクを使用してそこに巻き弦が巻いてあります。コンパウンド弦はやわらかいので、力を入れずに押さえることができます。また、温かく丸みがある音質が特徴で、指弾きに適している弦です。この弦を使用することで、指の痛みからかなり解放されるはずです。

②一音下げ、カポ二

一音下げてチューニングすることでテンションを低くできます。六弦からDGCFADとチューニングします。テンションが低いので、普通のチューニングよりも指が痛くなりません。カポを二フレットに付ければ、普通のチューニングと同じ高さになります。

ということで、指が痛い人の解決法は次のようになります。

「コンパウンド弦」を張り、「一音下げ、カポ二」で練習。痛くなくなるまでこれで練習します。

↓

「コンパウンド弦」を張り、「一音下げ、カポなし」で練習。一音落ちたチューニングですが、少しの間この状態で練習します。カポ二のときと比べ、ネックがとても長くなったような感じがすると思います。すぐに慣れますのでがんばりましょう。

←

「コンパウンド弦」を張り、「半音下げ、カポなし」で練習。先ほどより少しテンションが強くなります。

←

「コンパウンド弦」を張って、普通のチューニングEADGBAで練習。ここまでくれば指の痛さはほとんどないでしょう。

←

必要に応じてエクストラライト、ライト……とゲージを太くする。ゲージが太くなるとテンションが高くなりますが、すぐに慣れます。

私が教えた人のなかで、この方法を実践して「指先の痛みが原因でアコギを諦めた」という人はいません。「指が痛いからもう弾けない」「弦が硬くて力が入らず、コードが押さえられない」など初心者にとって悩みは多いのですが、これらのことはすぐ解決できます。

Fの押さえ方を極めれば、アコギの上達は加速する

Fコードのように、一本の指で同フレットの複数弦を押さえるコードのことをバレーコードといい

表4−1　Fを押さえるときのポイント

確認しましょう	ポイント	詳しい説明はこちら
ネックは そっていないか？ 弦高は適切か？	ギターの選び方でFが押さえられるかどうか決まります	第3章第1節 「失敗しない アコギの選び方」
左手の爪が 伸びていないか？	左手の爪が伸びていると音が出ません	第4章第2節の項 「爪の長さがポイント」
押さえ方に 問題はないか？	左手の親指と手首の位置が ポイントです	第4章第2節の項 「指を立てる」
	フレットに近いところを 押さえることがコツです	第4章第2節の項 「フレットぎりぎりを 押さえる」
構え方に 問題はないか？	左手が胸の前にくるように構えます	第4章第2節の項 「ギターの構え方を 工夫する」
弦のゲージは 適切か？	コンパウンド弦の使用をオススメします 「1音下げてカポ2」チューニングを オススメします	第4章第2節の項 「指が痛くならない 工夫をする」

ます。また、一本の指で複数弦を押さえることを「セーハする」といいます。バレーコードを押さえるコツとして、「一から六弦のすべてをセーハする必要はない」と理解することです。Fの場合、ダイアグラムを見てわかるように一、二、六弦だけを押さえればいいのです。

バレーコードの代表はFですが、初心者にとってFコードは難関です。Fコードが押さえられずにギターを諦めてしまう人が多いのです。第3章第1節「失敗しないアコギの選び方」でギターの選び方、本章でコードの押さえ方のコツを説明しましたが、これらは「Fコードを押さえられるようになるために説明してきた」といっても過言ではありません。初心者がFを押さえられない理由は一つではありません。表4−1を参考にもう一度確認して読み返してください。「Fが押さえられるかどうか」が「ギターライフを楽しめるかどうか」の分かれ道です。

一曲のなかにはたいていバレーコードがいくつか出てきます。F以外にはBmもよく出てくるバレーコードですが、Fが押さえられればBmは問題なく押さえることができます。

こういったバレーコードを押さえられるようになると、ほとんどの曲が弾けるようになります。曲が弾けるようになれば楽しいですから、当然のようにアコースティックギターの上達は加速します。慣れとは面白いもので、どんなギターでも、どんな構えでも不思議と弾けるようになってしまいます。

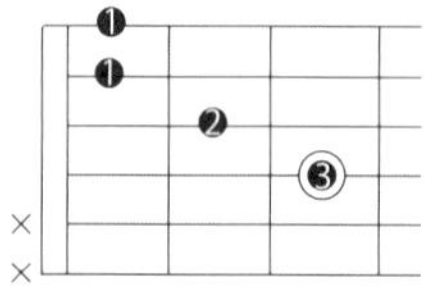
図4－16　Fの簡易コード

それでもFがうまく押さえられない方は、最後の手段です。「簡易コード」を使いましょう。「簡易コード」とは、本来押さえるべきところを省略して発音しないコードのことです（図4－16）。

簡易コードは押さえる箇所が少ないので、握力がない女性や子供に向いています。しかし、最初から簡易コードを使うのは反対です。「押さえる箇所が少ない」ということは、「鳴らさない（使わない）弦がある」ということです。極端な言い方をすれば、弦を六本張らずに四本だけ張ればいいことになるからです。これではアコギの楽しさが半減してしまいますし、わざわざギターでなくてもウクレレでよくなってしまいます。

Fは少しのコツで誰でも押さえられるようになります。そのコツを早くつかむためにも、最初からバレーコードを練習したほうがその後の上達が早いです。

コードチェンジをスムーズにする二つのコツ

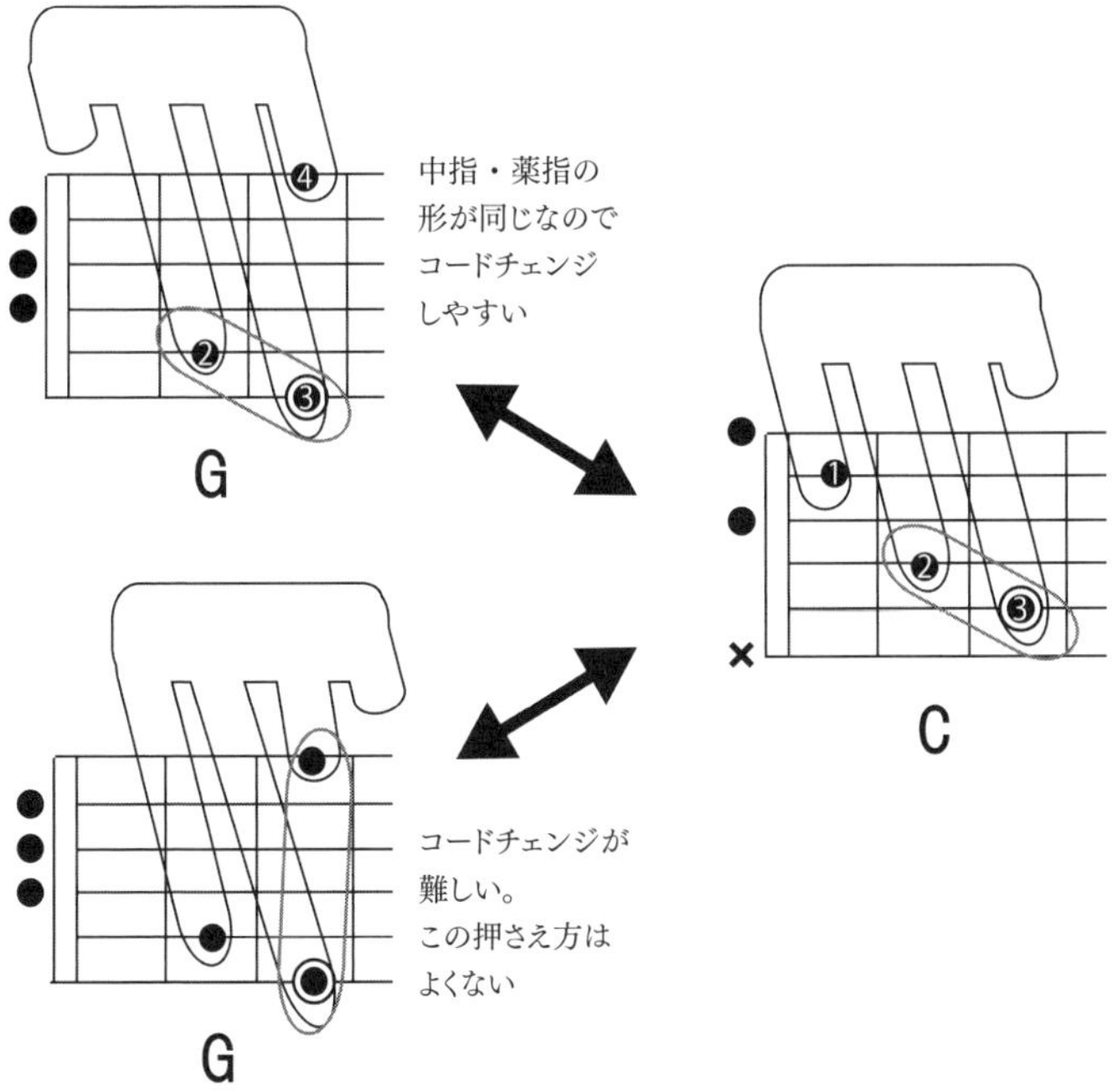

図4－17　指番号を守る

コードが押さえられるようになったところに出てくる次の悩みはコードチェンジです。コードチェンジのたびに演奏が止まってしまう問題を解決するのにもコツがあるので、参考にしてください。

①指番号を守る

スムーズなコードチェンジをするためには、指の形が変わらないような押さえ方の工夫をして、次のコードに移ることです。

例えばGは図4－17のように押さえます。するとC―Gは中指・薬指の形が同じになり、コードチェンジがしやすくなります。

「どの弦の、どのフレットを、どの指で押さえるか」はコードダイアグラムを見ればわかります（もちろん曲によって例外的な押さえ方をするときもあります）。コードダイアグラムは、偉大な諸先輩たちによって考え抜かれ生み出された最高の上達テクニックです。指番号を守って覚えたほうが楽ですし、あとあとの上達に差が出ます。

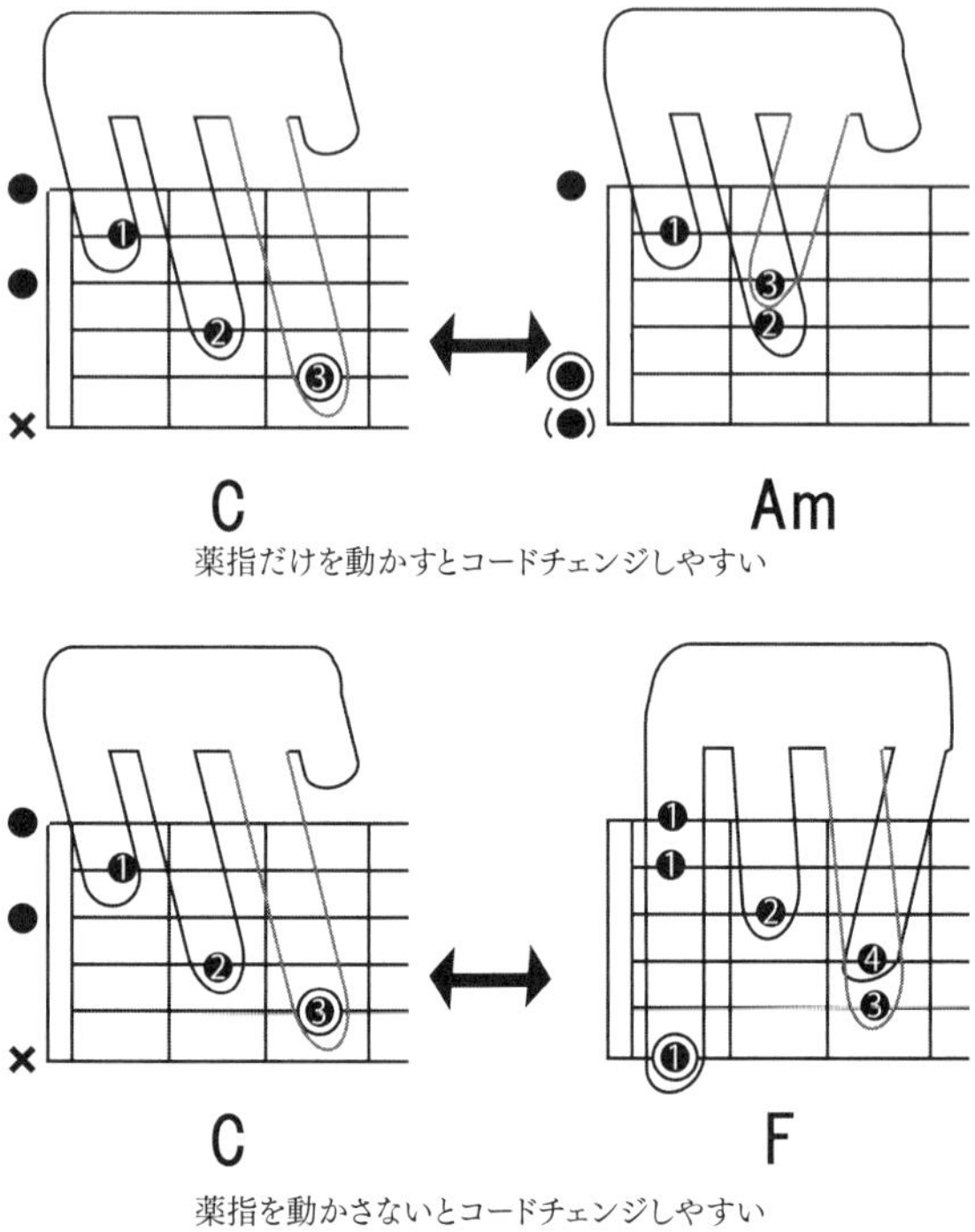

図4－18　共通の指は動かさない

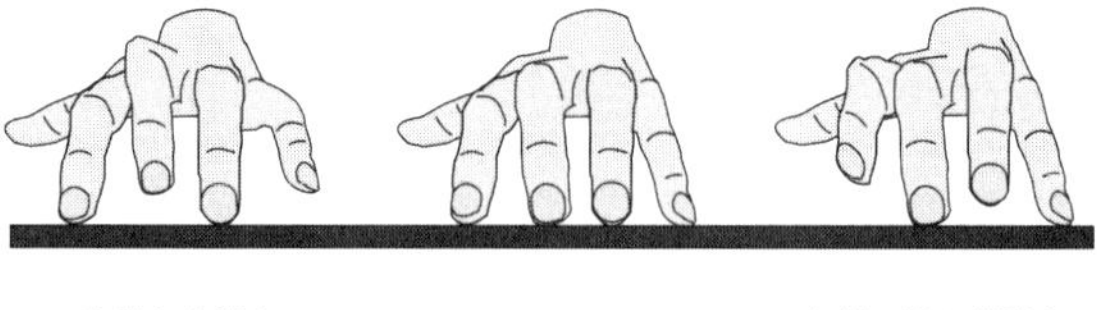
中指と小指を
同時に上げる
はじめの状態
人差し指と薬指を
同時に上げる

図4－19　左手のトレーニング

②共通の指は動かさない

コードチェンジのときに、共通している指は指板から離さないようにするとスムーズにいきます（図4－18）。例えば、C—Amは薬指だけを動かすようにします。人差し指と中指を押さえたままにすると、左手の位置が固定されるのでコードチェンジがしやすくなります。同様に、C—Fは薬指以外の指を動かすようにします。薬指を押さえたままにすると、左手の位置が固定されるのでコードチェンジがしやすくなります。

初心者は次の練習をするといいと思います。図4－19の「はじめの状態」から図の右側、また「はじめの状態」に戻り、次は左側の状態へと、いったりきたりします。ギターを持たなくても練習できますので、ぜひやってみてください。すぐにできるようになります。

3「大きな古時計」を弾いてみよう——右手の練習

左手でコードを押さえて、右手でジャカジャカとかき鳴らすような弾き方をコードストロークといいます。アコースティックギターの基本はコードストロークですので、まずはこれをマスターするようにします。しかし単にコードストロークをしているだけだと、どうしてもギターの演奏が単調になってしまいます。コードストロークに自信がついてきたら、コードを分散させて弾くアルペジオやりズミカルに弾くスリーフィンガーといった奏法に挑戦しましょう。そして最終的には伴奏だけでなく、伴奏を弾きながら同時にメロディーも弾けるようになると弾き語りでも前奏や間奏に差が出ます。また一人が伴奏、もう一人がリードギターを弾くというアンサンブルも楽しめると思います。

私が初心者にギターを教えるとき、いつも「大きな古時計」で練習します。「大きな古時計」は誰もが知っている曲であり、スリーコードと呼ばれる最も基本的なC、F、Gの三つのコードで弾けるからです。初心者が苦手とするFコードやコードチェンジなどの練習曲として最適であり、これさえ弾ければほかのコードや曲にも応用しやすいですし、ストローク（次項で詳述）、アルペジオ、スリーフィンガー（一一一ページで詳述）という右手の練習にも適した曲です。譜4－2を参考に練習してください。

「大きな古時計」

```
 C      G       C     F
おおきな　のっぽの　ふるどけい
   C    G    C
おじいさんの　とけい
    C      G     C    F
ひゃくねん　いつも　うごいていた
   C     G  C
ごじまんの　とけいさ
   C         G      C
おじいさんの　うまれた　あさに
   C      G
かってきた　とけいさ
 C    G    C      F      CGC
いまは　もう　うごかない　その　とけい
    C    G
ひゃくねんやすまずに
C
チクタクチクタク
 C      G
おじいさんといっしょに
C
チクタクチクタク
 C    G    C      F
いまは　もう　うごかない
     CGC
その　とけい
```

譜4－2 「大きな古時計」コード進行

みなさんには弾きたい曲や目指す音楽があると思います。弾き語り、ブルース、ロック、ジャズ、ボサノバ……とさまざまですが、ここに書いてあることはどのジャンルにも通用する基本的な部分です。これをマスターしてからみなさんが目指す音楽にとりかかると上達が早いと思います。

練習するときは以下のことに気をつけてください。

・歌いながらギターの練習をすること
・慣れてきたらメトロノームを使うこと
・毎日練習すること

歌いながら弾く練習は、アコギ上達のために非常に有効的な練習方法です。リズムとテンポを意識する練習であると同時に弾き語りの練習にもなります。ときどき「弾きながら歌えない」という方がいますが、練習さえすれば誰でもすぐにできるようになります。自転車に乗る際の「左右のバランスをとりながらハンドルを操作してペダルをこぐ」という動作はほとんどの人が苦もなくでき、一度体で覚えると忘れることがないように、「足でリズムを取りながら歌ってギターを弾く」こともまったく同じです。弾き語りを目指していない方もリズムとテンポを意識する練習になりますので、やってみてください。

それでは、がんばっていきましょう。

コードストローク

①フラットピックの持ち方

ストロークは基本的にフラットピックを使って演奏します。

手のひらはグーとパーの間ぐらいの感じが基本で、腕全体を使って演奏します。扇子やうちわを仰ぐ動作に似ています。イメージとして手首、ひ

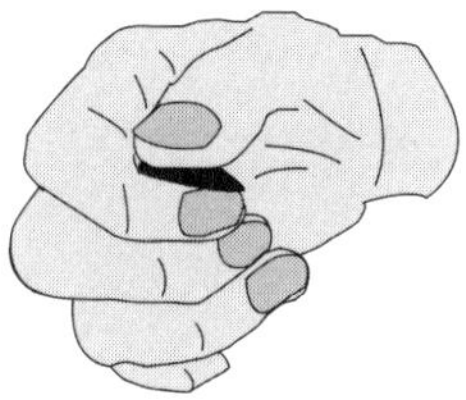

図4−20
フラットピックの持ち方

じ、指……とすべての関節を使う感じです。また中指、薬指、小指を開く人と閉じる人と両方います。正解はありませんが、開くと小指などがボディーに当たってノイズになることがあるので注意してください。

フラットピックを持つときには、指に力は入れません。初心者は力を入れてギュッと握ってしまいますが、そうすると音が硬くなり、なめらかな演奏になりません。また弦からの反発力も強くなりますので、ピックがズレやすくなります。

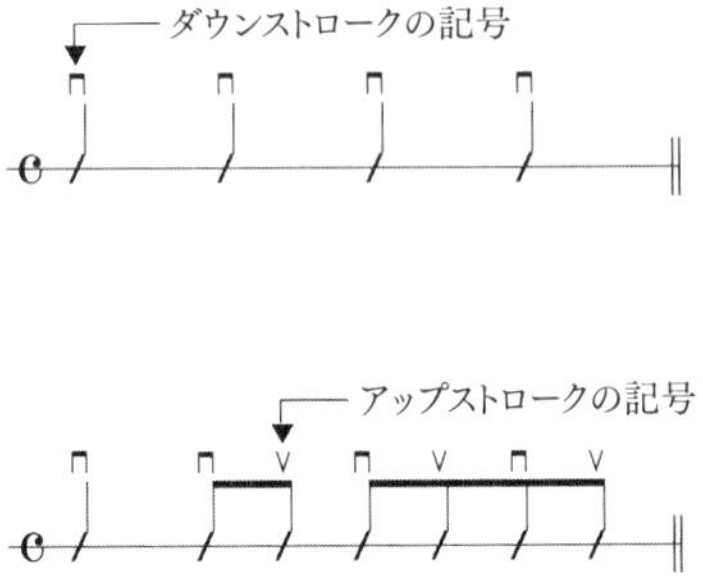

譜4－3　ストロークのパターン例

②ストロークの基本

ストロークにはダウンストロークとアップストロークがあります。六弦側から一弦側に向かうのがダウンストローク、一弦側から六弦側に向かうのがアップストロークです。最初に4ビート、8ビートの基本パターンを覚えましょう（譜4－3）。C、F、Gのコードを各パターンで弾けるようにします。

4ビートは一拍ごとにダウンストロークします。

8ビートのリズムでストロークをするとき、アップストロークが入ります。基本的にはダウンストロークとアップストロークを交互に弾きます。8ビートはコードチェンジが忙しくなります。そのときは前拍の裏のタイミングで左手を離して、コードチェンジをしてもかまいません。

各パターンができるようになったら、それぞれのパターンで「大きな古時計」（譜4－2）を弾いてみましょう。

最初はゆっくり弾いてください。繰り返すうちに、いつのまにか速く弾けるようになります。スムーズにコードチェンジができるようになるまで（メトロノームに合わせられるようになるまで）、歌いながら練習しましょう。

コードを弾くときは基本的にルートの音を最初に弾きます。コードダイアグラムのとおり、Cは五弦から、FとGは六弦から弾きます。Cコードを弾くとき六弦の音が鳴らないように左の親指で六弦をミュート（消音）しますが、初心者には難しいと思いますので慣れてきてから少しずつ意識するようにしてください。

③シンコペーション

単に八分の刻みでダウンストロークとアップストロークを交互に繰り返すと、演奏が単調になってしまいます。これを回避するために「シンコペーション」というリズムを使います。

「シンコペーション」とは同じ音程の弱拍と強拍をタイでつなげることで生まれるリズムのことです。シンコペーションのリズムを使うと、より音楽的になることがわかります。譜4－4はシンコペーションの代表的なものです。

C、F、Gのコードで弾けるようにします。できるようになったら、「大きな古時

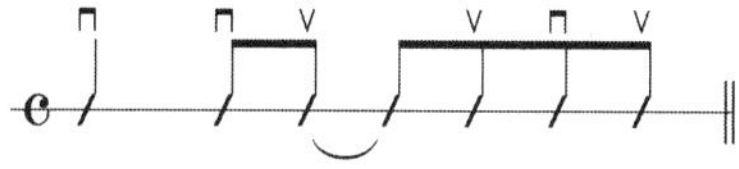

譜4－4　シンコペーション

計」（譜4－2）を弾いてみましょう。

④カッティング（ミュート、ブラッシング）

カッティングといえばファンクギターが有名ですが、アコギでもカッティングはよく使われます。カッティングとはミュートやブラッシングと呼ばれるテクニックを組み合わせて、歯切れがいいリズムやグルーヴ（ノリのこと）を表現する奏法です

ミュートとは消音のことで、鳴っている音を止めることです。

例えばコードCをストロークすると「ジャラ～ン」と音が鳴って次第に減衰していきますが、その途中で右の手のひらですべての弦を押さえれば音は止まります。これが右手のミュートです。

Fなどのバレーコードでストロークしたらすぐに左手の力を抜きます。そうすると弦とフレットが離れるので音が止まります。これが左手のミュートです。

ミュートは楽譜の休符にあたる部分ですが、それ以外にもコードフォームによって鳴らしてはいけない音（弦）がある場合は、その弦を左手でミュートします。第4章第3節の「ストロークの基本」でも書きましたが、Cのコードは六弦を弾きません。六弦だけを左手の親指でミュートして鳴らないようにします。その状態でストロークすると、六弦は鳴らず一弦から五弦だけを弾くことができます。

また、右の手のひらの外側をサドルの上あたりに置いて（ブリッジミュートという）弦の振動を意図的に抑えてピッキングすると、「ポコポコ」という音がします。これをミュート音といいます。ブルースやロックのバッキングでよく使われます。シブい、奥深い雰囲気を出せます。

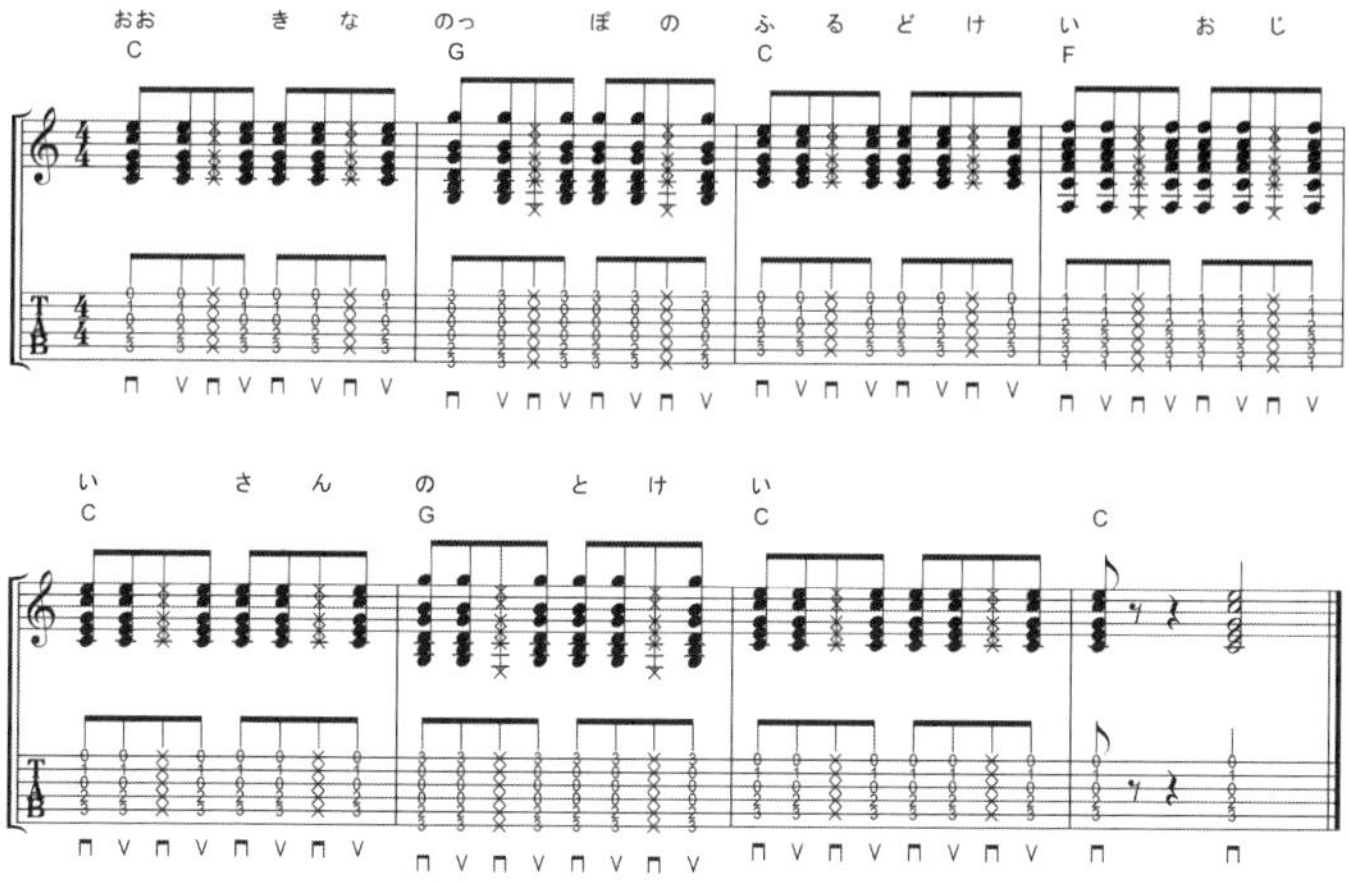

譜4−5　右手のカッティング

次にブラッシングについてですが、Fなどのバレーコードで左手の力を抜いた状態、つまりミュートした状態でストロークをすると、「チャッ」というパーカッシブな音がします。これを左手のブラッシングといいます。

ダウンストロークをするとき、完全に振り抜かず、ストロークと同時に右の手のひらで弦をたたきつけるようにすると「チャッ」というパーカッシブな音を出すことができます。これが右手のブラッシングです。

本書では、「チャッ」という音を出すためのテクニックをブラッシング、それらを組み合わせた奏法をカッティングと書いていますが、他書ではブラッシングのことをカッティングと表記していることもあります。いずれにせよカッティングは演奏にメリハリをつける効果的な奏法ですので、ぜひマスターしてください。演奏にアクセントをつけたい場合や単調な演奏を避けるために使うといいでしょう。

カッティングは、楽譜ではXの記号で書かれること

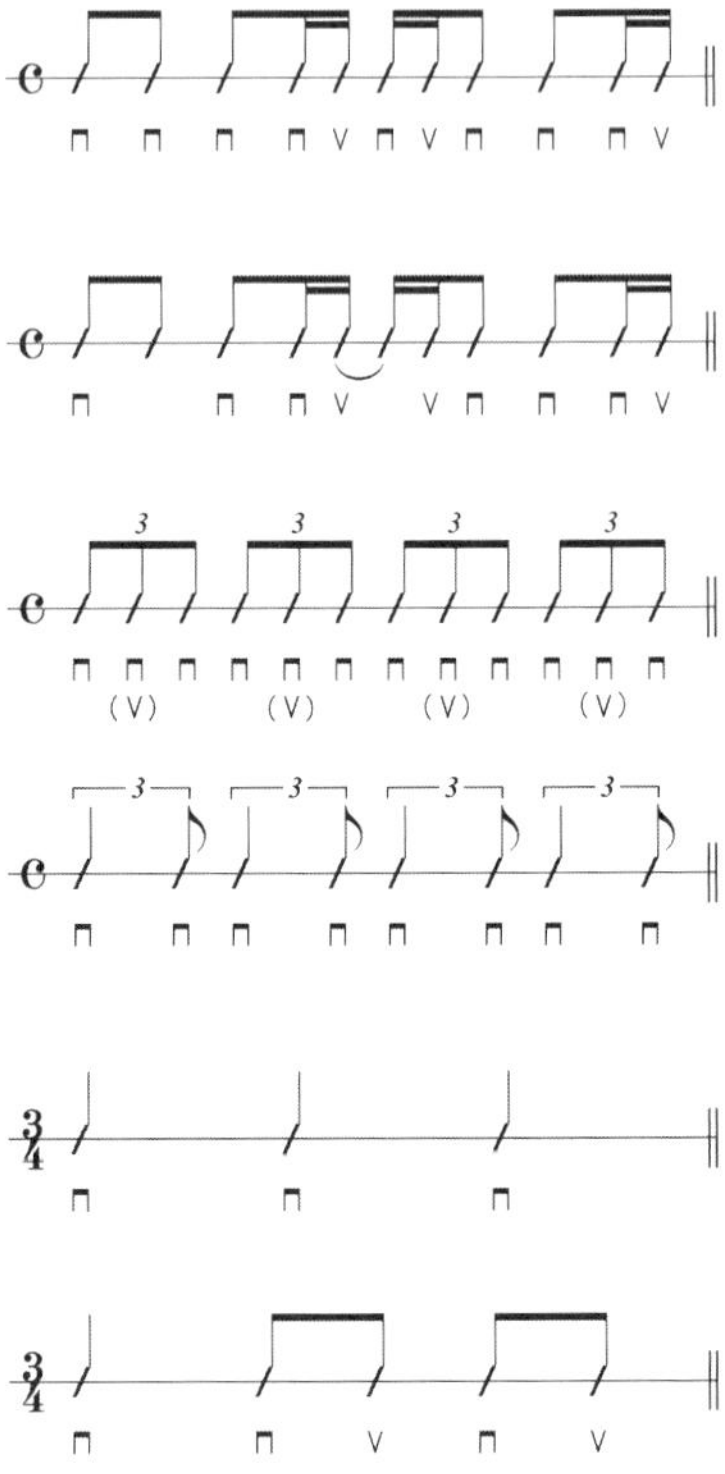
譜4−6　さまざまなストロークパターン

が多いですが、書き方は楽譜によって違います。そのときは凡例を読んでください。

今回は二拍と四拍のアタマで、右手のブラッシングを使ってカッティングしています。練習のために「大きな古時計」を一曲通して演奏してみましょう。また八小節目で右手のミュートを使ってメリハリをつけています（譜4−5）。

そのほかにもさまざまなストロークパターンを示しますので、弾いてみましょう（譜4−6）。

カーターファミリーピッキング1

カーターファミリーピッキングはカントリーで生まれたものですが、フォークソングなどの弾き語りなどで必須の奏法です。カーターファミリーピッキングは、ベースラインとコードを交ぜて弾きます。コードストロークのなかにベースラインを聞かせることができるので、演奏に変化をつけることができます。特に特徴的なのはベースのオルタネイトです。

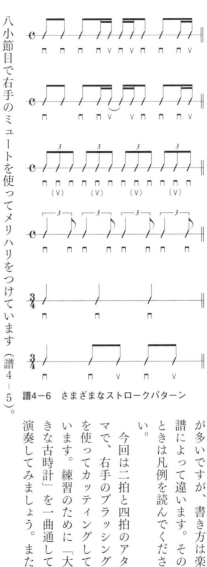

ベースのオルタネイトは、ベース音を変化させる奏法の最も基本的なテクニックです。オルタネイトは「交互に」という意味があり、ルート→五度→ルート→五度となるように、ルート音と五度の音を交互にベースラインを変化させて弾きます。コードストロークだけでなく、後述する「アルペジオ」や「スリーフィンガー」に取り入れると音楽の幅がグンと広がります。

この練習では「大きな古時計」（譜4−2）を取り上げていますが、みなさんが目指すべき曲のベースラインを聴くようにするとギターの上達が早いのです。そしてコードダイアグラムのベース音を

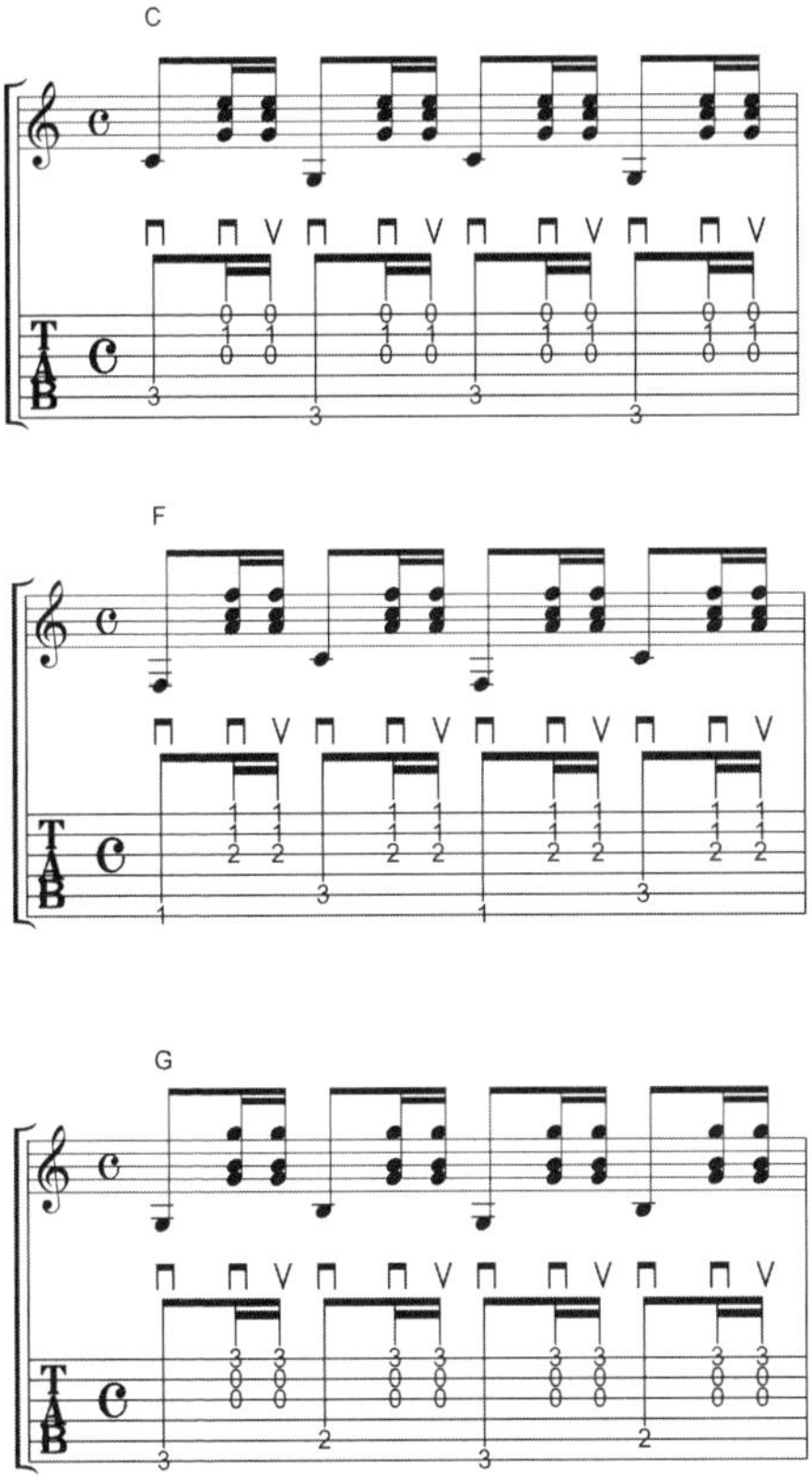

譜4−7　基本的なカーターファミリーピッキング

譜4−8　カーターファミリーピッキング

必ず覚えるようにします。

カーターファミリーピッキングの基本的なパターンでC、F、Gを練習してください（譜4－7）。そのあと各パターンで「大きな古時計」を弾いてみましょう。

初心者にとって、カーターファミリーピッキングはベースラインとコードの関係をマスターしやすい奏法といえます。

カーターファミリーピッキング2

基本的なカーターファミリーピッキングをマスターしたところで、パッシングフレーズとギターならではのテクニックであるハンマリングオン、プリングオフを取り入れてみたいと思います（譜4－8）。

パッシングフレーズとは、あるコードから別のコードに移るときに弾かれる「お決まりのフレーズ」のことで、曲に変化をつけ、単調さを回避できます。譜4－8、一小節目の三拍目と四拍目にあたる部分です。

同じく譜4－8で、ハンマリングオンはCの場合、四弦開放をピッキングし、左手の中指で四弦二フレットをたたきつけるように押さえて音を出します。Gの場合、五弦開放をピッキングし、左手の中指で五弦二フレットをたたきつけるように押さえて音を出します（四弦二フレットのハンマリングもよくあるパターンです）。

プリングオフはCの場合、三弦二フレットや四弦二フレットを鳴らしてから左手中指でひっかくようにして開放の音を出します。

複雑な動きに思えますが、すぐに慣れます。歌を歌いながらテンポを守って練習しましょう。

今回のパッシングフレーズは練習のための一例です。カントリー、フォーク、ブルース、ロックなどそれぞれのジャンルに「お決まりのフレーズ」がありますので、そういったものをたくさん覚えるといいでしょう。

フィンガーピッキング（指弾き）

フラットピックを使わず、右手の指で弦をはじいて弾く弾き方をフィンガーピッキングといいます。力強く迫力あるコードストロークとは違い、繊細さや温かさを表現することができます。コードストロークに余裕が出てきたら、フィンガーピッキングにもチャレンジしてください。演奏の幅が広がること、まちがいなしです。

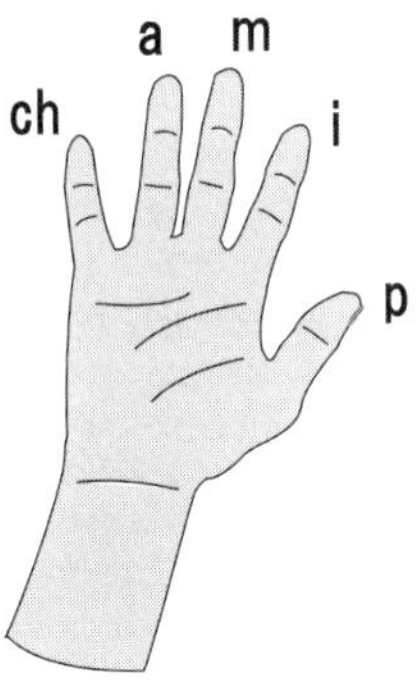

図4－21　右手の指番号

①右手の指番号

右手にも指番号があり、こちらも楽譜などに頻繁に出てきます（図4－21）。アルペジオやスリーフィンガーの指弾きは右手の指番号を覚えることが上達の早道です。指番号は世界共通ですので、覚えるようにしてください。

②フィンガーピッキングで使うピック

フィンガーピッキングのときはサムピックを使うことを勧めます。プロの世界でも、指弾きのときにサムピックを付けて弾く方はとても多いです。サムピックを使ったほうが大きくてキレイな音が出やすいからです。また、はじめからサムピックに慣れておいたほうがあとあと楽です。サムピックを付けないことに慣れてしまうと、いざ付ける必要性に迫られたときに対応できません。数週間で慣れますので、フィンガーピッキングの際は必ず付けて練習してください。

また指弾きの際に使うピックとしてフィンガーピック（写真3－3、写真3－4）があります。フィンガーピックは絶対に必要というわけではありませんが、サムピックと同様に大きくキレイな音が出るので、好んで使う方もいます。さだまさし、石川鷹彦がこのスタイルです。

③右手の爪

左手の爪の長さと同様に、フィンガーピッキングの場合、右手も爪の長さが重要です。右手の爪の長さは演奏スタイルにも関係してくることなので一概には言えませんが、自分がいちばん弾きやすい爪の長さがあります。私の場合、図4－22のような感じです。この状態がいちばん弾きやすいのです。

私はフラットピックを使わずに指で弾くことが多いので、右手の爪の長さには気を使っています。経験上、私にとってこれぐらいの長さが弾きやすいというものなので、みなさんにあてはまるかどうかはわかりません。一般的に長さには決まりはなく、人によってさまざまです。

右手の爪の長さを決めるポイントとして、①キレイな音が出る、②大きい音が出る、③弾きやすい、といったことが挙げられます。

また指で弾いていると爪が減ったり割れたりしますので、常にケアする必要があります。右手の爪のケアはクラシックギターの世界でもおこなわれています。特にスチール弦はナイロン弦に比べて硬いので、十分に気を使う必要があります。

爪の保護のためにマニキュアをしている人もいます。爪切り、爪やすりにこだわるギタリストも大勢います。押尾コータローはスカルプチャー（ネイル）をしていることで有名です。

アコギ上達のためには自分に合った爪の長さを把握し、常にケアをしておくことが大切です。

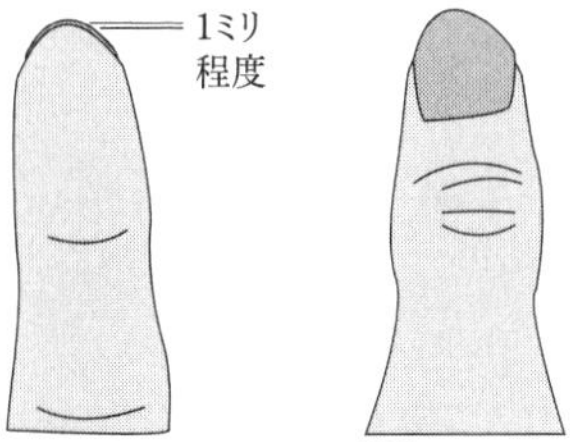

図4−22　右手の爪の長さ

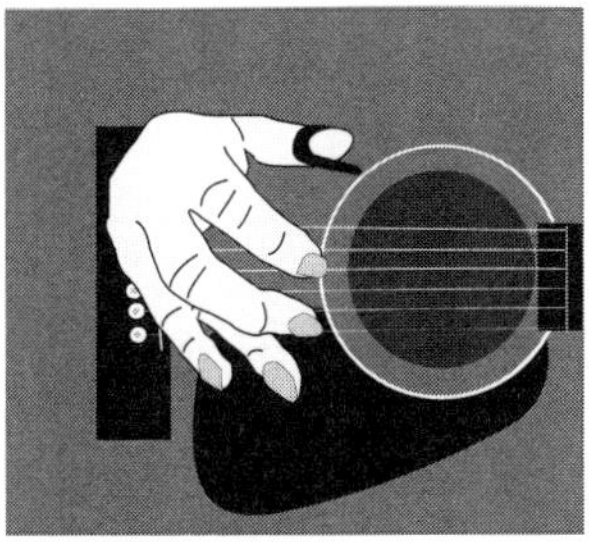

指弾きのときは薬指か小指をボディーに乗せると手の位置が固定されて、狙った弦を確実に弾ける

図4−23　右手の固定

④右手の固定

フィンガーピッキングでは各弦をそれぞれの指で弾きますので、狙った弦に確実にその指を当てる必要があります。初心者は顔を左に向けて弦を押さえる箇所を確認し、次に右を向いて右の指で弦をはじ

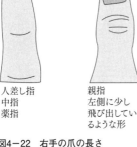

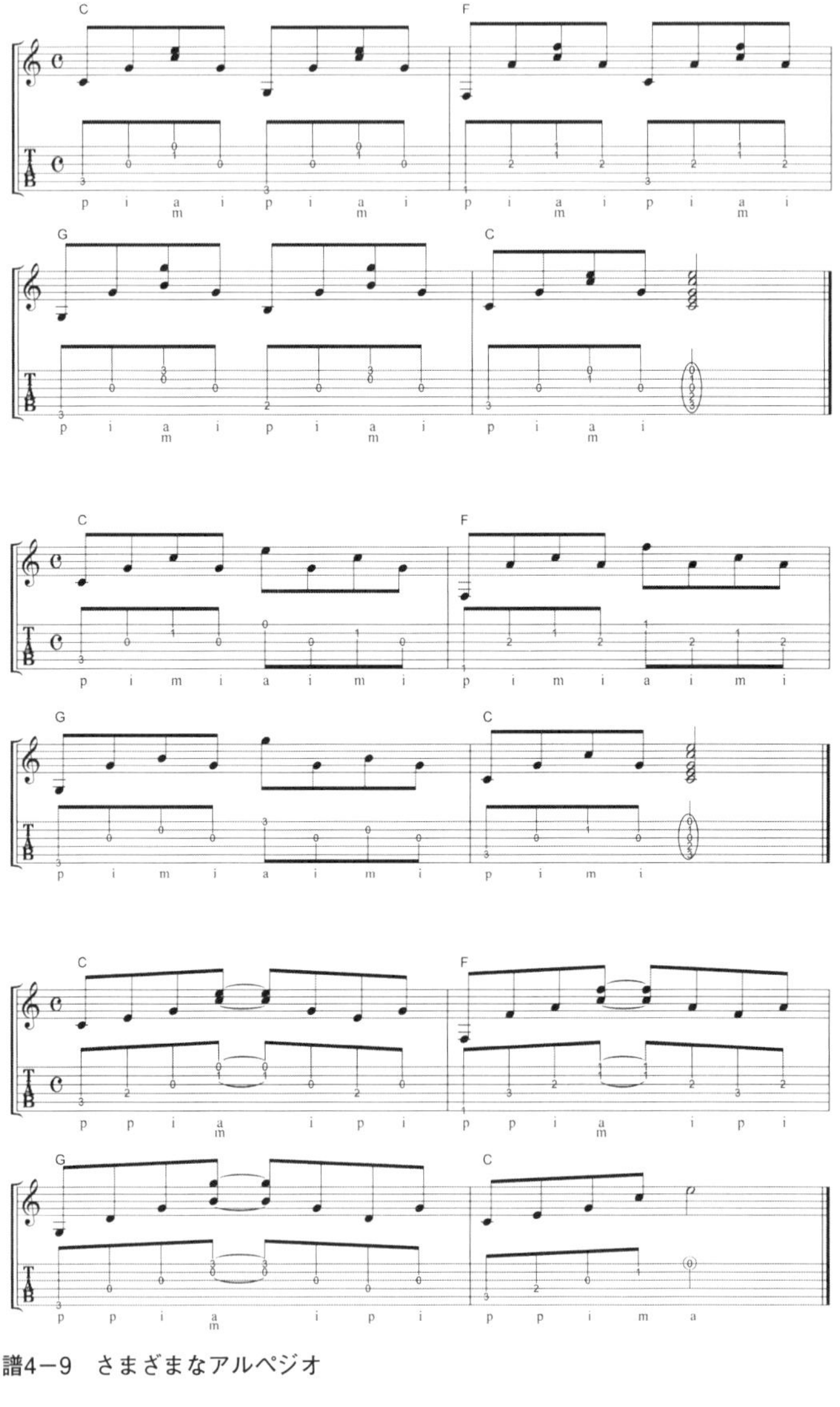

譜4−9　さまざまなアルペジオ

く、そしてまた左を向いて、またまた右を向いて……となりがちです。これを解決する方法は、右手の薬指か小指をボディーに当てて位置を固定することです。そうすることによって狙った弦を確実に弾けます（図4－23）。

アルペジオ

アルペジオとは分散和音のことです。ストロークではコードを「ジャラーン」というようにひとかたまりの音として弾いていましたが、アルペジオではコードの構成音を一音ずつ分散させて弾きます。フラットピックを使う弾き方と、指での弾き方があります。また、フラットピックを持って、あいた中指と薬指を使う弾き方もあります。

指弾きの練習として今回はアルペジオを指で弾いてみましょう。その場合、基本的に四、五、六弦は親指、三弦は人差し指、二弦は中指、一弦は薬指で弾きます。

初心者はサムピックを付けて練習してくださいね。左手はコードストロークのときと同じです。右手の指遣いに集中して、アルペジオのさまざまなパターンをマスターしましょう（譜4－9）。

また各パターンで「大きな古時計」（譜4－2）を弾いてみましょう。

スリーフィンガー

カントリー、フォーク、ブルースなどでよく使われる奏法です。

右手の親指、人差し指、中指の三本を使って弾きます。スリーフィンガーの特徴は、右手の親指で

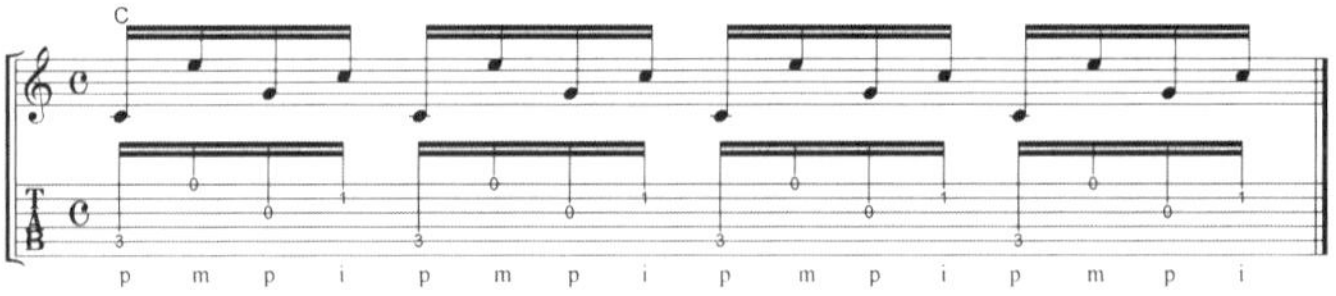

譜4－10　基本のスリーフィンガー

譜4－11　さまざまな
スリーフィンガーのパターン

ベースを刻み、そのほかの指で和音やメロディーを弾くことです。スリーフィンガーというとフォークソングや弾き語りのイメージがあるかもしれません。しかしブルースやロックといったジャンルも右手の親指でベースを刻み、そのほかの指で和音やメロディーを弾くスタイルは変わりません。とても表現力のある奏法なので、ぜひマスターしていただきたいです。

譜4－10を見てください。コードはCです。右手の動きは指番号に倣って弾きます。このパターンのコードCは、親指（五弦）→中指（一弦）→親指（三弦）→人差し指（二弦）、という動きの繰り返しです。スリーフィンガーの特徴は、親指→ほかの指→親指→ほかの指、となることです。親指は規則正しくベースを刻みます。必ずこの動きを守ることによって、ほかの曲への応用がきくようになります。

また初心者はリズムが「タッカタッカ……」となりがちなので、「タカタカタカタカ…」と正しく弾くこともポイントです。そのためには、ギターを持っていないときでも常にサムピックを持って、いつでもどこでも指がスムーズに動くように練習します。ギターを持っていないときの練習が上達を早めますので、ぜひやってみてください。

この右手の動きでコードGとFも練習しましょう。GとFはベース音が六弦になりますので、気をつけてください。

ほかにもさまざまなパターンがあります。各パターンを体で覚えるために練習してください（譜4－11）。各パターンができるようになったら、それぞれのパターンを組み合わせて「大きな古時計」（譜4－2）を弾いてみましょう。

「大きな古時計」をギターインストで弾いてみよう

インストとはインストルメンタルの略で、ボーカルパートが皆無の、楽器だけで演奏する楽曲のことです。譜4－12はこれまで練習してきた「大きな古時計」を、スリーフィンガーを使ってアコギ一台のインスト曲として弾けるようにアレンジしたものです。ぜひ演奏にチャレンジしてみてください。

ある程度弾けるようになると、曲のコピーだけでは物足りなくなってくるでしょう。また他楽器とのセッションなどが、かなり面白くなります。ギターインストとはいわないまでも、こういったことが伴奏のカウンターメロディーや弾き語りの間奏でできれば、演奏の幅が広がってカッコよくなるは

譜4－12 「大きな古時計」

譜4－12　「大きな古時計」

ずです。

作曲をしたりギターアレンジを自分で考えてみたりするのも面白いです。こちらも、ぜひ挑戦してみてください。ギター演奏に正解はありません。初心者だからといって他人や周りを気にする必要はありません。ギターは、上手とか下手とか関係なく楽しむことが大事だと考えています。そのような活動をしているうちに仲間が増えて、一生の趣味にできるのではないでしょうか。

4 リードプレイ

ギターソロやアドリブは誰もが憧れるプレイです。ソロは主旋律を弾くわけですから、ボーカルと同様に注目度

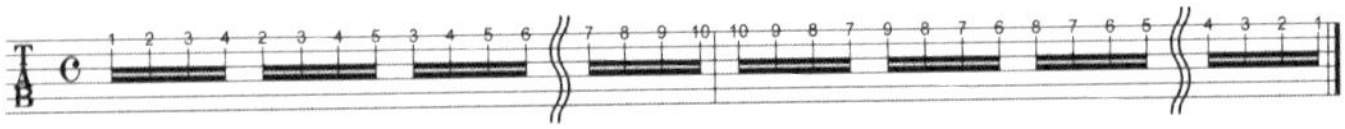

譜4−13　トレーニング1

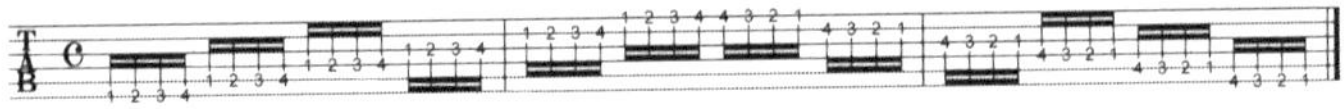

譜4−14　トレーニング2

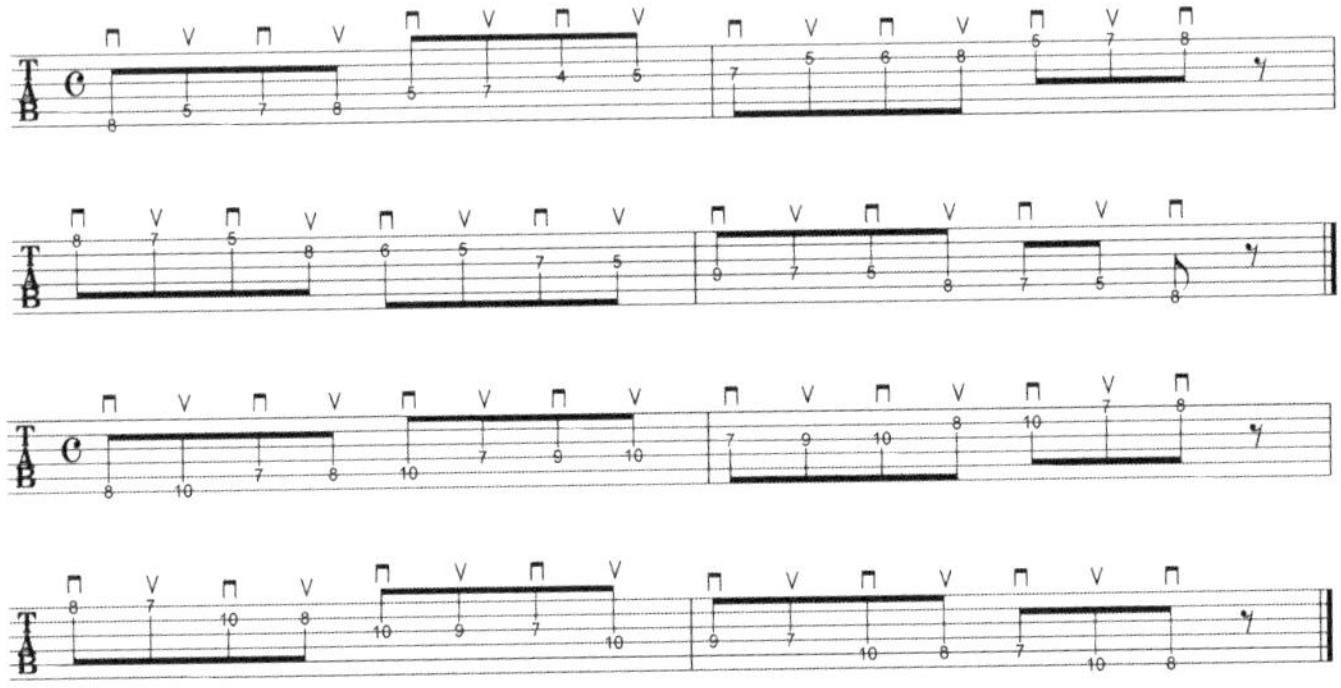

譜4−15　トレーニング3

が高いのでバッチリ決めたいですね。思いどおりのギターソロを弾くには、フィンガリングのためのフィンガートレーニングは欠かせません。特に小指は普段の生活で使わない指ですので、はじめのうちは思うように動きません。日頃からのトレーニングが大切です。

　またチョーキングなどのギター特有の奏法をマスターすることで、よりギターらしい演奏が可能になります。少しずつマスターしてください。

　フィンガートレーニングは指をスムーズに動かすための筋トレと考えていいでしょう。譜4−13は左手の指番号一、二、三、四の順で、各弦を一フレットから十フレットまで上がっていき、そこから四、三、二、一の順で下りてくるトレーニングです。六弦からスタートして一弦までいき、また六弦まで戻ります。このほかにも一、四、二、四など、自分が不得意な運指を練習するといいでしょう。

また、譜4－14のようにフレットのポジションを変えずに、弦を上下させて弾くことも有効です。譜4－14を弾いたら次は二フレットから同じ動きでトレーニングし、次は三フレットから……とハイポジションまでいき、そこから一フレットまで戻ってきます。

さらに、譜4－15のように、「ドレミファソラシド」をさまざまなポジションで弾くことも有効な練習法です。かなり実用的なフィンガリングですのでマスターしてください。

リードプレイをするときに、狙った弦を確実に弾くには右手首をブリッジに乗せて弾くといいでしょう。

第5章 上達するための知識とメンテナンス

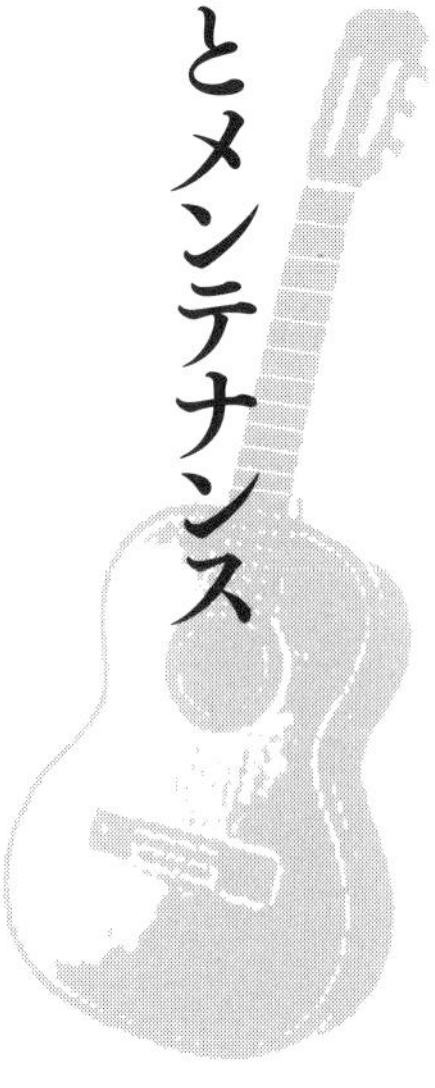

1 たったこれだけで上達度が増す

ギターといつも一緒にいる

「どのくらい練習すれば弾けるようになりますか？」とよく聞かれます。一言では答えられません。例えば、忘年会でとりあえず一曲だけ弾けるようになりたいというなら、簡単な曲であれば数週間で十分でしょう。弾きたい曲の楽譜を用意し、その曲だけをひたすら練習します。

しかしその後ギターを弾かずにいると、どんどん忘れていきます。せっかく数週間で弾けるようになった曲も、弾かずにいるとその後の数週間で完全に忘れてしまいます。勉強と同じで、みなさんも試験前などに一夜漬けの経験があるでしょう。それとまったく同じです。

ホントにギターの上達を望むなら、やはり毎日弾くことです。一週間のうち一日七時間弾いて六日休むより、一日一時間を七日連続で弾いたほうが早く上達します。一日一時間が物理的にムリなら、五分でも十分でもかまいません。とにかく毎日ギターに触り、弾くことがとても重要です。

初心者はぜひ、毎日弾く習慣を身に付けてください。初心者は、毎日二時間の練習を一カ月続けるだけで飛躍的に上達します。上達のための最大のコツは「ギターといつも一緒にいる」ことです。そのために、いつでもギターを弾けるような環境づくりをするといいでしょう。

①弱音器を使えば夜でも練習できる

仕事をしている方などで、ギターを練習する時間が夜になってしまう人も多いと思います。環境にもよりますが、大きな音を出すと近所迷惑になる場合、市販の弱音器を使うといいでしょう。サウンドホールあたりにスポンジなどで作られた弱音器を取り付けて使用します（写真5－1）。

弱音器は、食器を洗うときに使う台所用のスポンジやハンカチ、セロハンテープでも代用できます。例えば台所用スポンジを弦とトップ板の間に挟んで、弦を振動させないようにすると音が出ません。

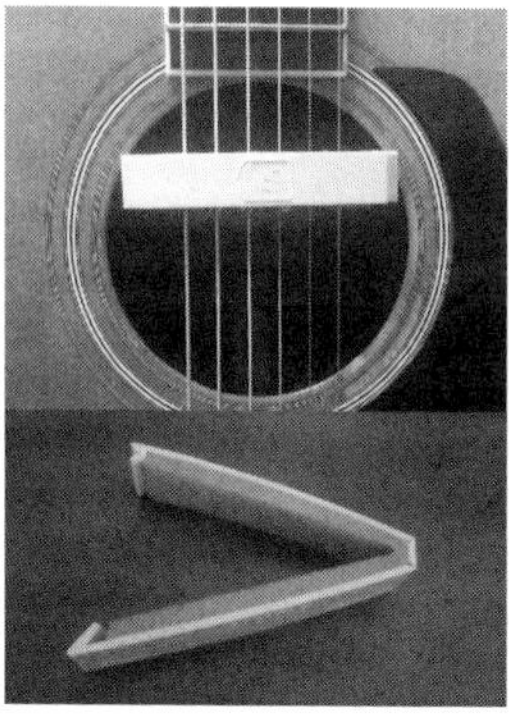

写真5－1　弱音器

②私の場合

私はギターを趣味として三十年ぐらいになりますが、そんな私でも弾かずにいると指が思うように動かなくなってきます。この状態を「指が回らない」と言います。思うように指が動かず、以前は弾けていた曲が弾けなくなるのです。感覚を取り戻すのに数日、へたをすると数週間もかかります。

私の部屋にはギタースタンドがあり、そこにギターが立てかけてあります。ギターは机のすぐ横にあり、いつでも手にすることができます。机の前に座ると、ついついギターを構えてしまいます。ホントは仕事をしないといけないのに、です。ギターが自分の膝の上にあると妙に落ち着きます。ギターを構えながらメールをチェックしたり書類を読んだりしています。ちょっとやりすぎでしょうか。

楽譜からリズムを読むコツ

第4章「練習しよう」の第3節で練習した「大きな古時計」は四拍子の曲でした。しかし三拍子や変拍子と呼ばれる五拍子などの曲も存在します。楽譜には拍子記号で書いてあります。

わかりにくい人は曲に合わせて手をたたいてリズムをとります。いわゆる手拍子です。ほとんどの人が何も考えなくても一拍ごとに手をたたくはずです。さらに勘がいい人は、一拍目は強く、それ以外は弱く手をたたきます。拍子はリズムの基本となるものですので、これを意識するようにします。

拍子とは別に「ビート」という言葉があります。ビートは「一小節をどのくらい細かく刻んでリズムを構成するか」を表していて、8ビートであれば一小節を八等分して（つまり八分音符の刻み）でリズムを作るということです。8ビートは八拍子ではなく、通常は四拍子です。譜4－3の上は4ビート、譜4－3の下や譜4－4は8ビート、譜4－6の上二つは16ビートということになります。

ここまではあくまでも知識としての話で、実際にギターを構えて楽譜と向き合うと「音価」を読み取れない方がいます。音価とは音符や休符の長さのことです。二分音符や四分音符などは初心者でもたいてい苦もなく読めますが、八分、十六分になってくると苦手な方が多いようです。さらにタイや三連符、跳ねたリズムが入ってくると、慣れないうちは大変だと思います。

そこで、楽譜からリズムを読むコツをお伝えします。まずテンポを七十から八十くらいで、手拍子でリズムをとりながら、一拍ごとに「タン、タン、タン、タン」と声に出してリズムを刻みます。基本の四分音符です。この基本形から図5－1を参考にさまざまなリズムを覚えます。「タカタカ……」というような抽象的な言葉ではなく、「コーヒー、ピッコロ……」など具体的な言葉を使ったほうが初心者には理解しやすいと思います。十六分音符に一文字を当て、八分音符には、音を伸ばす記号の「ー」を当てます。十六分休符や三連符の八分休符は促音の「ッ」がいいでしょう。

それでは練習してみましょう。図5－2を見てください。このような譜は読めるでしょうか。「↓」のある箇所が手をたたくところです。手をたたきながら「コーヒー、アドリブ、コーラス……」と口で発音しながらリズムをとってください。メトロノームを使うとより効果的です。慣れて

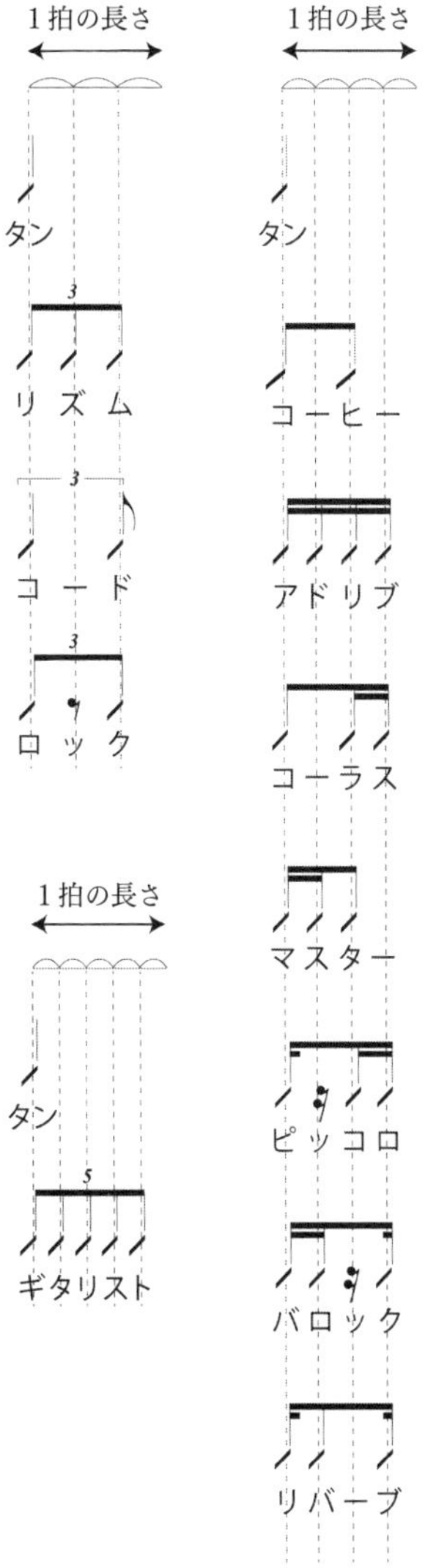

図5－1　リズムの基本形

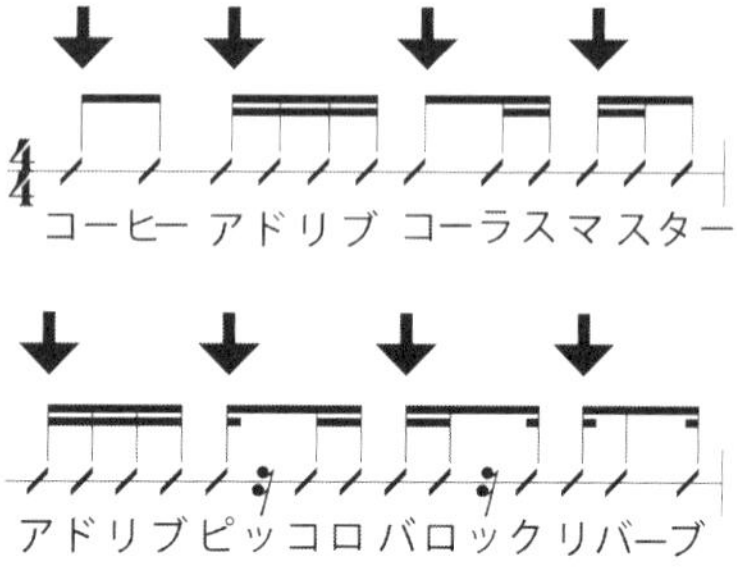

図5－2　16分音符のリズム練習

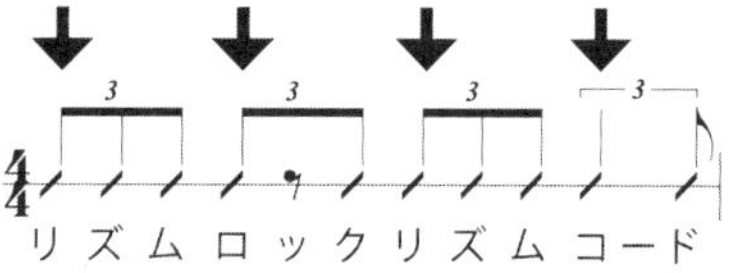

図5－3　3連符のリズム

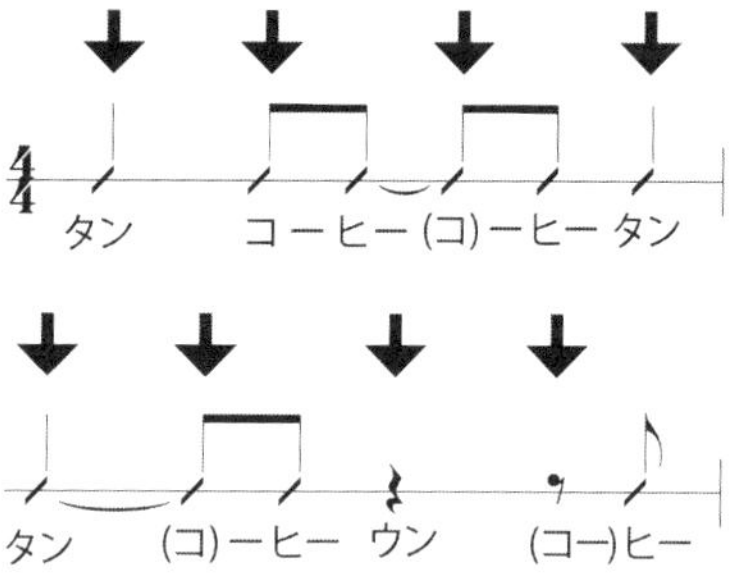

図5－4　タイと休符がある8分音符のリズム

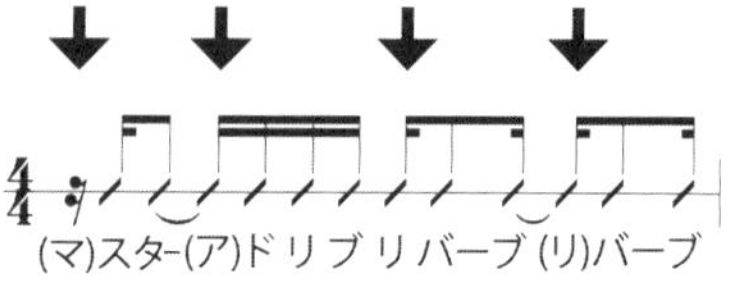

図5－5
タイと休符がある16分音符のリズム

きたら、右手でストロークの動きをリズムに合わせてやってみてください。エアストロークですね。この練習はギターを持っていなくてもできるので、お勧めです。電車のなかなど、どこでもギターの練習ができてしまいます。

さらに図5－3、図5－4、図5－5とさまざまなリズムを習得しましょう。タイの箇所は口で発音しないで、心の中で歌ってください。リズムは曲によって違うので、これらのパターン以外にも存在するわけですが、慣れてくると譜面を見ただけで勝手に手が動くようになります。

手の大きさはアコギの上達度に関係ない

「手が小さいからギターの上達が遅い」というのはよく聞く話ですが、実際に手の大きさはギターの上達にどれほど影響するのでしょうか。

韓国出身のチョン・スンハ（Sungha Jung）というギタリストがいます。彼が十二歳ぐらいのときの演奏が「YouTube」にアップされています。"Mission Impossible Theme - Sungha Jung"（https://www.youtube.com/watch?v=5IXa2pNGVj8）［二〇一七年六月二十九日アクセス］

彼がギターを始めたのは九歳のときだそうです。しかも、独学でマスターしたそうですから驚きです。見るとわかりますが、上手ですね。

この動画を見るかぎり、「手が小さいから」「握力がないから」という理由がギターの上達に影響を与えているとは思えません。実際、私の知り合いでも小柄な女性がギターを弾いているし、小学生を対象にしたギター教室もあります。もちろんプロの世界にもギターを弾く女性はたくさんいます。そういった方の演奏を見て研究することも大事です。

手が小さいなら小さいなりに、工夫して弾くしかありません。第3章「ギターを手に入れよう」で話したとおり、ギターの選び方、弦の選び方、練習方法などポイントはいくつかあります。

とにかく、「手が小さくて指が届かない。Ｆのコードなんてとてもムリ」と言ってギターを諦めてしまうことがもったいなくて仕方がないのです。誰もがチョン・スンハのようになれるわけではありませんが、手の大きさや指の長さはギターの上達にほとんど影響ないと思ってください。

カポを使いこなす

カラオケで曲のキーが高くて歌いづらいときがあります。そういったときは、リモコンで操作して曲のキーを下げて歌うことがあります。この「キーを下げる」あるいは「キーを上げる」ことを「移調」といいます。

カポタストを使うメリットは二つあります。

①ボーカルの声域に合った歌いやすいキーに変更（移調）できる。キーを高くしたい場合はカポをハイポジションに、低くしたい場合はローポジションに付けます。

②難しいコードフォーム（バレーコード）の曲も簡単なコードフォーム（オープンコード）で弾けるようになる。カポと移調というテクニックを使うことで、バレーコードばかりの難しい曲も簡単なコードフォームで弾けるようになります。

カポをうまく使いこなすために、ローコードとハイコードの関係から説明します。

①ローコードとハイコードの関係

ギターという楽器は十二フレットを押さえたとき、開放音よりちょうど一オクターブ高い音が出るように作られています。一オクターブとは、例えば「ドレミファソラシド」とあったとき、最初の「ド」と最後の「ド」の距離のことです。つまり、最後の「ド」は最初の「ド」より一オクターブ高い音ということになります。この一オクターブを十二等分します。そしてそれぞれの高さの音に名前を付けます。例えば六弦は図5－6のようになります。また一フレット分の距離を「半音」、二フレット分の距離を「全音」といいます。E#、F♭、B#、C♭、はありません。Eの半音上の音はF、Bの半音上の音はCです。

コードでも同じことが言えます。例えば、コードEを半音高くするとコードFです（図5－7）。

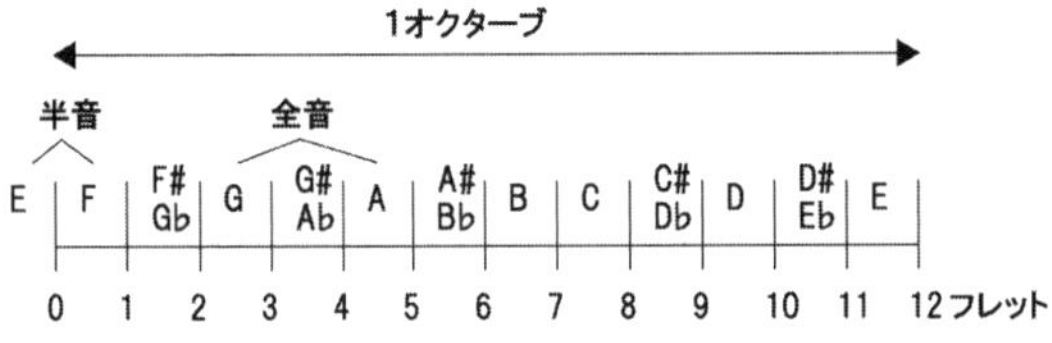

図5－6　6弦の音の並び

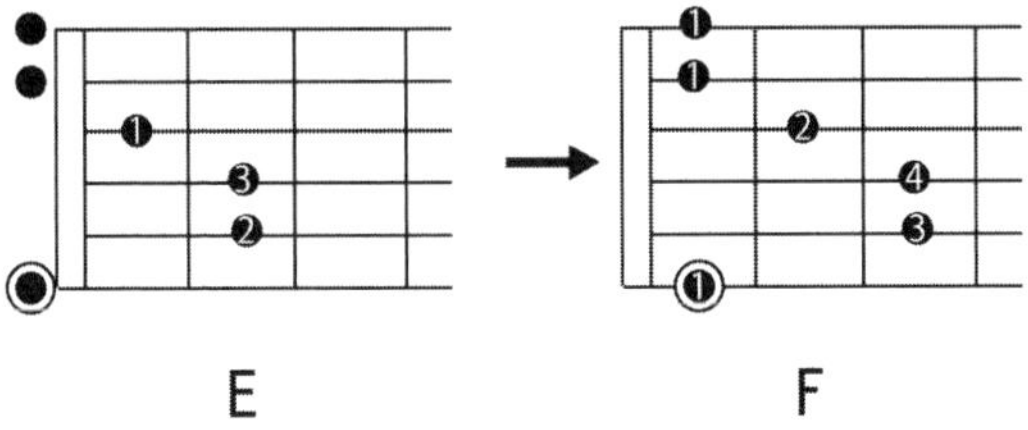

図5－7　EとFの関係

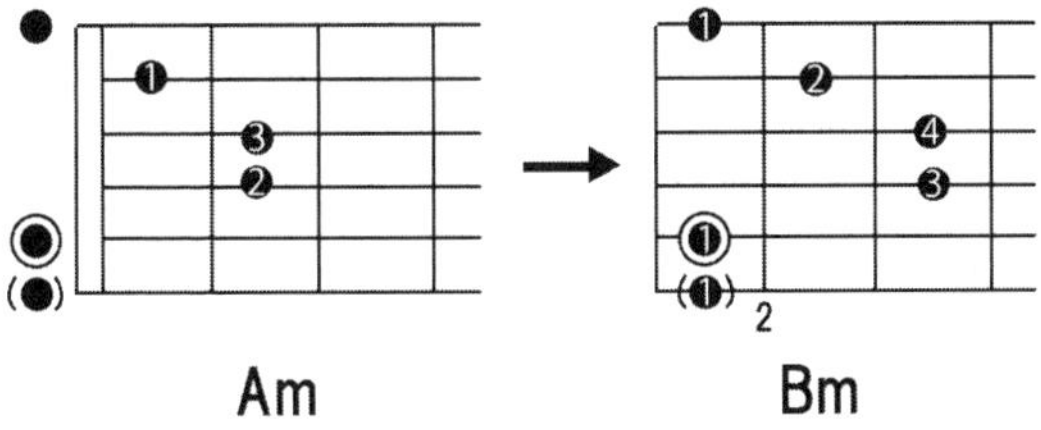

図5－8　AmとBmの関係

同様にコードEmを半音高くするとコードFm、コードE7を半音高くするとコードF7です。コードAmを全音（一音）高くするとコードBmです（図5－8）。同様にコードAを全音（一音）高くするとコードB、コードA7を全音（一音）高くするとコードB7です。

ローコードとハイコードはこのような関係にあります。つまりコードFを覚えたら、F#、G、G#、A、A#、B、C、C#、D、D#、Eのすべての

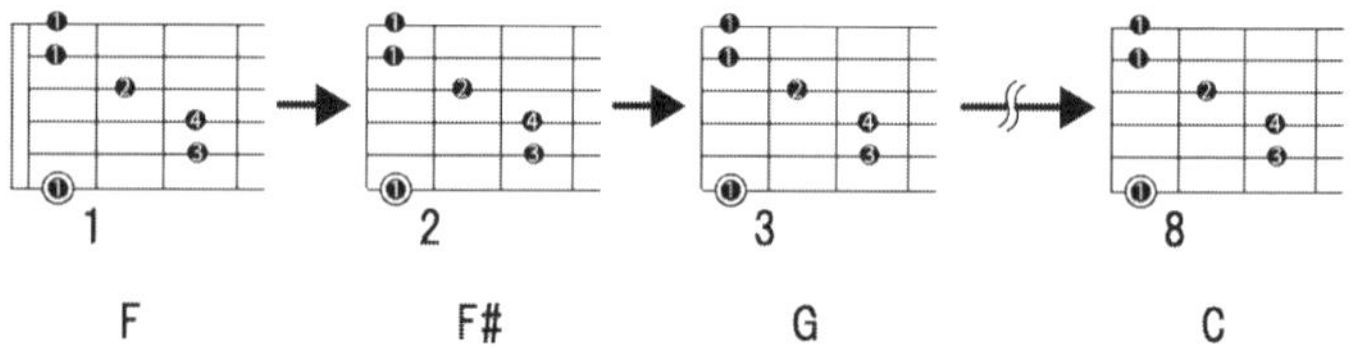

図5−9　Fとそのほかのハイコード

ハイコードを覚えたのと同じことになります（図5－9）。余裕ですよね。

②カポと移調

ローコードとハイコードの関係が理解できたところで、カポを使ってバレーコードをオープンコードで弾けるようにするための知識です。

Fmのコードはカポを一フレットに付けることで、Emで弾けるようになります。こうすることによって、ハンマリングオンやプリングオフも簡単にできるようになります。

例えば、Fm↓C#↓D#↓Fmというコード進行があるとしましょう。このコード進行は実際によくあります。一度弾いてみてください。バレーコードばかりですね。とても弾きにくいです。そこでカポを使います。この場合カポを一フレットに付けます。すると、Em↓C↓D↓Emと弾けば先ほどと同じ音になることが理解できます。このようにカポを使うことで、バレーコードばかりの曲をオープンコードで弾けるようになります。

右記の例は楽譜に次のように書いてあります。Original key Fm, capo 1, play Em。つまり、「原曲キーはFmです。カポを一フレットに付けて、Emのキーで弾きなさい」ということです。

カポを使いこなすには時間がかかるかもしれません。私が初心者にギターを教えるとき、「移調表」というものを使っています（図5－10）。小学校のときに使った「そうじ当番表」みたいなものです。外側の円が原曲のコードフォーム、内側の円が実際に押さえるコードフォームを示しています。時計回りにずらした数がカポを付けるフレットになります。使い方を簡単に説明します。

F#→B→C#→F#というコード進行の曲があるとします。このまま弾くとバレーコードばかりだということがわかります。カポを使って弾きやすいフォームにしてみましょう。

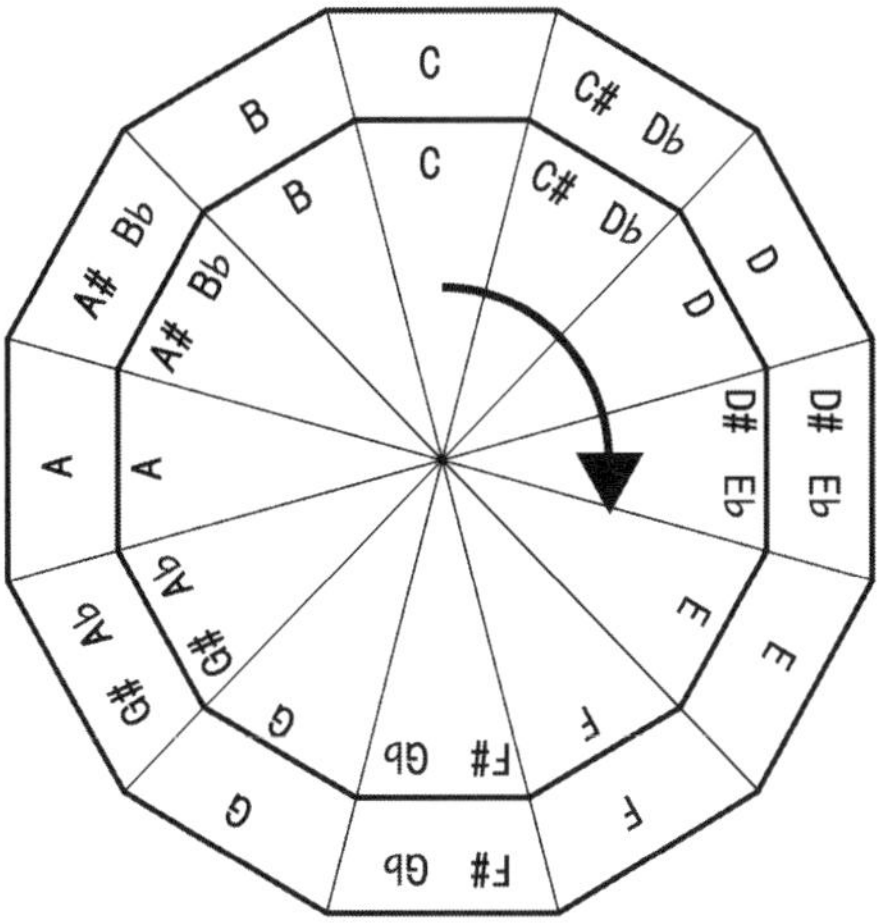

図5－10　移調表

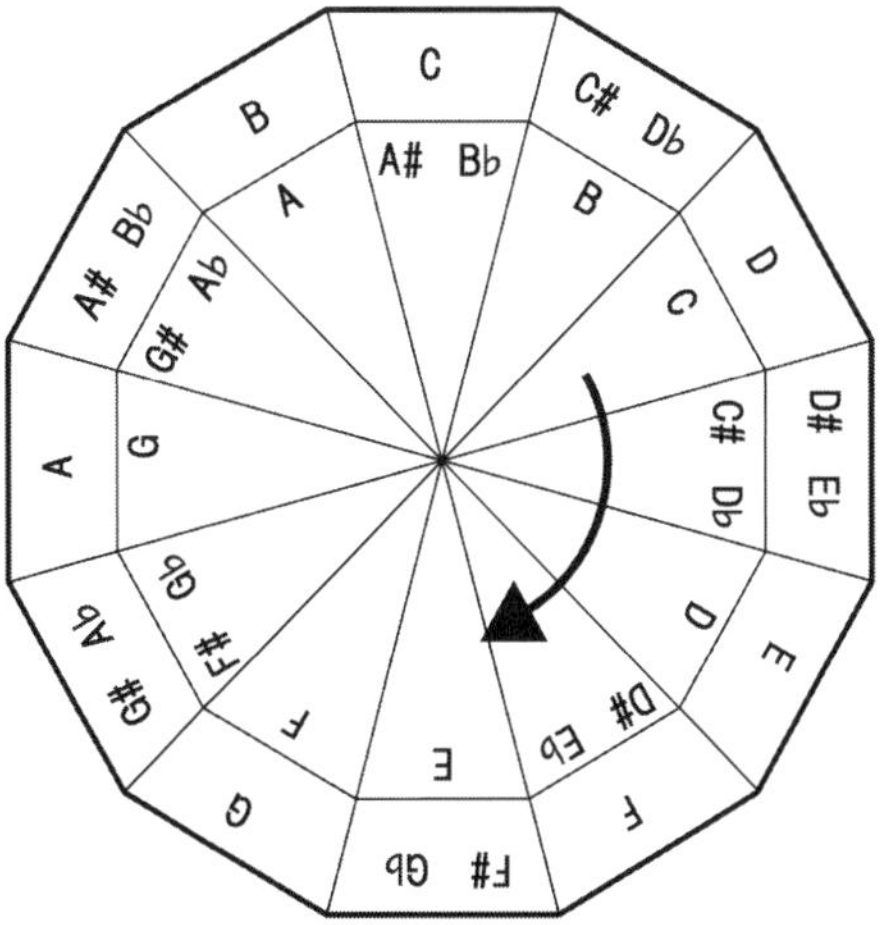

外側の円	内側の円
F#	D
B	G
C#	A

図5－11　capo 2, play E

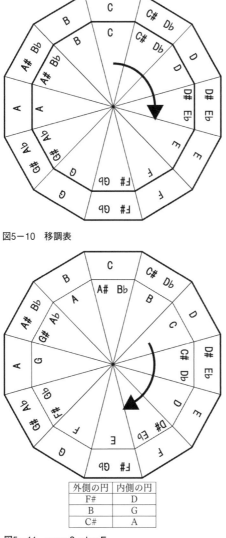

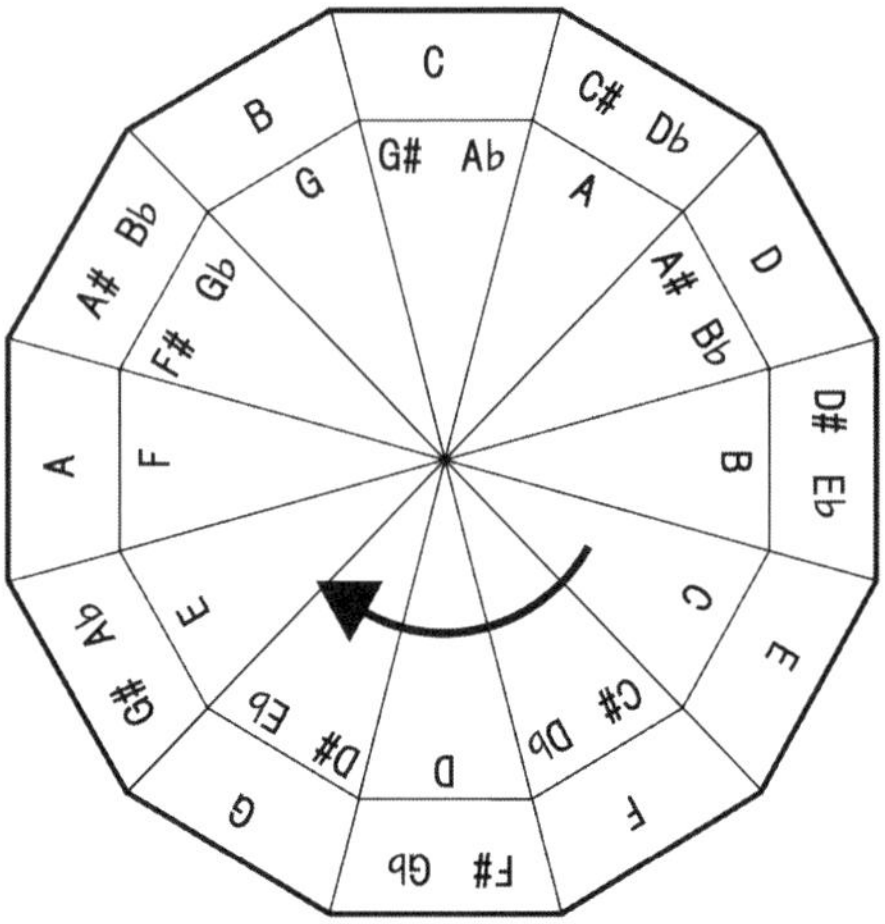

外側の円	内側の円
F#	D
B	G
C#	A

図5－12　capo 4, play D

移調表を時計回りに二つずらします（カポを二フレットに付けることを意味する）。外側の円に対応する内側の円のコードを読みます（図5－11）。

F#→B→C#→F#は　Capo2 で　E→A→B→E と弾けばいいことがわかります。Original key F#, capo 2, play E ということです。

別のコードフォームを探してみましょう。移調表を最初の状態に戻します。次は時計回りに四つずらします（カポを四フレットに付けることを意味する）。外側の円に対応する内側の円のコードを読みます（図5－12）。

F#→B→C#→F#は　Capo4 で　D→G→A→D と弾けばいいことがわかります。Original key F#, capo 4, play D ということです。

さらに、別のコードフォームを探してみましょう。移調表を最初の状態に戻します。今度は時計回りに六つずらします（カポを六フレットに付けることを意味する）。外側の円に対応する内側の円のコードを読みます（図5－13）。

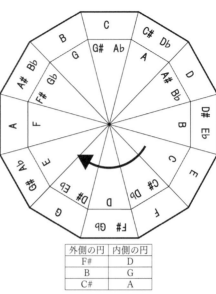

F#→B→C#→F#は　Capo6で　C→F→G→C と弾けばいいことがわかります。Original key F#, capo 6, play C ということです。

どこにカポを付けて、どのフォームで弾くかということに正解はありません。自分がいちばん弾きやすいフォームで弾いてください。例えば、capo 4, play D がいちばん弾きやすいとしましょう。「でも、ちょっと高すぎて声が出ないんだよな〜」、そんなときは、capo 1 や capo 2 に下げて自分の歌いやすいキーにして play D で弾けばいいでしょう。原曲とはキーが変わりますが（これを移調という）、「弾きやすく、歌いやすくする」ためのカポです。自由にやってください。このように本章第1節の「カポを使いこなす」の①と②を駆使して自分が弾きやすく、歌いやすい演奏をすることになります。

移調表をPDFファイルにしておきますので、よろしければダウンロードしてお使いください。切り取って厚紙などに貼ると使いやすいでしょう。「移調表（PDF）」(http://ac-guitar.com/wp/wp-content/uploads/2012/transpose_circle.pdf)

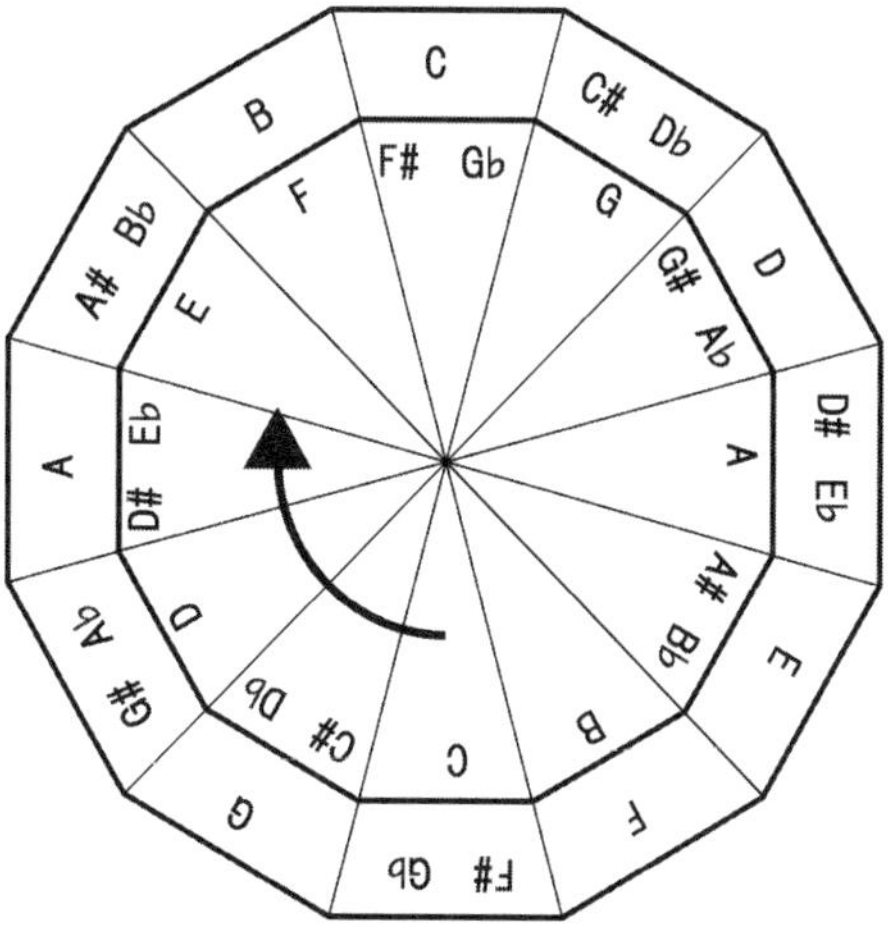

外側の円	内側の円
F#	C
B	F
C#	G

図5−13　capo 6, play C

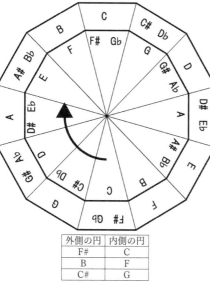

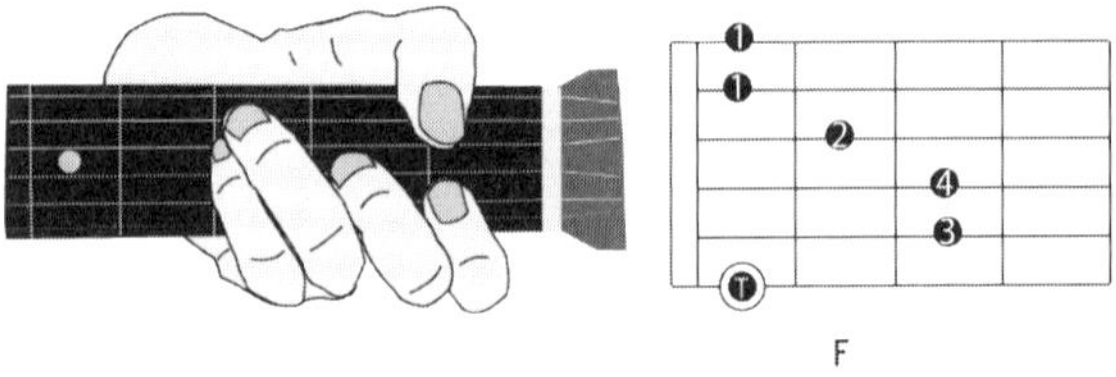

6弦1フレットを親指で押さえる

図5－14　Fの押さえ方

バレーコードをさらに極める

演奏に余裕のある人や、ギターに慣れてきた人は次のコードの押さえ方に挑戦してみましょう。

①Fを握り込んで押さえる

Fは図5－14のように握り込んで、六弦一フレットを親指で押さえます。ただし、この押さえ方は手の大きさやネックの幅にも関係してくるので、「絶対に押さえられるようにならないといけない」ものではありません。

②Bを次のように押さえる

また、Bを図5－15のように押さえる人もいます。薬指で二弦、三弦、四弦をセーハします。このあたりの話になると正解はありません。慣れですので、自分の押さえやすいフォームで弾きましょう。

上達が早い人は左手よりも右手を重要視している

初心者はうまくコードが押さえられなかったりコードチェンジがスムーズにいかなかったりと左手のことを気にしますが、これらの問題は練習さえすればすぐに解決します。

ある程度弾けるようになると、自分の演奏に何か物足りなさを感じるようになります。これはとてもいいことで、耳がよくなり客観的に自分の演奏を聴いている状態です。この物足りなさを打破する答えは「右手」の使い方にあります。

右手は音の強弱、リズムなどを担当しています。あるときは力強く硬い音で、またあるときは柔らかく女性的な温かい音で、というようにとても大切な要素を右手は担っています。

みなさんもプロの演奏を参考にすると思いますが、右手の使い方に注目すると（もちろん左手も重要です）ギターの演奏に差が出ます。例えばサウンドホールのブリッジ側とネック側では音色が違います。ブリッジ側は音が硬く、ネック側にいくにしたがって柔らかい音になります（図5－16）。また、ピックの厚さや形状、弦をピッキングする角度や位置

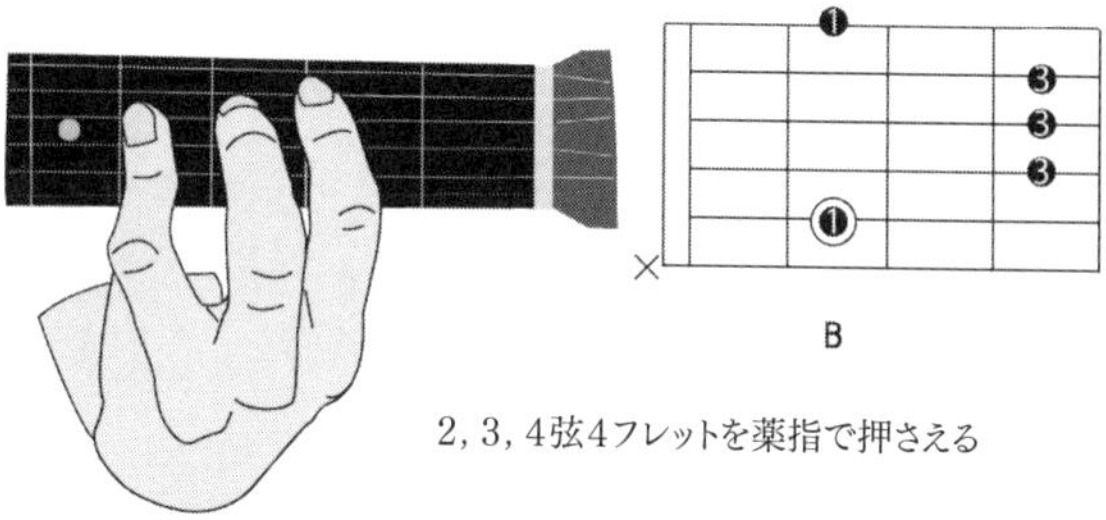

図5－15　Bの押さえ方

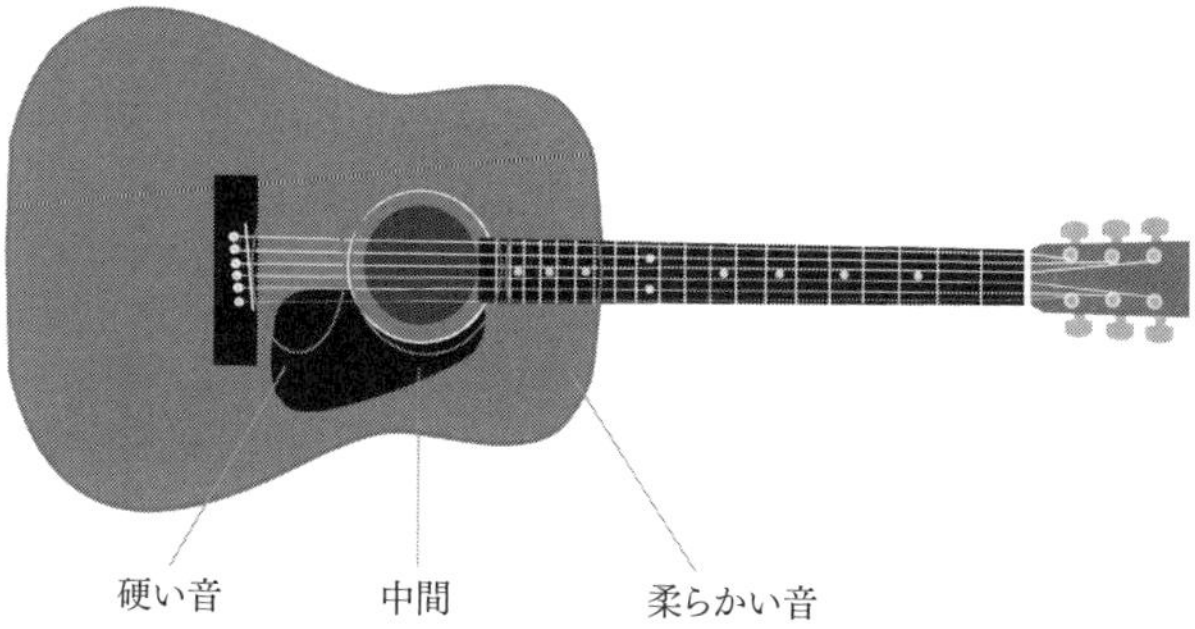

図5－16　サウンドホールの右と左

など、ほんの少しのことで音色が変わります。
右手の使い方がうまくなると、とても気持ちよくギターを弾くことができます。まさしく音楽です。「ギターが歌っている」と言いますが、ギターに歌わせるには右手の使い方が重要です。

アコースティックギタリストのためのネイル知識(スカルプチャー、つけ爪)

第4章第3節の「右手の爪」で少し触れましたが、クラシックギターを弾く方やフィンガーピッキングを主とする方は、右手の爪に気を使っています。私も指弾きすることが多いですが、長時間ギターを指で弾いていると、どうしても右手の爪が欠けたり割れたりします。その対策として、プロの世界ではネイルを施すギタリストが多くなっているようです。

ネイル(スカルプチャー)には、アクリルネイルとジェルネイルがあります。また、ジェルネイルには、仕上がりが硬くなるハードジェルと柔らかくなるソフトジェルがあります。一般にスカルプチャーというとアクリルネイルのことを指すことが多いようです。どれがギターに適しているかということはないので、自分が気に入ったものを見つけることになります。

女性向けのネイルサロンでは、装飾が目的なのでデザイン料や技術料が入っていて、割高になります。もちろんギタリストは、爪に装飾はしません。なので自分で材料を用意して、自分でネイルを作ればいいのです。実際のサロンで使われているような材料と道具をそろえると一、二万円といったところでしょうか。いろんなメーカーからネイル用の商品が出ていますので、ネットで検索してみてください。

百円ショップにも、探せばネイル用の商品があるようです。ただし品質はよくなく、爪への負担が大きいのでお勧めできません。粗悪なものを使うと爪にカビが生えてくることもあるようなので、注意が必要です。

爪のケアで悩んでいる方は、ぜひネイルの導入を考えてください。多少お金がいりますが、それだけの価値はあります。

メトロノームを必ず使う

メロディー（旋律）、ハーモニー（和声）、リズム（律動）は音楽の三要素と呼ばれるものです。そのなかの「リズム」をキープして演奏するために、メトロノームを使った練習はアコギの上達に必須です。

例えばカラオケで、必ず同じ場所で入り損ねる人や遅れる人っていますよね。他人が聴いているとタイミングがずれていることがすぐにわかるのですが、本人は何度歌っても正しいタイミングだと認識しています。ギターの場合、初心者はコードチェンジがうまくできずにリズムが崩れることが多く、弾けるところは速く、弾けないところは遅くなります。コードチェンジ以外にも、自分ではちゃんと弾いているつもりでも、はたで聴くと曲の途中でもたついたり走ったりします。

また、メトロノームを使った練習はリズムをキープする目的以外にも、セッションをするときに必要な「他人の音を聴きながら演奏する」訓練になります。他人の音を聴きながらそれに合わせ、リズムをキープしながら感情を込めてギターを弾く、これが結構難しいのです。

リズムを口や文章で説明するには限界があります。なぜなら、「リズム」は体で感じるものだからです。その訓練として、ある程度弾けるようになったらメトロノームを使って練習してください。普段からメトロノームを使った練習をするのとしないのとでは、その後の上達に大きく影響します。

自分のリズムを確かめる

自分のリズム感を確認する方法は三つあります。

①人に聴いてもらう

音楽に詳しい人や楽器が弾ける人がいいのですが、そういった方が自分の周りにいないときは、友人でも家族でも誰でもかまいません。とにかく、人に自分の演奏を聴いてもらいましょう。私の経験からすると、聴いてくれた人はたいてい「ダメなところ」をたくさん言ってくれるはずです。いいところはなかなか言ってもらえません。演奏が「良いか悪いか」は聴き手が決めるものです。弾き手が決めるものではありません。「自分のために言ってくれたんだ」と思ってすべてを受け入れ、素直に認めます。落ち込んでも仕方がありません。そしてすぐに練習します。こういった「素直な気持ち」と「すばやい行動」がアコギの上達を早めます。

②録音して自分で確認する

昔ながらのテープレコーダーでもいいですし、ハンディーレコーダーでもいいです。スマホでも録音機能が付いたアプリはたくさんあります。「録音」で検索してみてください。

実際に自分の演奏や歌を録音してみると、さまざまなことに気づきます。リズムの確認はもちろんですが、「思っていたよりも余分な音が入っているな」「演奏しているときは盛り上がって弾いていたのに、聴いてみるとそうでもないな」「自分ってこんな声だっけ？」などと印象がまったく違っていることが多いものです。

③友人と二人以上で練習をする

この練習法は効果抜群です。セッションのいちばん簡単な練習法です。特に難しいことをするわけではなく、同じパートを二人で一緒に弾きます。このとき、演奏はお互い相手に合わせるよう心がけます。相手の音を聴きながら自分の音を聴くことになるので、リズム、音の強弱、指の使い方など、すべてに有効な練習法です。

他ジャンルはとても勉強になる

「いい音楽」とは人それぞれ違います。自分が感動した音楽や共感した音楽が「いい音楽」ということになります。いい音楽や演奏は自分の目指すべき目標になり、目標をもつことはアコギ上達の早道です。

また、自分が知らない音楽を知ることもアコギの上達には有効的です。未知の音楽には、参考になる部分が多々あります。ギターは世界中で弾かれる楽器ですので、それぞれのジャンルで発展した奏法があります。自分のイメージどおりの演奏をするために他ジャンルを勉強することは、演奏の参考になるばかりか、いい刺激にもなってモチベーションも上がります。当然、練習するので飛躍的に上達します。

まずは、「自分が目指すアーティストが誰から影響を受けたのか」を研究するといいでしょう。仮に自分が目指すアーティストがAから影響を受けたとしたら、次は「Aは誰から影響を受けたのか」というように、どんどん過去にさかのぼっていきます。そのようにすると、ほとんどの場合、他ジャンルに行き着きます。特に日本の有名アーティストは海外アーティストの影響を受けていることが多いので、世界中の音楽に出合います。

また、ギター雑誌などにアンテナを張り巡らすことも有効的です。最近の音楽雑誌はとてもよくできていて感心するばかりです。さまざまなジャンルや旬の音楽、その弾き方、練習曲のための楽譜、音作り、機材の新商品など情報が盛りだくさんで非常に勉強になります。

ライブパフォーマンスに関して言えば、プロのライブを見にいくことがいちばんいいでしょう。DVDや「YouTube」もいいのですが、やはり生演奏にはかないません。音作り、パフォーマンスなどすべてが勉強になります。

というわけで、第4章「練習しよう」では基本的な奏法を紹介しましたが、ここからはもう少し踏み込んでさまざまな弾き方を見ていきましょう。ほんの一例ですが、みなさんの演奏の参考にしてください。

2 独自性があるギタープレイを目指して

指弾きを際立たせるギャロッピング

指弾きの際、特にスリーフィンガーで、親指で弾くベース音だけをミュートさせて弾く奏法です。カントリー系の音楽では定番の奏法です。ブリッジの上に右手首あたりを乗せて主に四、五、六弦のミュート音を出しながら、高音弦でコードやメロディーを弾きます。チェット・アトキンス、中川イサトが参考になります。

ブルースの定番奏法

ブルースはロックのルーツになったジャンルです。現在の日本でもブルースの影響を受けたギターの演奏を、アコギやエレキを問わずさまざまなところで聴くことができます。

ブルースの特徴は十二小節でひとかたまりであること、ワンパターンのコード進行、シャッフルのリズムなどです（譜5－1、譜5－2、譜5－3、譜5－4）。ブルースはEかAのキーで演奏することが多く、ボトムリフというブルース独特のバッキングで演奏します。また、十一、二小節にかけてのお決まりのフレーズをターンアラウンドといいます（譜5－5）。

他楽器との即興的なセッションの場合、このブルースで演奏することが多いので、マスターしてお

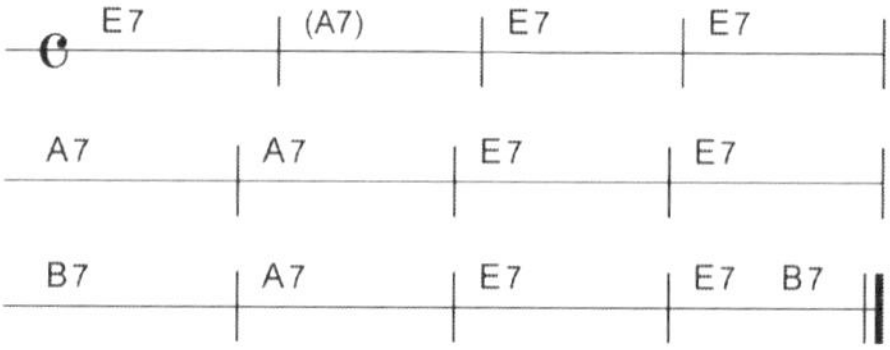

譜5－1　ブルースのコード進行

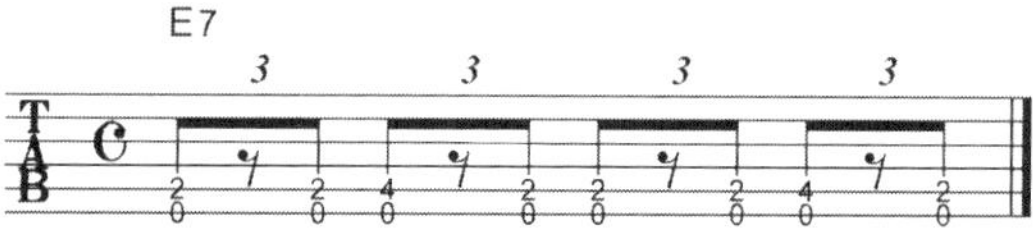

譜5－2　E7のボトムリフ

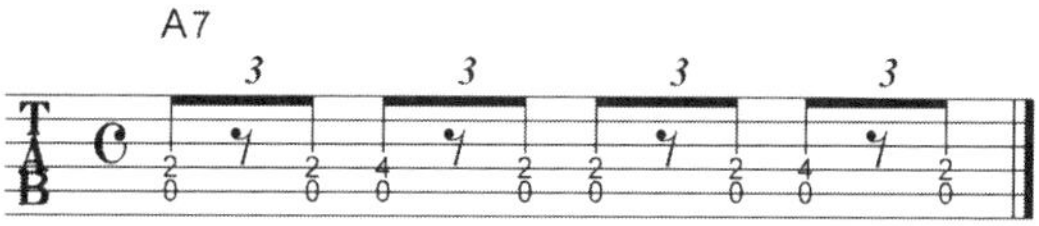

譜5－3　A7のボトムリフ

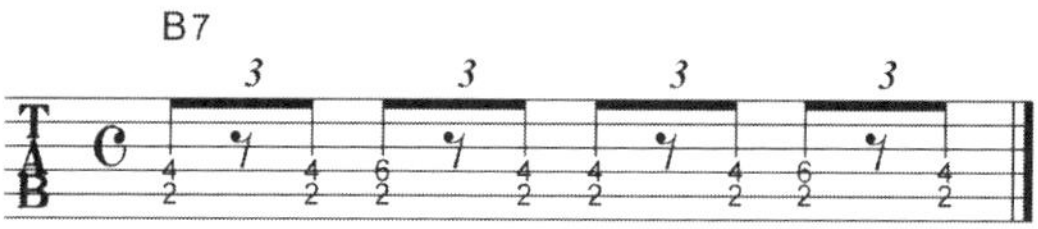

譜5－4　B7のボトムリフ

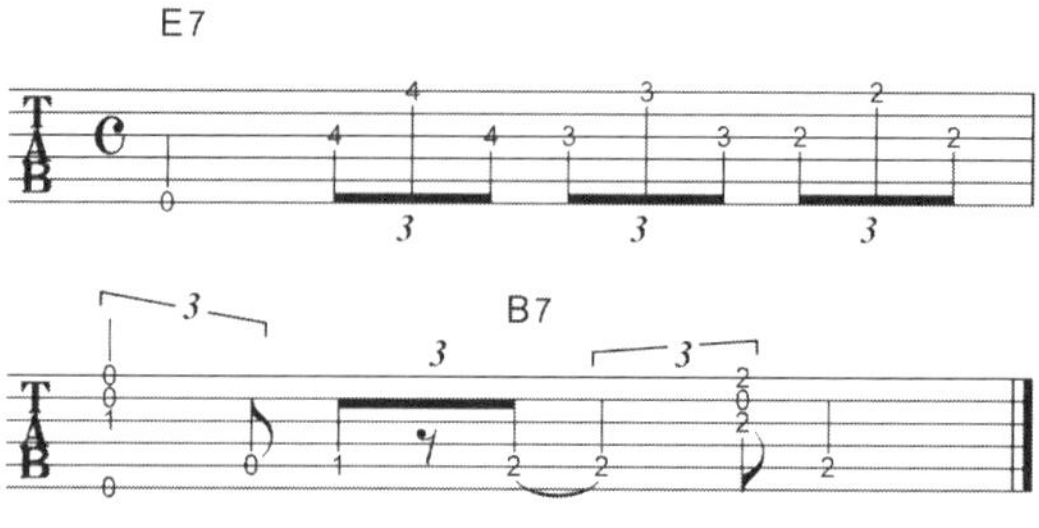

譜5－5　ターンアラウンド

いて損はないです。ぜひチャレンジしてください。

開放弦を弾いただけでコードになっているオープンチューニング

第3章第3節「チューニングしよう」でスタンダードチューニングを紹介しました。スタンダードチューニングはその名のとおり「どんなジャンルの曲の演奏にも適した」スタンダードなチューニングですが、世界にはそのジャンルの曲に特化したチューニングがたくさんあります。そういったスタンダードチューニング以外のチューニングを変則チューニングといいます。そのなかでも、開放弦を弾いただけであるコードになっているものをオープンチューニングといいます。代表的なものはオープンDとオープンGです。オープンDは六弦からDADF#AD、オープンGは六弦からDGDGBDとチューニングします。開放弦を「ジャラーン」と弾いただけでオープンDはコードDに、オープンGはコードGになっています。

オープンチューニングの特徴は、開放弦の伸びがある音を取り入れることでスタンダードチューニングでは得られない響きや雰囲気を出せることです。また、曲によっては運指が簡単になり弾きやすくなります。

こういったチューニングはそのチューニングがもつ特別な雰囲気を出せるので、ブルースやスラックキー（ハワイの伝統的なギター奏法）でよく登場します。またマイケル・ヘッジスに代表されるようなインスト曲でもオープンチューニングが登場します。

また、そのほかの変則チューニングとして「ドロップD」と呼ばれるチューニングもさまざまなジャンルで登場します。これは、スタンダードチューニングの六弦をEからDに一音落とした（ドロップした）チューニングです。

いずれにせよ、こういった変則チューニングを使うことでスタンダードチューニングでは弾けないような曲が弾けるようになったり雰囲気が出せたりするので、ぜひチャレンジしてください。

ボトルネック奏法

ボトルネック奏法（スライド奏法）とは、スライドバーを小指あるいは薬指に付けて、そのバーをスライドさせて弾く奏法です（写真5－2）。スタンダードチューニングだけでなくオープンチューニングが使われることが多いのが特徴で、ブルース、カントリー、ロック、ハワイアンなどでよく見られます。

ボトルネックとは、ウイスキーなどのボトルを割り、ネックの部分（口の部分）でギターを弾いたのが始まりなのでボトルネック奏法という名前になりました。音色も特徴的で、例えばハワイアン音楽で「フゥーワァーーン」という何ともゆったりとした音色を聴きますが、まさにその音がボトルネック奏法の音です。

またボトルネック奏法は普通のアコギでも見られますが、特にリゾネイターギターで弾くと、いっそう独特の雰囲気を出せます。さらにドブロ（リゾネイターギターのブランド）のスクエアネックやスチールギターのようにギターの弦高を高くし、膝の上に横たえた構えで弾くことでさらに発展した奏法になりました。

ガラス瓶でギターを弾くなんて考えた人は、なんという発想でしょうか。すばらしいとしか言いようがありませんね。興味がある方は、ぜひ音源を探してみてください。ライ・クーダー、ジェリー・ダグラス、日本人プレーヤーですと内田勘太郎、打田十紀夫が有名です。

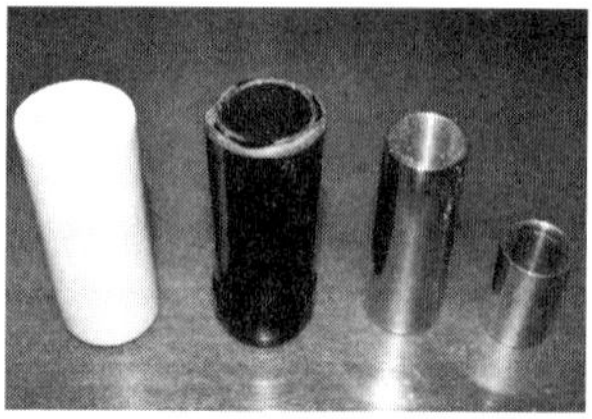

写真5－2　ボトルネックバー。左から陶器製、ガラス製、右2つは金属製。材質によって音色が変わる

注目度ナンバー1のタッピング奏法

タッピング奏法は、もともとはエレキギターで注目を浴びた奏法です。タップとは「たたく」という意味です。第4章第1節でハンマリングオンとプリングオフ、それらを連続させたトリルという奏法を紹介しましたが、その延長線上にあるものと考えてください。

エレキギターでは、速いフレーズを弾くためにタッピングを使ったライトハンド奏法が有名です。左手だけでなく、右手でもハンマリングオンとプリングオフをしてしまおう、というものです。

ストロークや指弾きのように右手で弦をはじいて（撥弦して）音を出すわけではなく、左手も右手もフレット上で弦をタップして（たたいて）音を出すので、自由度の高い演奏ができ、パフォーマンス的にも派手に見えます。

ハンマリングオンやプリングオフだけでは、撥弦して音を出すよりも小さい音しか出せませんが、エレキギターでのブルースやロックは音を歪ませることが多いので、小さい音でも増幅することができ、ライトハンドのような演奏が可能で多用されてきました。アコースティックギターも、エレアコ化して同じようにタッピング奏法をするギタリストが増えてきた背景があります。

エレキでのタッピングを駆使したライトハンド奏法は速弾きのために演奏されることが多いですが、アコギではパーカッシブな演奏をするためや、撥弦だけでは表現できない運指のために用いられることが多いのです。

ギターは世界中で弾かれる楽器ですので、「世の中にはこんな弾き方もあるんだな」と知っておくだけで、その後の演奏に差が出ると思います。

透明感がある澄んだ音——ハーモニクス

第3章第3節の「これができれば完璧、ハーモニクスを利用したチューニング」でのハーモニクスの出し方を「ナチュラルハーモニクス」といい、これが基本的なハーモニクス音の出し方です。この方法以外にもハーモニクスはさまざまな出し方があるので、ここで紹介します。

①人工ハーモニクス

人工ハーモニクスやタッチハーモニクスとも呼ばれるハーモニクスです。クラシックギターでも使われています。

例えば、四弦二フレットを左手で押さえ、四弦十四フレットの真上を右手人差し指で触れ、右手親指で弦をはじきます。ナチュラルハーモニクスでは出せないハーモニクス音も出せるようになります。

②タッピングハーモニクス

タッピングをしてハーモニクス音を出すのがタッピングハーモニクスです。ハーモニクスが出るフレットの真上を軽くタッピングすることで、ハーモニクス音を出すことができます。

③ピッキングハーモニクス

ピッキングハーモニクスはエレキギターで多用する奏法ですが、まれにアコギの演奏でも使うことがあります。フラットピックでピッキングするときに、ピックを持っている親指の側部を同時に弦に当ててハーモニクス音を出します。

ヒッティング——アコギをたたく⁉

タッピングは弦をたたくことによって音程がある音を出しますが、ヒッティングはボディーをたたくことで打楽器のような音を出します。

ボディーのたたく場所やたたき方によって音が変わります。バスドラムやスネアドラム、ハイハット、ボンゴのような音まで工夫次第でさまざまな音を出すことができます。

弾き方によっては、そういった音でリズムをとりながらコードやメロディーを同時に弾くことも可能です。最近では、ペッテリ・サリオラや押尾コータローに代表されるようなスラム奏法が有名ですが、クラシックギターのタンボーラやフラメンコギターのゴルペなど、古くからこのような奏法がおこなわれていたようです。

十二弦ギターで差をつける

ここまでは、独自性があるギタープレイを目指してさまざまな奏法について書いてきました。そのようなテクニックを駆使した奏法を身に付けるのも手なのですが、口で言うほど簡単ではありませんね。そこで十二弦ギターを使うことを考えてみましょう。

アコースティックギターは六弦のものがほとんどですが、第2章第2節の「十二弦ギター」で紹介した十二弦ギター、そのほか七弦ギター、八弦ギター、十弦ギターもあります。さらに言えば、一つのボディーにネックが二本付いているダブルネックというものもあります。ン〜、ギターの世界は広いですね。

さて、十二弦ギターは弦が十二本あるといっても、それほど萎縮することはありません。十二弦ギターは、六弦ギターの一弦と二弦に同じ弦を、三弦から六弦のそれぞれに一オクターブ高い弦を追加して張るだけです。十二弦ギター用の弦を売っているのでそれを張ります。注意することは、三弦から六弦には一オクターブ高い弦を六弦側に張ることです。

つまり六弦ギターの各弦を二本にして、豊かな響きを得ようというものです。これを複弦といい、各弦のセットのことをコースといいます。この場合は十二弦六コースということです。ですので、コードの押さえ方や弾き方は六弦ギターと同じです。

弾き方は同じですが、ストロークをしているだけでも響きが違い、他人から「オォ〜ッ！」と注目されることまちがいなしです。

3 アコギ上達のお手本CD

私が少なからず影響を受けたアコースティックギタリストを紹介します。これらのアーティストがアコギのすべてではありませんが、みなさんが自分の音楽を表現するための参考になると思います。いまの時代はＣＤやＤＶＤが容易に手に入ります。ぜひ、探してみてください。

フラットピッキング

①ドック・ワトソン／Doc Watson

幼少時に失明しましたが、正確なピッキングと速弾きは秀逸です。フィンガーピッキングも得意です。息子にマールと名付けるほど、マールトラヴィスに影響を受けています。息子のマール・ワトソンも一流のギタリストで父ドックと共演しており、Doc&Marle Watson 名義でアルバムも残しています。しかし残念なことに一九八五年にマールは事故死し、ドックも二〇一二年に亡くなりました。ベスト盤がたくさん出ているのでオススメです。

アルバム『DOC WATSON』（Vanguard Records、一九六四年）代表曲「Black Mountain Rag」

②トニー・ライス／Tony Rice

ブルーグラス（アメリカで生まれた音楽ジャンル）の枠を飛び出して、ニューグラスやスペースグラスと呼ばれるジャンルの流れを確立した人です。

アルバム『Mar West』（ROUNDER、一九八〇年）

ブルース、ボトルネック

①ステファン・グロスマン／Stefan Grossman

フィンガーピッキングの名手です。特にブルース、ラグタイムといったジャンルのギタリストとして有名です。教則本や教則ＣＤをたくさん出しています。

アルバム『How to play BLUES GUITAR』（Shanachie、一九六七年、ＴＡＢ譜付）

②ライ・クーダー／Ry Cooder

ボトルネック奏法の名手。一言でいえば「渋い！」。サントリーのウイスキー・アーリータイムズのコマーシャルに出ていました。ロバート・ジョンソンの「クロスロード伝説」をモチーフにした映画『クロスロード』のサウンドトラックなど、多くの映画音楽を手がけています。

アルバム『Show Time（ライブ盤）』（Warner Bros、一九七七年）

③レオ・コッケ／Leo Kottke

十二弦ギターで派手なボトルネック奏法をするギタリストとして有名です。なので、マシンガン・コッケとも呼ばれています。

アルバム『6 and 12 String Guitar』（Takoma、一九六九年）　代表曲「Vaseline Machine Gun」

フィンガーピッキング

①マイケル・ヘッジス／Michael Hedges

さまざまなフィンガーピッカーに影響を与えた偉大なギタリストです。オープンチューニングやタッピングを駆使した奏法でそれまでの常識をくつがえし、現在のフィンガーピッキングスタイルを確立した人です。交通事故で一九九七年に四十三歳で亡くなりました。

アルバム『Breakfast In The Field』（Windham Hill Records、一九八一年）

②ドン・ロス／Don Ross

カナダ出身。メロディアスな楽曲のなかに自然に溶け込んだ超絶テクニックが最高です。迫力となめらかさが共存しています。

アルバム『Passion Session』（Narada、一九九九年）

③トミー・エマニュエル／Tommy Emmanuel

ギターの神様です。オーストラリア出身。チェット・アトキンスからCertified Guitar Player（通称C.G.P）の称号を授かりました。速弾き、指弾き、ボディーヒッティング、コミカルなライブパフォーマンスとすべての面で秀逸です。

④中川イサト

言わずと知れた日本を代表するアコギ・ギタリストです。フィンガーピッキングという言葉を広めたのもこの方ではないでしょうか。最近、私の周りには押尾コータローのファンという人が多いのですが、その彼の師匠にあたる人です。

アルバム『1310』(Sony、一九七七年)

⑤押尾コータロー

中川イサトを師と仰いでいて、イサトのギター教室にも通っていました。オープンチューニングやタッピングを駆使した奏法で有名です。ベスト盤も出ていますので要チェックです。

アルバム『STARTING POINT』(EAST・WORLD、二〇〇二年)

クラシック

①ナルシソ・イエペス/Narciso Yepes

クラシックギター界の巨匠です。クラシックギターに興味がない方も、この人の演奏を一度は聴いてほしくて書きました。映画『禁じられた遊び』(監督:ルネ・クレマン、一九五二年)のテーマ曲「愛のロマンス」や、誰もが憧れるトレモロ奏法の「アルハンブラの思い出」、ドロップDチューニングの「歌と踊り第一番」が有名です。

4　日頃のメンテナンスとリペア

ギターの上達とメンテナンス・リペアにはあまり関連がないように思えますが、実は非常に大きく関わっています。メンテナンスはいつでも最高のパフォーマンスができるように日頃から手入れをすることであり、リペアは壊れた箇所を修理することです。料理人は包丁を大切に扱い、いい料理を作るために研ぎます。よく手入れされた包丁は切れ味がよく、味にも差が出るといいます。ギターもまったく同様で、よくメンテナンスされたギターは弾きやすく音にも差が出ます。

メンテナンスの基本は、「ギターに愛情をそそぐ」ことだと思います。恋人と同じです。いつも一緒にいたい、少しでも長く一緒にいたい、大切にしたい、何でもしてあげたい、特別に扱ってあげたい……こういった気持ちがギターの上達を早めます。気持ちだけでギターが上達するわけがないという声が聞こえてきそうですが、人間は気持ちが行動を支配しています。気持ちが変わると行動が変わるのです。モチベーションというヤツです。初心者はもちろんですが、なかなかギターが上達しないと悩んでいる人は、まず気持ちを変えてみましょう。

少し話がそれますが、他人のギターを許可なく勝手に弾いてはいけません。ギターアクセサリーや機材も同様ですし、楽器店での試奏の場合もです。「ギターに愛情をそそぐ」ということは、料理人の包丁のように細かい設定やメンテナンスにこだわることですから、許可なく触れてはいやがられて当然です。どうしてもギターに触れる必要がある場合は、必ず持ち主の許可を得たうえで、丁寧に取り扱いましょう。

日頃の取り扱い

第3章第2節の「ギタースタンド」でも書きましたが、ギターにはギタースタンドを使ってください。壁などに立てかけておいて倒すとギターが壊れます。壊れるとはいかないまでも、フレットがへこむと演奏に支障が出ます。

弾いたあとに乾いたタオルなどで弦を拭くと弦が長持ちします。ついでにボディーも磨きましょう。ネックの裏側は汚れやすいので特に気をつけます。専用のクリーナーやクロスも売られているので、楽器屋をのぞいてみましょう。また、指板潤滑剤を使うと弦と指の滑りがよくなります。絶対に必要なものではありませんが、興味がある方は試してください。ついついポテトチップスや缶コーヒーを飲みながらギターを弾いてしまいがちですが、ベタベタの手でギターを弾くと弦がさびたりギターが汚れたりしますので、避けたほうがいいでしょう。

練習が終わったらギターケースに入れます。ギタースタンドに立てておく場合には、大きめの布などをかぶせておくと埃が付きにくくなります。

定期的な交換がアコギ上達の早道――弦交換の方法

弦が古くなってくると色が黒ずんできて錆が出てきます。ピッチが狂いやすくなり、音もくすんできます。弦の寿命はその種類や演奏時間で変わるので具体的に書けませんが、このような現象が起きる一歩手前で交換するのがいいでしょう。慣れるとわかるようになります。さらに劣化が進むと、演奏中に切れたり、チューニングしているだけで切れたりします。「三弦が切れたから、三弦を買ってこよ〜」などと切れた弦だけを張り替えてはいけません。バランスを維持するため、六本の弦をすべて張り替えるのが基本です。

先ほど弦が古くなってくると「音がくすむ」と書きましたが、別の表現で「丸い音になる」と言う人もいます。そういった少し古くなった弦の音を好むプロのギタリストもいますが、ワンステージごとに弦を張り替えるギタリストもいます。もちろん、初心者はワンステージごとの必要はありませんが、定期的に張り替えることを勧めます。

弦を交換するときの手順とポイントを書きます。

古い弦を緩める。ワインダー（ペグを素早く回すための道具）を使うと便利です。

↓

ピンを外す。ピン抜きを使うと便利です。ギターを傷つけないように。

↓

弦をすべて取る。ピンホールから弦を抜き、ペグからすべての弦を外します。このとき弦の先が手に刺さりケガをすることがありますので、ゆっくり慎重にやってください。

↓

ギターを愛情を込めて磨く。専用のクロスや乾いた布でキレイに磨きましょう。特に指板の汚れを徹底的に。

↓

新品の弦（私の場合は六弦から）をブリッジピンホール（ブリッジにあいている穴）に入れ、ブリッジピンでとめる。このとき弦を少し引っ張って、図5－17の左のようにします。

↓

図5－18を参考に、弦を少し巻く。この段階ではしっかり張らず、緩い状態にしておきます。

↓

同じように残り五本の弦を張る。まだ緩い状態です。

↓

チューニングする。いきなりチューニングするのでなく、六本の弦すべてを少しずつ巻いていき、均等にバランスよく張力が加わるようにします。ある程度の張力（半音下くらい）になったところで、正確なチューニングをします。初心者は、チューナーを使うと早く正確にチューニングできます。音叉を使ったチューニングにも、ぜひ挑戦してください。

↓

各弦の十二フレットを軽く引っ張る（図5－19）。張ったばかりの新品の弦は伸びやすいのです。チューニングをして実際に演奏すると、特に一弦と二弦のチューニングがすぐに狂ってしまいます。この現象をなくすため、あらかじめ弦を少し引っ張って、伸ばします（やりすぎはギターにダメージを与えるので注意してください）。伸び方はゲージによっても違います。

←再度チューニング。最終的にピッチが合うまで、右記の「十二フレットを引っ張る作業」とチューニングを繰り反します。

←ニッパーで余分な弦を切る（図5－20）。切らないと手に刺さったりして危ないです。また、「キンキン」という音がして、ノイズの原因になります。

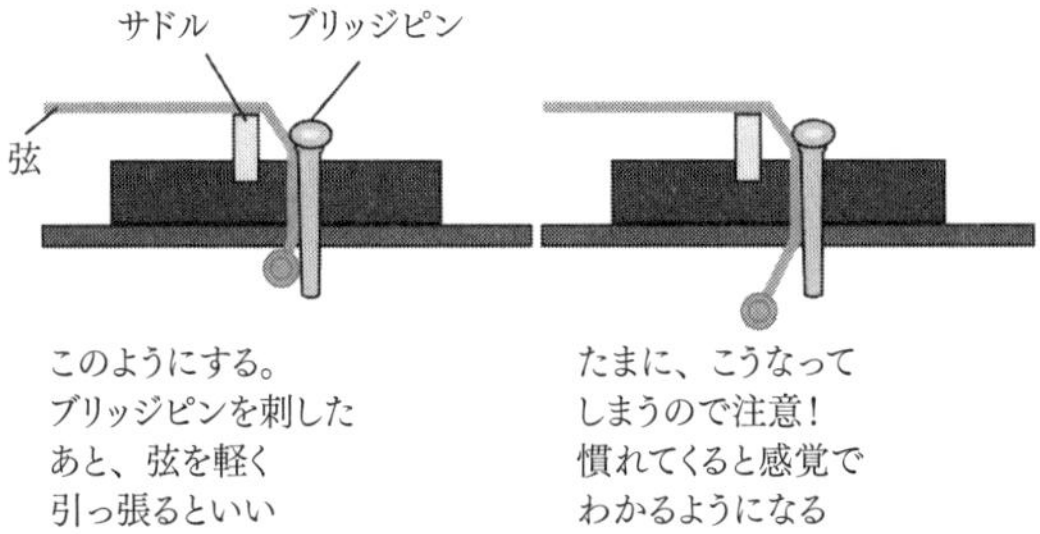
サドル
ブリッジピン
弦
このようにする。
ブリッジピンを刺した
あと、弦を軽く
引っ張るといい
たまに、こうなって
しまうので注意！
慣れてくると感覚で
わかるようになる

図5－17　弦交換1

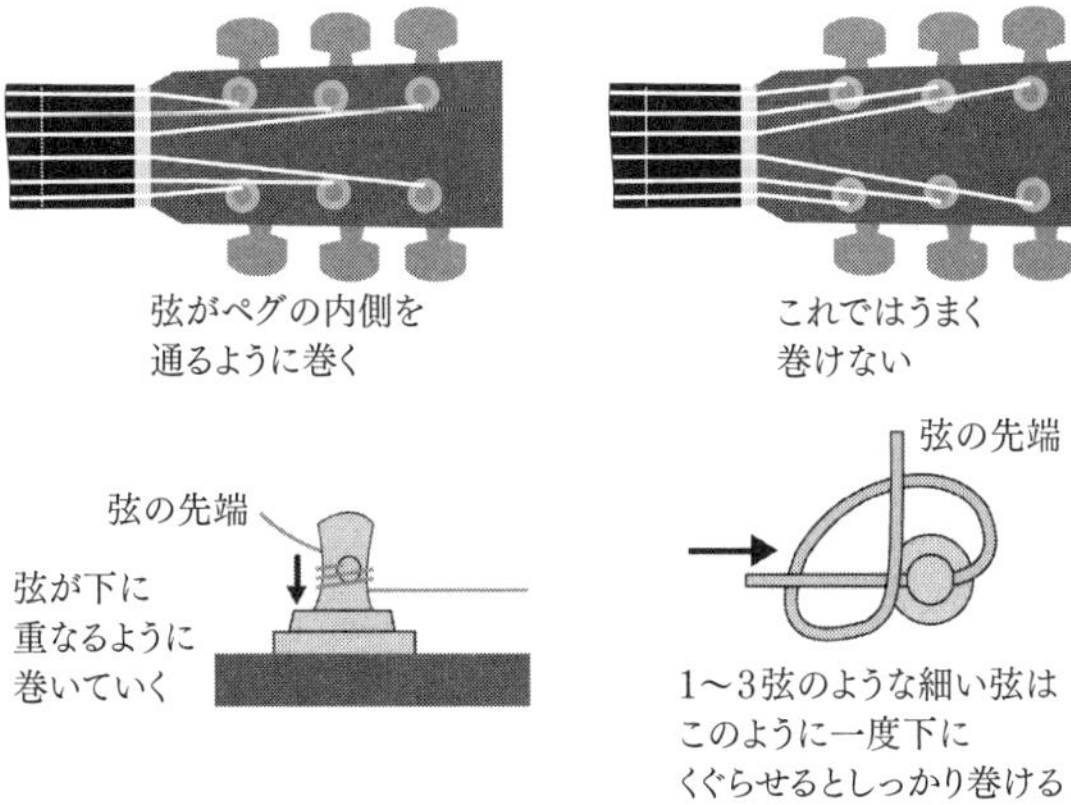
弦がペグの内側を
通るように巻く
これではうまく
巻けない
弦の先端
弦が下に
重なるように
巻いていく
弦の先端
1～3弦のような細い弦は
このように一度下に
くぐらせるとしっかり巻ける

図5－18　弦交換2

ギターはチューニングが狂いやすい楽器です。「人前で演奏を始めたら、チューニングが狂っていて恥ずかしい思いをした」という話はよくあります。演奏の前にチューニ

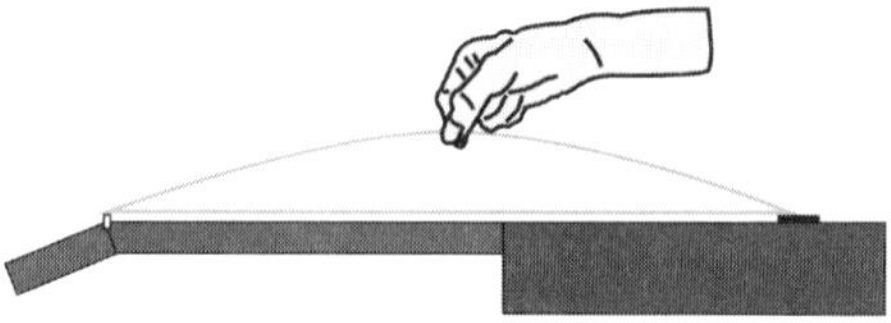
12フレットあたりをつまみ、軽く引っ張って
弦を伸ばしきると、チューニングが狂いにくい

図5－19　弦交換3

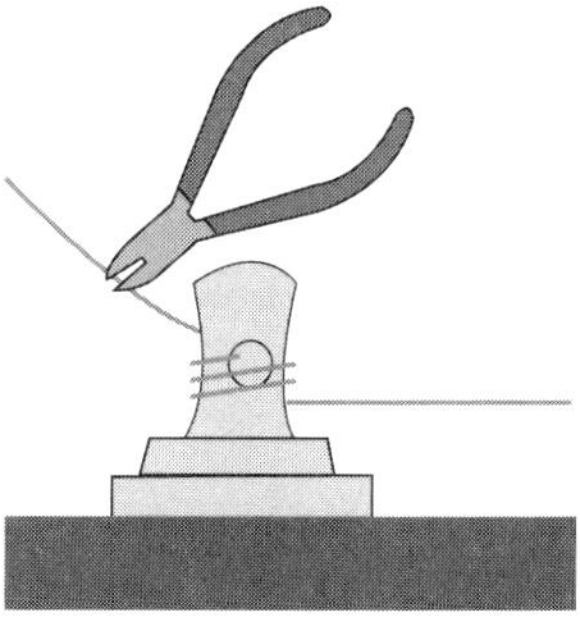

図5－20　弦交換4

ングが合っているかを確認するクセをつけましょう。

温度と湿度の管理について

温度と湿度の管理に気をつけます。ギターにとって、温度二二、三度、湿度は四〇パーセント前後がいい環境とされています。人間が過ごしやすい環境がギターにも適しているのです。逆にギターにとってよくない環境は、「高温」「直射日光」「多湿」「極度の乾燥」です。

①高温、直射日光

日本の夏は高温多湿です。夏の野外では十分に気をつける必要があります。まず、絶対に夏場の車のなかにギターを置きっぱなしにしてはいけません。車上荒らしに遭う可能性もあるので、冬でも車のなかにギターを置きっぱなしにすることはやめたほうがいいでしょう。

そのほか、浜辺で海を見ながらギターを弾く、バーベキューをやりながらギターを弾く……シチュエーションは最高なのですが、ギターのことを考えるとお勧めできません。

②多湿

雨天時の移動は雨に濡れないような工夫をするしかありません。やはり車やタクシーを利用して、なるべくドアからドアへ移動するのが安全です。徒歩での長距離移動の場合、傘だけでは限界があるのでギターケース用のレインコートを使うといいでしょう。さまざまなサイズや形がありますので、楽器店などをのぞいてみてください。

写真5−3　管理が悪く割れたバック板

梅雨の季節は湿度に注意が必要です。湿気が高いときはギターケースのなかに乾燥剤を入れておきます（せんべいなどの袋に入っているシリカゲルで十分です。専用のものもあります）。

そのほか、初心者によくある間違いとしては、風呂場でギターを弾くことです。風呂場で歌を歌うとエコーがきいて気持ちよく歌えます。ギターも、風呂場で弾くとうまくなったように聴こえます。しかし、風呂場での練習は絶対にしてはいけません。

もちろん、缶コーヒーやペットボトルなどの飲み物をギターにこぼしてはダメですよ。

③極度の乾燥

エアコンの風が直接当たるところに何日も置いておくのはよくあ

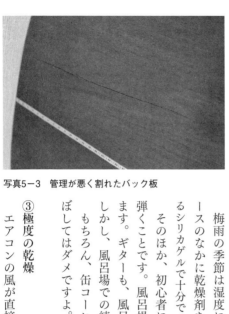

りません。乾燥して木が割れてくる可能性があります。湿度計を用意して管理するといいでしょう。

長時間ギターを弾かないとき

寝るとき、出かけるとき、長時間弾かないときなどは、ケースにしまうことを勧めます。ケースに納めるときは、タオルなどでギターとの隙間を埋めてピッタリさせておくといいでしょう。

旅行や出張などで何日も弾かないときは、必ず弦を緩めます。弦の張力は六十キロにもなると言われています。そのままの状態で放っておくとネックがそるので気をつけてください。

飛行機での移動

アコギを手荷物として機内に持ち込むことはできないと思ってください。

飛行機の移動で考えられる方法は三つです。料金や予約の有無などの詳しい情報は、利用する航空会社に事前に問い合わせてください。

まず、自分のハードケースにアコギを入れて受託手荷物として預ける方法です。これはやめておいたほうがいいでしょう。いくらハードケースといえども飛行機の移動では破損する可能性が大きいようです。またアコギ用のフライトケースも売られていて、一般的なハードケースより壊れにくいようですが、大事なアコギが壊れてからでは手遅れですので、利用の際は注意が必要です。

次に、楽器専用ケースを用意してくれる航空会社がありますので、これを利用して受託手荷物として預ける方法です。日本航空や全日空などの大手にはこのようなサービスがありますので、利用することをお勧めします。

最後に、アコギ用に席をとる方法です。もちろん有料（一万五千円ほど）ですが、いちばん安全であり楽器には優しいのです。

リペア

基本的にリペア（改造も含む）は自分でやってはいけません。アコースティックギターはデリケートな楽器です。普段からメンテナンスをしっかりやっていれば、リペアを必要とすることはまずありません。どうしてもというときは、専門家にやってもらうのが鉄則です。

よくあるアコギトラブルの症状としては、次のことが考えられます。

- 以前は正確にチューニングできていたのに、最近チューニングが合わない。ローポジションでは問題ないが、ハイポジションでチューニングできない。
- 特定の弦やフレットを押さえたとき、カポタストを使うときなどに音がビビる。
- 以前に比べ弾きにくい、弦が押さえにくい。弦高が高く（低く）なった。
- 弦が切れやすい、いつも同じ場所で切れる。
- エレアコの音が出ない、ボリュームツマミを触るとガリガリとノイズが出る、など。

こういったトラブルの原因は一つではないので、心当たりがある方は専門家に相談してください。

そのほか、トラブルではありませんが、ピックアップを取り付けるときやストラップピンを打つときも、専門家に依頼したほうが安全でしょう。

またネックのそりの調整にトラスロッドを使いますが、こちらの調整も専門家に任せたほうが安全です。トラスロッドは、ヘッド側に付いているものとボディー側に付いているものとがあります。右に回すと順そりが直り、左に回すと逆ぞりが直ります。

第6章 ライブの準備をしよう

1 さまざまなライブ形態と成功の秘訣

みなさんも一度は自分でライブをやりたいと思ったことがあるでしょう。せっかく一生懸命練習したのですから、どうせなら人に聴いてもらいたいものです。ライブといっても規模や形態はさまざまで、人前で自分の演奏を披露するときには、大きく分けて二通りのパターンがあると思っています。ギター演奏や音作り以外にそれぞれの場所や場面で準備するものも変わるので、自分に必要なものを少しずつそろえるといいでしょう。

演奏会の種類

①仲間内での演奏会

一つ目のパターンは結婚式や忘年会、学校の文化祭、ギター教室の発表会など、仲間内での演奏会です。私もそうですが、「たまにはライブでもやるか」と仲間内で段取りをしてイベントなるものを開催します。当然、お客は友達ばかりなので演奏が多少ヘタでも許されるし、大いに盛り上がります。初心者の方は、まずこちらのパターンからスタートすることをお勧めします

このパターンの場合、集まる人数を先に計算できますから、その人数に見合った規模の会場を確保すればライブを開催することができます。数人であればカラオケボックスや練習スタジオなど、忘年会などの数十人規模ならパーティー会場や小さなライブハウスが考えられます。アコギを一生の趣味としている私は、こちらのパターンがほとんどです。

②お客が料金を払って聴く演奏会

二つ目は、自分の演奏を他人に見てもらう場合です。お客の立場で考えると、「この人の演奏が見たい」とわざわざ会場まで足を運ぶパターンになります。これは趣味の範囲を超えて、プロの音楽活動と言って差し支えありません。つまり、「アコギや歌が上手」だけで成立する話ではなく、「ファンを獲得する能力」が必要になってきます。そのためのプロモーション力、コミュニケーション力、口コミを広げる話題作り、ウェブサイトやブログ、「YouTube」動画が上位に表示される仕掛け……など、経営者的なセンスが求められます。お客がいないのにライブをやっても意味がありません。しかし、どこかでライブをやらないとファンが増えないのも事実です。ニワトリが先か卵が先か、という話ですが、両方のバランスをとりながら上手にやらないといつまでたっても安定したライブができません。両方の準備があってライブは成立するのです。

③路上ライブの注意点

そのほか、自分の演奏を他人に見てもらう手っ取り早い方法として、路上ライブや「YouTube」などで動画を配信する方法が思い浮かびます。「YouTube」などの動画配信はライブではありませんのでひとまず置いておいて、路上ライブについて少し話します。

路上ライブ出身のアーティストといえば、ゆずやコブクロなどが有名です。その影響もあって駅前・公園・歩行者天国・商店街……などさまざまな場所で路上ライブを見ることができます。しかし、路上でライブをするためには警察や管理者に許可をとる必要があります。また、ギターを弾き、人が集まるわけですから近隣への配慮も必要です。確かに会場を借りる出費もありませんし、路上にいる全員がお客になる可能性があるわけですが、トラブルも付き物です。どうせなら、ストレスなく演奏に集中できる環境を整えたいものです。

例えば、東京都であれば「ヘブンアーティスト事業」(http://www.seikatubunka.metro.tokyo.jp/bunka/heavenartist/index.html) があります。東京都生活文化局のウェブサイトによると、「「ヘブンアーティスト事業」は東京都が実施する審査会に合格したアーティストに公共施設や民間施設などを活動場所として開放し、都民が気軽に芸術文化に触れる機会を提供していくことを目的としています」とあります。ライセンス取得の審査が必要で、活動の範囲に条件がありますが、こういったものを利用するほうが健全な活動ができると思います。

東京の井の頭公園もやっていますね。みなさんの地域でも自治体が主催となっているイベントがあると思うので、探してみてはどうでしょうか。井の頭恩賜公園１００年実行委員会「アートマーケッツ」(http://inokashirapark100.com/artmarkets/index.html)〔二〇一七年六月二十九日アクセス〕

ライブを成功させる三つの要因

前述のどのパターンにしても、ライブを成功させるには「お客が楽しめる魅力あるパフォーマンス」「会場の確保」「集客」がバランスよく整っていることが必要です。

①魅力あるパフォーマンスとは

魅力あるパフォーマンスとは、お客が「よかった」「楽しかった」「また来たい」と思うようなパフォーマンスのことです。

初心者は演奏のことばかりに気を取られ、自分の持ち時間を有効に使い「ショー」「エンターテインメント」にすることを忘れがちです。「ショー」や「エンターテインメント」といっても大げさな話ではなく、少しのコツでそれっぽく見せることができます。

そのために、初心者は必ず「台本を書く」ことです。これをするだけでパフォーマンスの質がかなり上がります。お客からすると楽しみたいライブなのに、見ていて「ドキドキ、ハラハラ」するパフォーマンスでは魅力があるとは言えません。登場の仕方、あいさつ、曲順、曲間のＭＣ（司会や語りなど）、ライブを盛り上げる仕掛け、お客とのコミュニケーション……などを考えるといいでしょう。初心者が台本なしにフリーでパフォーマンスすることほど危険なことはありません。

最初は小学生の学芸会のようになるかもしれませんが、それはそれでよしとしましょう。もちろん、最初から個性があるライブパフォーマンスができれば最高ですが、なかなか難しいですね。最初から完璧なライブをすることは不可能ですので、場数を踏んで少しずつ完成度を高めるしかありません。その過程も楽しいものです。「学ぶ」の語源は「まねる」と言われています。ギターのコピー同様、ライブパフォーマンスもプロのそれをコピーするところから始めるといいと思います。

②会場の確保の仕方

忘年会などの仲間内でのライブの場合はそれほど問題になることはなく、規模に合った会場を予約するだけです。つまり貸し切りですね。広めのカラオケボックスや練習スタジオ、パーティー会場、ライブハウスなどが考えられます。事前に食事の有無や音響設備が整っているかどうかなどを確認するといいでしょう。

またライブというよりは、サークルの発表会や定期演奏会などの場合には、地域の公民館などの公共施設を利用することもできます。音楽用の施設ではないのでバンドでの演奏は無理かもしれませんが、ギターソロやアコギ数台のアンサンブルであれば問題なくできます。

前述の「お客が料金を払って聴く演奏会」のように、ライブハウスやライブレストランなどで一般のお客からチケット代金を受け取って演奏したい場合には、会場側と出演交渉をすることになります。デモテープなどを持参して出演ＯＫとなればライブをすることができます。そのときのライブの方式としては、似たジャンルで複数のバンドをブッキングした対バン形式が多いですね。ギャラの支払い方法もさまざまですが、チャージバック方式が多いようです。チャージバックとは、チケット代金の何パーセントかを出演者にギャラとして支払う方法です。また「出演者はチケットを○○枚売ってください」というノルマがある場合もあります。出演交渉の際に確認するといいでしょう。

③マメな努力が集客のコツ

「ファンを獲得すること」は、一日ではできません。特に「お客が料金を払って聴く演奏会」の場合はシビアにならざるをえません。ライブは「エンターテインメント」ですから、みなさんは「エンターテイナー」になる必要があります。つまりみなさんのパフォーマンスが商品になります。演奏の質の向上の努力以外に、商品価値を上げ、宣伝するための努力が必要です。

まずはブログ、「twitter」「YouTube」……何でもかまわないので、何かを発信することです。自分の演奏でもいいし、練習風景でもいいかもしれません。ポイントは「面白い」「ためになる」「次の新しい情報をぜひ知りたい」などです。定期的な更新も忘れないようにしたいですね。そしてコメント欄を利用するなどして普段からファンと交流することが大事です。ファンと何らかの形でつながっていればライブ告知をすることが可能になって動員数も増えるでしょう。

私はプロのギタリストではなく、ただの個人事業主ですのであまり大きなことは言えませんが、自営業者としてよい商品をお客に提供することは、どの商売でも同じだと考えています。マメな努力以外に答えはありません。

さて、ライブを開催するためにギターの練習以外にも準備が必要なことがわかっていただけたと思います。次はギターの音を増幅してスピーカーから出すための知識についてです。

2 アコギの音をスピーカーから出す方法

マイクでの集音は生音の表現に最適

ギターの音をスピーカーから鳴らすいちばん手っ取り早い方法は、マイクでの集音です。ほかのどの方法よりも生音に近く自然な音をスピーカーから鳴らすことができます。マイクで音を拾う場合、ギターの前にマイクスタンドを立てて、その前で演奏します。手軽な方法なので忘年会や結婚式の余興などはこのパターンが多いです。

しかし、マイクでの集音は生音に近いというメリットがある一方で、「かぶり」や「ハウリング」が問題になります。他楽器と同じ場所でアコギをマイク集音すると、他楽器の音もマイクが拾ってしまいます。これを「かぶり」と言います。また、カラオケでマイクをスピーカーに近づけると「キーン」というノイズが発生することがあります。これが「ハウリング」です。さらに、マイクでの集音はマイクの前から移動することができないために自由に動き回れないので、パフォーマンスにも影響します。

こういった問題があるので、大きなライブ会場やほかの楽器と一緒に演奏するバンド形式ではマイクで集音することはまずありません。ギターにピックアップ（ギターに直接取り付ける専用のマイク）

を付けて、その音を増幅してスピーカーから出すのが一般的です。

エレアコを使えばすぐにライブができる

エレクトリックアコースティックギター（通称、エレアコ）のメリットは、買ったその日からシールドでギターアンプとつなげば音が出ることです。そして、初心者でもすぐにそれなりの音が出せるように設計してあります。もちろん音質は値段にもよりますが、スピーカーから出てくるときの音が最善になる設計なので、初心者がハウリング対策などの余計なセッティングをする必要がありません。マイクでの集音とは違ってステージで立ち位置を変えることもできますし、かぶりの問題もないので、すぐに音楽スタジオでのバンド練習やライブができます。初心者にとって願ったりかなったりのギターです。

しかし自分が求めるサウンドにこだわりがある方は、こういったメーカーが最善とする音が自分の好みとはかぎらない場合があります。エレアコのデメリットをあえて言うならば、自分が求める音にするために自由なカスタマイズができないことです。

普通のアコギにピックアップを付けてエレアコ化する

普通のアコギをエレアコ化するメリットは、好みのピックアップやプリアンプ（本章第4節で詳述）を選んで自由にカスタマイズできることです。また、憧れのギタリストが使用している機材をまねして音色を作ることも可能です。市販のエレアコにはない唯一無二のオリジナルのアコギになるので、一生の趣味として楽しめます。

しかし好みのピックアップやプリアンプを選択できるということは、それらの特徴がわかっていて、どの機材を選べばどのような音がするかが理解できるということです。また機材の知識だけではなく、ピックアップを取り付ける位置、配線の引き回しなど、多岐にわたる知識が必要です。初心者にはちょっと難しいかもしれませんね。ピックアップの取り付けなど、普通のアコギをエレアコ化するときは専門家にやってもらいます。

最近のアコギ用ピックアップシステムは性能がよく、生音に近いサウンドが得られるようになりました。それでもやはり生音と比較すると違って聞こえるという印象です。どんなに高品質のピックアップシステムも「限りなく生音に近いエレアコ」と考えたほうがいいでしょう。ピックアップを付けたアコギはエレアコであり、ピックアップで拾った音は「エレアコの音」と割り切ったほうがいいです。エレアコの音を毛嫌いする方もいますが、非常にきれいな透明感があるエレアコの音もあります。音作りを勉強して、生音とは違ったエレアコの音を追求してみるのもいいかもしれません。

興味がある方は、自分の理想の音を求めてさまざまな機材を探してみましょう。自身によるギター本体の改造と違って、ピックアップを交換したり、プリアンプを変えてみたりすることは安全で楽しい作業です。

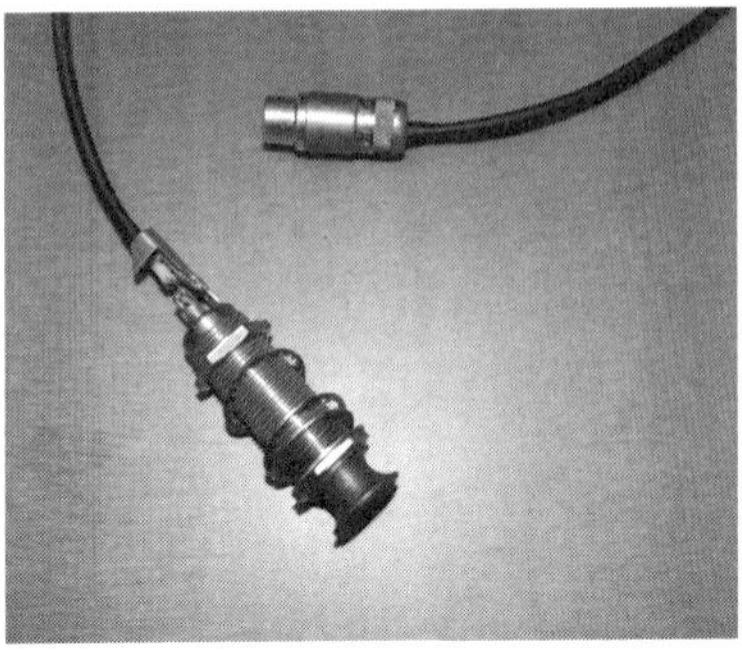

写真6－1　エンドピンジャック

3 ピックアップの種類と特徴

アコギのピックアップには電気信号への変換原理の違いから、ピエゾ式、マグネット式、アコギ用コンデンサマイクがあります。さらにピエゾ式はインブリッジタイプとコンタクトタイプがあります。

ピエゾとは振動を電気信号に変える素子のことです。弦やトップ板の振動を拾って電気信号に変えて増幅します。マグネット式は磁力を利用して弦の振動を電気信号に変えます。

また、ピックアップを取り付ける前に確認することがあります。ピックアップで拾った信号をどこから外に出すかを考えなければなりません。一般的にはエンドピンにジャックを付けることが多いですね。ということでエンドピンに十二ミリの穴が開いているかどうかを確認します。エンドピンは単に差し込んであるだけなので引っ張ると抜けます。しかし、たまに接着されているものもあるので、引っ張っても抜けないときはムリをせず専門家に見てもらってください。

引っ張ってエンドピンが抜けたら、開いている穴の直径を計ります。直径約十二ミリの穴が開いていたら、そのままエンドピンジャックを付けられます。

ギターによって十二ミリより小さい穴しかあいてないときがあります。これではジャックが取り付けられません。そのときは専門家に依頼してジャック用の穴をあけてもらいます。念のため言っておきますが、絶対に自分で十二ミリの穴をあけてはいけません。

それではアコギ用ピックアップの種類を見ていきましょう。

①ピエゾ式インブリッジタイプ

サドルの下にピエゾ式のピックアップを埋め込みます。一般に販売されているほとんどのエレアコには、このインブリッジタイプのピエゾ式ピックアップが使われています。普通のアコギに取り付け

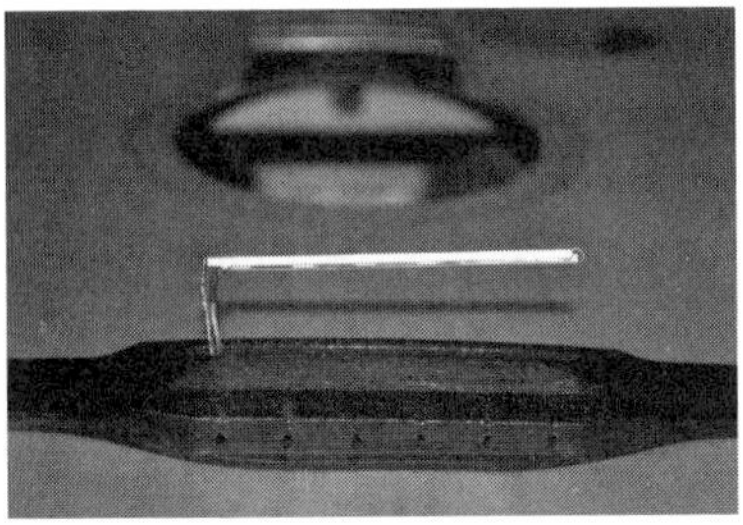

写真6－2　インブリッジタイプ

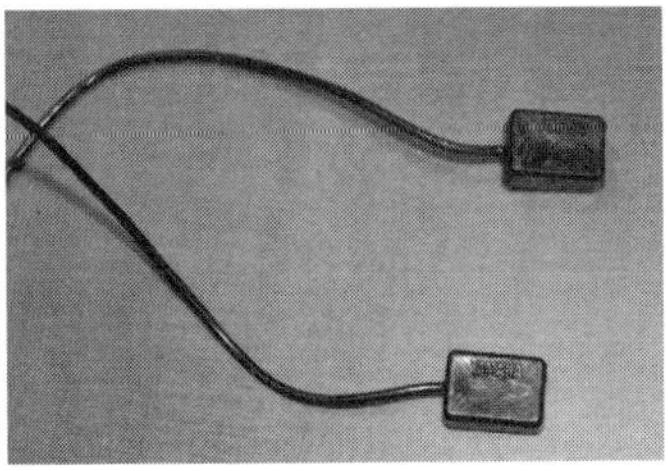

写真6－3　コンタクトタイプ

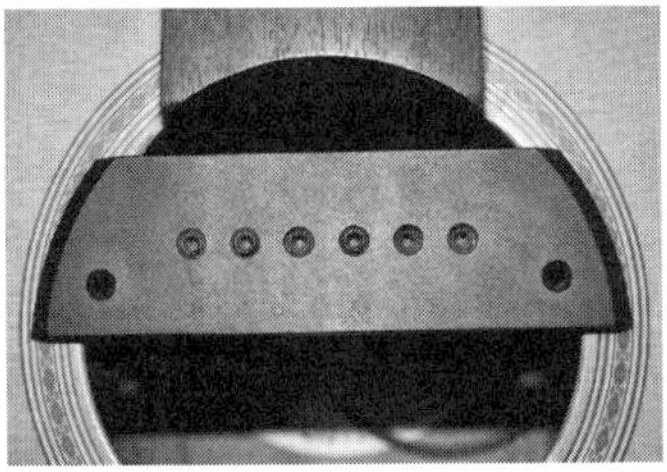

写真6－4　マグネット式ピックアップ

表6−1　ピックアップの特徴

集音方法		メリット	デメリット
マイク集音		セッティングが簡単で手軽な方法 空気感も増幅できるので生音に近い	他楽器や周りの雑音も増幅してしまう ハウリングに弱い
ピックアップ	ピエゾ式インブリッジタイプ	サドルの真下にピックアップを埋め込むので音量が安定している	ブリッジに穴をあける必要がある 取り付けを専門家に依頼するので費用がかかる いわゆる「ピエゾくさい音」になることが多く補正が必要
	ピエゾ式コンタクトタイプ	ブリッジに穴をあける必要はない	貼り付け方によって音のバランスが悪くなる いわゆる「ピエゾくさい音」になることが多く、補正が必要
	マグネット式	ギターの加工は必要なく、取り付けも簡単、太い低音が出る	ボディーヒッティングの音を拾わない ガット弦の音を拾わない エレキっぽい音になる
	コンデンサマイク	生音にいちばん近い音を出せる	ハウリングに弱い

る場合は配線を通す穴が必要です。その場合は専門家に依頼します。

②ピエゾ式コンタクトタイプ

専用の粘着剤でトップ板の裏側に貼り付けて使用します。貼り付け方やその位置によって音が変わります。取扱説明書を読みながら高音から低音までバランスよく音が出るようにします。

③マグネット式

エレキに付いているピックアップはこのマグネット式です。ピエゾと比べて出力が大きいので、パッシブ型（本章第4節で詳述）が多数です。

④アコギ用コンデンサマイク

アコギ用に設計されたコンデンサマイク

をサウンドホールのなかに取り付けます。ピックアップのなかではいちばん生音に近い音がしますが、ハウリングに弱いです。

複数のピックアップをミックスする

「ピエゾとマグネット」などのように別々のピックアップの音をブレンドすると、それぞれのピックアップの長所を生かしたサウンド作りができます。音にこだわる人はこのような方法で音作りをしています。しかし、二種類のピックアップをギターに取り付けてノイズなく音を出すためには電気的な技術が必要ですので、初心者にはお勧めできません。

また、メーカーによってはそういったピックアップやエレアコが出ていますので、好みのものを探すといいでしょう。

4 「プリアンプ」が音を安定させる

プリアンプはギターアンプとは違い、ピックアップで拾った微弱な信号を安定したノイズに強い信号（ラインレベルの信号という）まで増幅し、イコライザーなどで音色を補正するための専用アンプです。エレアコのサイド板にボリュームなどのツマミが付いているのを見たことがあると思います。これがプリアンプです（写真6－5）。写真6－6のような単体機もあります。

写真6－5　エレアコのプリアンプ

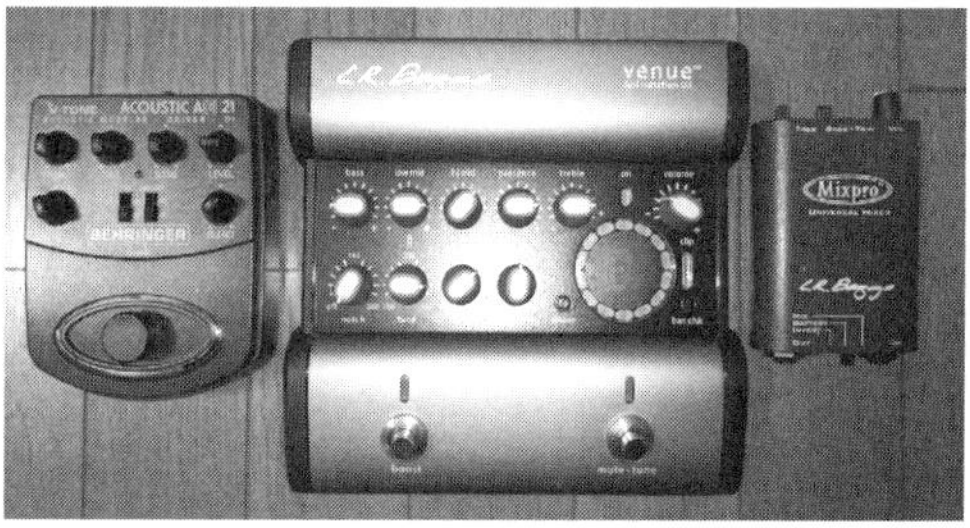

写真6－6　プリアンプの単体機

ピックアップは前節の分類とは別にパッシブ型とアクティブ型に分けられます。プリアンプが付いていないものがパッシブ型、付いているものがアクティブ型です。

パッシブ型ピックアップはプリアンプが付いていないので、拾った音をそのまま送り出します。この信号は出力が小さくノイズに弱いのでプリアンプが必要になります。対してアクティブ型ピックアップで拾った音は、ピックアップに付属するプリアンプで、ノイズに強い安定した信号まで増幅され外部へ送り出されます。初心者で自分のアコギにピックアップの取り付けを考えている人は、ノイズに強いアクティブ型のピックアップを購入してください。

またプリアンプによっては、ピックアップからの信号を安定させること以外にイコライザーやリバーブ（本章第5節で詳述）などのエフェクター回路を搭載しているので音色の補正をすることができますし、ノッチフィルター、マイクシミュレーター、チューナー（このあとの第5節で詳述）……などが付いた高機能なものまで、メーカーによってさまざまなものを販売しています。結局のところ、エレアコやアクティブ型のピックアップを付けたアコギでも単体機のプリアンプを使うことがほとんどです。

このようにピックアップからの信号を安定させ音色の補正ができるプリアンプは、ライブでの音作りでとても重要な要素になっているので、こだわりをもつ人が多いのです。

5 エフェクターと音作り

ここまでは、音作りの土台になるピックアップとプリアンプについて書いてきました。わかりやすくラーメンに例えると、「麺とスープ」の部分です。ここからはさらにおいしくするために「チャーシューと煮玉子」の部分である音作りについて書きます。

音作りにはエフェクターを使いますが、アコギの演奏で使われるものは限られているので、その代表的なものを紹介します。また、前述のように単体機のプリアンプにはこういったエフェクターが付いているものもあります。

残響音を作るリバーブ

リバーブとは残響のことです。リバーブと次に説明するディレイは空間系といわれるエフェクター

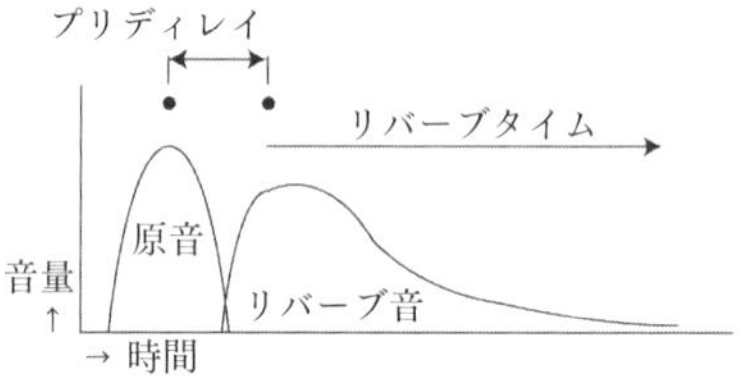

図6－1　リバーブタイムとプリディレイ

で、音の広がりを演出することができます。空間系のエフェクターはカラオケでいうエコーです。カラオケでエコーがないと寂しいように、アコギ演奏でもリバーブがないと寂しく感じます。初心者が最初に購入するエフェクターとしてリバーブを勧めます。

デジタル技術が発達していなかった一昔前は、鉄板で反響させたり、特別な部屋で音を響かせたりして残響音を録音していました。現在は技術が進歩しているので、デジタルでシミュレートされたさまざまな残響音（リバーブタイプ）をスイッチ一つで選び出して使います。

大事なパラメーターは、リバーブタイムとプリディレイです。リバーブタイムは残響音の時間、プリディレイは原音からリバーブがかかり始めるまでの時間です（図6－1）。

音作りのポイントはあまり強くかけないことです。「ちょっと薄いかな」くらいがちょうどいいのです。強くかけすぎると、風呂場でギターを弾いているような「モワ～ン」とした感じになるので気をつけてください。

反響音を作るディレイ

ディレイは音を遅らせるエフェクターです。山に向かって「ヤッホー」と叫べば数秒後に「ヤッホー」と返ってきますね。その反響音を作るエフェクターです。

大事なパラメーターは二つで、ディレイタイムとフィードバックです。ディレイタイムは何ｍｓ遅らせるか、フィードバックは何回繰り返すかを決めるパラメーターです（図６－２）。

ディレイタイムは曲のテンポに応じて決めることがほとんどで、ディレイタイムとテンポが合っていないとリズムが不自然になり、カッコ悪くなるので注意が必要です。

ディレイタイムとテンポの関係は次のようになります。

四分音符のディレイタイム（ｍｓ）＝六万（ｍｓ）÷テンポ（ＢＰＭ）

ｍｓはミリセカンド、つまり一秒の千分の一です。したがって、千ミリセカンド＝一秒となり、六万ミリセカンド＝六十秒＝一分となります。ＢＰＭ（ビーピーエム）はBeats Per Minute（ビートパーミニット）で、一分間あたりの四分音符の数です。ですので、八分音符のディレイタイムは、四分音符のディレイタイム÷二となり、付点八分音符のディレイタイムは（四分音符のディレイタイム÷四＝十六分音符）×三となります。

また機種によってタップテンポという便利な機能があります。タップテンポとは、テンポに合わせてスイッチを数回押すとそのテンポに応じたディレイタイムを設定してくれるものです。

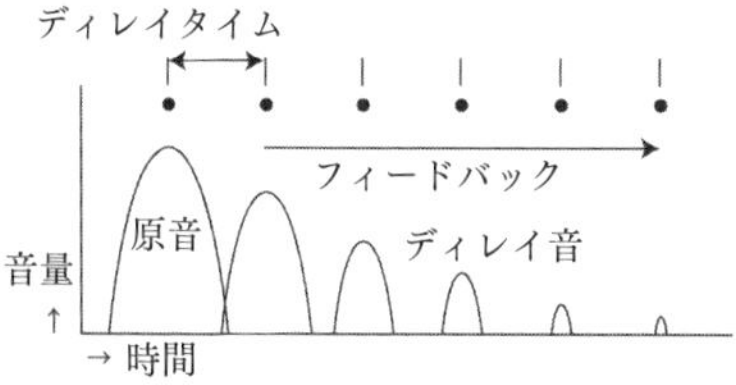

4分音符のディレイタイム（ms）
＝
60,000（ms）÷テンポ（BPM）

図6－2　ディレイタイムとフィードバック

ピッチを揺らすコーラス

アコギの音作りには、ジャンルや曲によっては、コーラスというモジュレーション系のエフェクターを使う方もいます。コーラスは原音にピッチを揺らした音を加えるエフェクターで、音に厚みを加えることができます。ピッチを揺らした音というのは簡単に言うとビブラートです。その音を数十ｍｓ遅らせて原音と混ぜます。そうすると、例えばソロボーカルがコーラス隊のように聞こえます。アコギでも同様に広がりがあるサウンドを作ることができます。

大事なパラメーターは二つで、デプス（Depth）とフリケンシー（Frequency）です。フリケンシーはレート（Rate）やスピード（Speed）とも言います。デプスは揺れの深さ（大きさ）、フリケンシーは揺れの周期（速さ）を決めるパラメーターです。

トーンをコントロールするイコライザー

イコライザーとは、特定の周波数の音量を増幅（ブースト）させたり減衰（カット）させたりするフィルター系のエフェクターで、トーンコントロールと呼ばれることもあります。セッティングとしては、高い音から低い音までバランスよく音が出るようにします。

プリアンプによってはイコライザー以外に、ノッチフィルターと呼ばれるハウリング防止を目的としたフィルターが付いていることがあります。フィルターとは特定の周波数だけカットさせる装置や回路のことです。ハウリングはピックアップ（マイク）がスピーカーからの音を拾って共振する現象ですが、そのなかでも特定の周波数の共振が問題になります。その問題の周波数をカットしてやることでハウリングを回避しようというものです。ノッチフィルターのツマミを回して共振している周波数を探し当ててカットすることでハウリングを防ぐことができます。また、機材によっては、スイッチを押すだけでハウリングの原因となっている周波数を自動で検知してカットしてくれるものもあります。

ライブハウスなどではＰＡ（音響のプロ）がいますのでハウリングが起きても解決できることが多いのですが、練習スタジオに入ってアコギ数台またはバンド編成で練習していると、ハウリングで悩まされることがあります。初心者にとってはどうしていいかわからず、ストレスになるものです。ノッチフィルターがない場合などはアコギとボーカルの八十ヘルツ以下を思い切ってカットしてみてください。これだけで解決することがあります。

音を圧縮するコンプレッサーとリミッター

コンプレッサーとリミッターは音を「圧縮」するダイナミクス系のエフェクターで、大きい音と小さい音の差を少なくします。ストローク時の音の粒をそろえたり、タッピングやボディーヒッティング時の過大入力を抑えたりする目的で使います。アコギではそんなに使われるエフェクターではありませんが、アコギ用のプリアンプに搭載されていることもあるので紹介しました。

エフェクターをつなげる順番

これまでリバーブ、ディレイ、コーラス、イコライザー、コンプレッサー、リミッターとみてきました。これらをつなぐ順番が決まっているわけではありませんが、よくあるつなぎ方は、ダイナミクス系（コンプレッサー、リミッター）→イコライザー→モジュレーション系（コーラス）→空間系（リバーブ、ディレイ）です。つなぎ方で音色が変わるので、好みの音作りをするといいでしょう。注意点としては、エフェクターをかけたときの音量が原音となるべく同じになるようにすることです。

6 ライブでのセッティング

PAにダイレクトに信号を送る

ライブではギターアンプを使う方法とPAに直接信号を送る方法があります。PAとは Public Address の略で、端的に言えば音響設備を扱う技術者や装置のことです。

エレアコや普通のアコギに取り付けたピックアップからの信号はギターアンプに接続すれば大きな音にできますが、ライブハウスなどでPAがいる場合はアンプを使わずに、直接PAに信号を送るのが一般的です。作り込んだ音をギターアンプで大音量にするより、ダイレクトにPAに送ったほうが音質的に有利だからです。その際はDI（ダイレクトインジェクションボックスの略、ディーアイと読む）と呼ばれるPAに効率よく信号を送るための機器を使います。PAに「直接PAに送りたいので、DIを貸してください」と言えば解決します。

ギターアンプのうまい使い方

ギターアンプは、ストリートライブや小規模の会場でPA不在のときに使われることが多いです。

楽器用のアンプもさまざまで、アコギであればアコギ用ギターアンプを使うことをお勧めします。メーカーによってはエレアコ用ギターアンプといいますが、アコギ用ギターアンプとエレアコ用ギターアンプは同じものと思って問題ありません。エレキ用ギターアンプはエレキギターの周波数帯域に合うように設計されているため、アコギのよさを百パーセント発揮できません。

アンプを使うときの注意事項としては、プラグを抜き差しするときと電源をオン／オフするときは必ずすべてのボリュームを落としてからすることです。ボリュームを上げたままだと、スピーカーが壊れます。

・接続するときは、ギターとシールドを先に接続→次にシールドとアンプを接続→アンプの電源を入れてからボリュームを上げる

・抜くときは、すべてのボリュームを下げてからアンプの電源を切る→アンプからシールドを抜く→ギターからシールドを抜く

となります（図6－3）。

アンプを使わずにPAに直接信号を送る場合も同様で、プラグの抜き差しをするときはPAに合図を送って確認をとってからおこなうようにしてください。

初心者は「そんな簡単に壊れないだろう」と思いがちですが、これが原因でアンプを破損させることがよくあります。ライブ会場のアンプや機材を破損すると弁償ものですので、気をつけてください。

また、エレアコに付いているプリアンプはギターにプラグを接続すると電源が入る仕組みになっているものが多いので、弾かないときはプラグを抜いておくと電池の消耗を防ぐことができます。

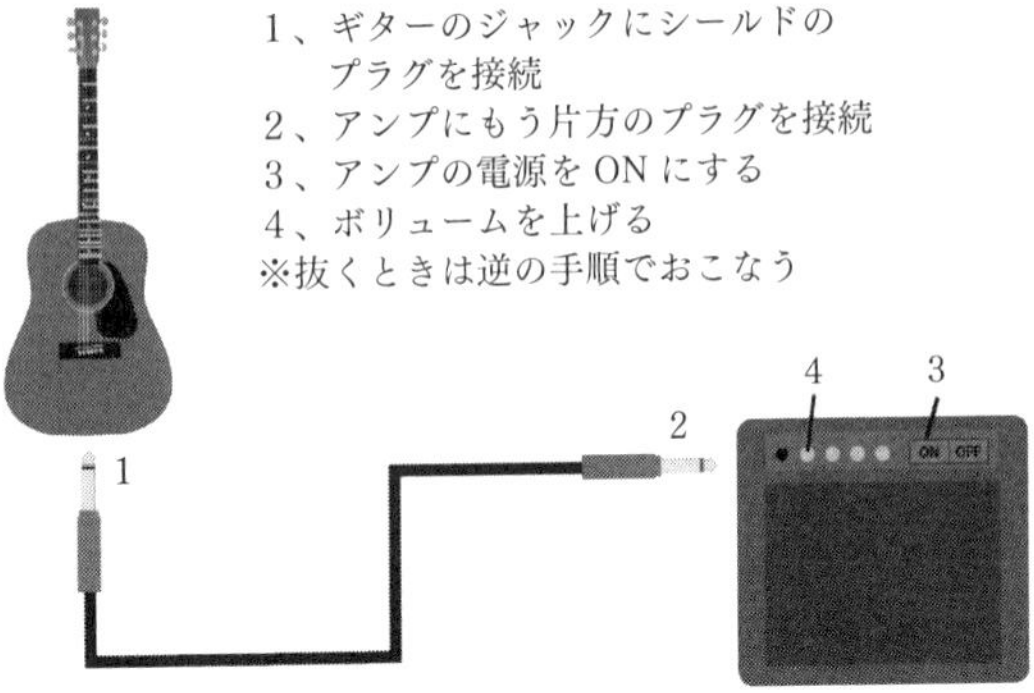
1、ギターのジャックにシールドのプラグを接続
2、アンプにもう片方のプラグを接続
3、アンプの電源を ON にする
4、ボリュームを上げる
※抜くときは逆の手順でおこなう
1
2
4
3
ON
OFF

図6－3　ギターアンプの扱い方

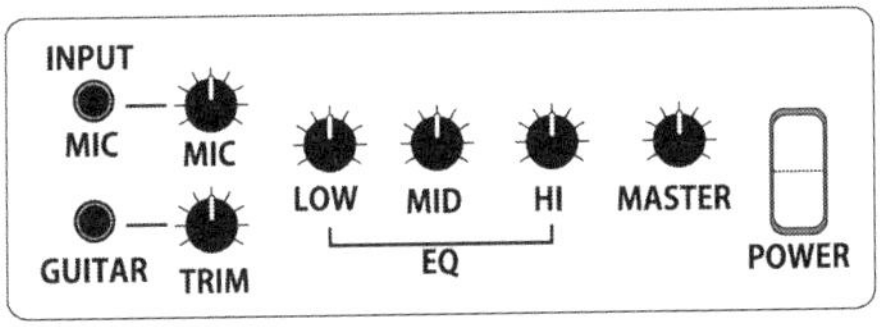
INPUT
MIC
MIC
GUITAR
TRIM
LOW
MID
HI
EQ
MASTER
POWER

図6－4　アンプのパネル部

アコギ用ギターアンプには屋外のライブにも対応した電池駆動式のものや、ボーカル用マイクなど他楽器の信号も増幅できるような高機能なものもあります。複数の入力に対応している機種にはそれぞれの入力ジャックがあるので、ギター用の入力ジャックに接続します（図6－4）。

複数の入力に対応したアンプは、エレアコからの信号などはライン入力ジャックに接続できるので、二台のアコギを一台のアンプで鳴らすこともできますし、本章第3節の「複数のピックアップをミックスする」のように二つのピックアップをミックスして多種多様な音作りをすることもできます。

また、二ボリュームタイプと呼ばれるギターアンプには、マスターボリュームのほかにゲイン（トリムと呼ぶこともある）という入力レベルを調整するツマミがあります。「アンプに二つもボリュームツマミがあって、どうセッティングしたらいいのかわからない」「エレアコのプリアンプにもボリュ

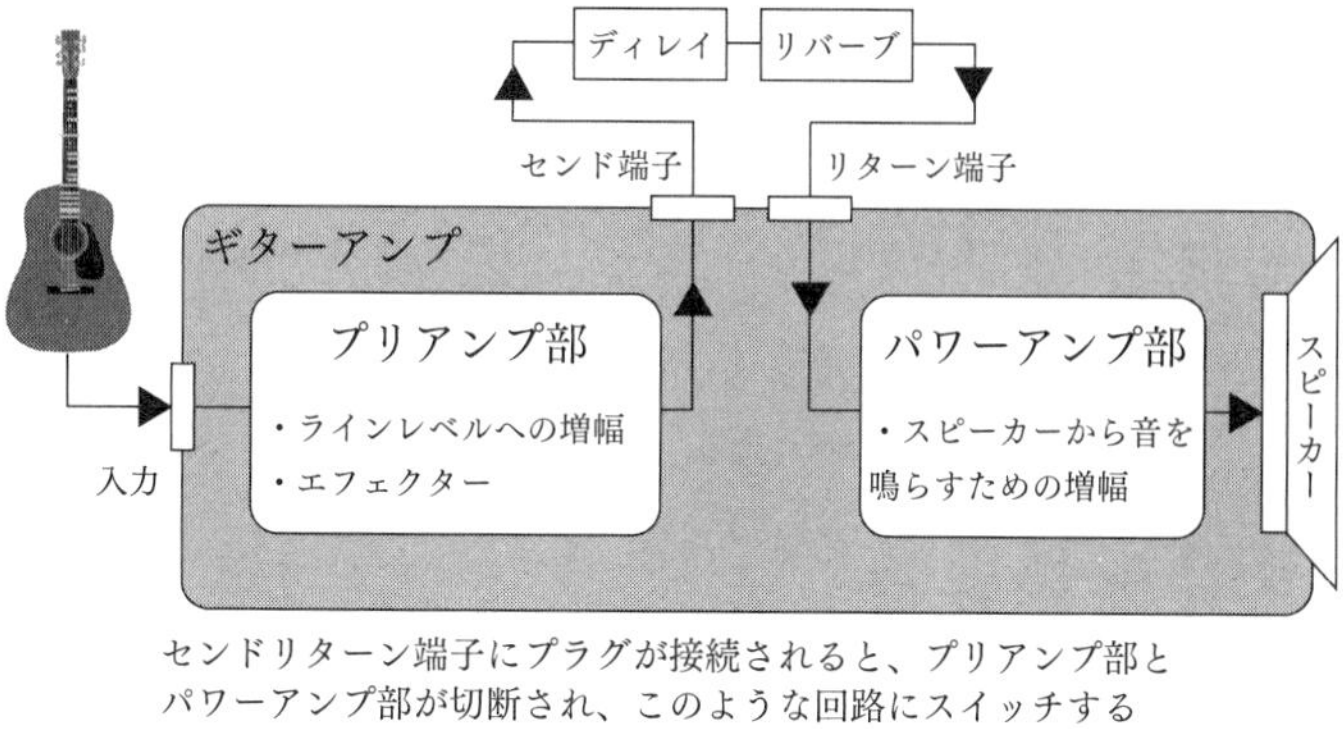

図6－5　センドリターン

ームやイコライザーが付いているし、どうすればいいの？どうしてこんなにツマミがあるの？」という方がいます。ギターアンプを使うときはプリアンプのボリュームは七、八くらいのなるべく大きい設定にし、イコライザーはフラットにします。そしてギターアンプ側で音量やイコライザーの設定をします。二ボリュームタイプのアンプの場合はゲインで歪まない程度の設定にし、マスターボリュームで最終的な音量を決めます。このようにギターアンプを使うときは、ギターアンプ側で基本的な音量と音質の設定をし、プリアンプ側で微調整するという使い方をします。また、ギターアンプを使わずにPAに直接送る場合は、プリアンプのボリュームとイコライザーで調整することになります。

また空間系のエフェクターは、アンプのセンドリターン端子につなぐとかかりがよくなります。センドリターンの回路は図6－5のようになっていて、センドリターン端子を介してプリアンプとパワーアンプの間にさまざまなエフェクターをつなげられるようになっています。

またセンドリターン端子は、Yケーブル（インサートケーブル、インサーションケーブル）で接続する機材もあります。Yケーブルはアコギ用プリアンプでも使われることがあるので、一本もっておくといいかもしれません。

余談になりますが、ここでギターアンプの構造を見てみましょう。

図6－5のとおり、ギターアンプはプリアンプ部とパワーアンプ部に分かれています。センドリターン端子に接続がないときはプリアンプとパワーアンプがつながっていますが、センドリターン端子にプラグが接続されると図6－5のような回路に切り替わります。プリアンプはこれまで説明してきたプリアンプのことで、ラインレベル（安定したノイズに強い信号）への増幅と音色の補正が主な役割です。イコライザーやリバーブなどのエフェクター回路もプリアンプ部に含まれます。パワーアンプはスピーカーから大きな音を出すためのアンプです。イメージとしてはプリアンプで音を作り、パワーアンプでスピーカーを鳴らすといった感じでしょうか。音色を決めるのはプリアンプなので、「よいプリアンプ」を選ぶことは「よいアコギ」を選ぶのとほぼ同じであり、ピックアップの選択と同様に慎重になるべきです。一般のオーディオアンプも含め、多くのアンプはこのような構造になっています。

7 ライブ前日の確認事項

ライブ前日は「さあ、明日はライブだ！」と気合が入るときでもあり、「失敗したらどうしよう」と緊張するときでもあります。せっかくのライブなので、念には念を入れて前日までにしっかりと準備をしたいものです。ライブに不慣れな人は演奏のことばかりが気になりますが、それ以外にも注意したいことがありますのでまとめました。

弦を張り替える

ライブでは新品の弦を使ってください。絶対に新品でないとダメというわけではありませんが、新品の弦は音のヌケがいいので、基本的には新品の弦を使います。ただし、新品の弦はチューニングが狂いやすいので、弦をよく伸ばし、第3章第3節「チューニングしよう」を参考に何度も確認してください。ステージに立ってからも演奏の直前にチューニングを確認するくらいが間違いないです。実際そうしているプロの演奏家もいます。

また弦が切れたときのために予備の弦、ワインダー、ニッパーなども用意したほうがいいでしょう。

エフェクター類の電池はすべて新品にし、予備も用意する

エフェクターやプリアンプの電池は必ず新品に交換してください。ライブ本番に電池切れを起こすと、そこからの演奏はできなくなります。また予備の電池も必ず用意してください。ライブ会場にもよりますが、会場のスタッフやほかの共演者など多くの人が出入りするなか、自分の機材を素早くセッティングする必要があります。そのため練習のときなら電源を切るところを何時間も入れておかな

ければならなかったり、逆に切り忘れたりとイレギュラーなことが常に起こります。私はそういったことを回避するために、ライブではAC電源を使うようにしています。

また、エフェクター類でプリセットを呼び出す必要がある場合は、すぐに呼び出せるように操作方法などを確認しておいたほうがいいでしょう。

爪のケア

爪の長さや手入れについては前に話したとおりですが、ライブ前日までに仕上げておくことが大切です。爪はトラブルが多いので、爪切りやヤスリなども忘れずに用意したいですね。

一覧表を作る

カポタスト、ピック、チューナー、シールド、楽譜、ストラップ、足台など、ライブに必要なものは一覧表にしておきましょう。これらは演奏に必要なものなので、ライブに不慣れな初心者でも忘れることなく持っていきます。しかし、なぜか会場に忘れてくることが多いのです。シールドを五本持っていったはずが帰ってくると四本しかない、ピックが少ない、といったことがよくあります。メモ程度でもいいので、一覧表があると忘れ物や紛失が防げます。また、ライブ会場では同じような機材やギターアクセサリーがたくさんあるので、自分のものと他人のものの区別がつきにくくなります。自分のものに目印をつけるなど、何らかの工夫をしましょう。

タオルと着替え

細かいことですが、数枚のタオルと着替えを用意したほうがいい場合があります。私の体験談を話すと、忘年会を兼ねたクリスマスライブをやったときのことです。ライブハウスでおこなったのですが、ステージ衣装としてバンドメンバー全員がサンタの衣装を着て演奏しました。サンタの帽子に付けヒゲ、真っ白なタートルネックに赤い上着、長ぐつと完全に冬の恰好で三十分ほど演奏をしました。終わったあとは、照明の熱と会場の熱気にヤラれて汗だくでした。夏はもちろん、冬だからといって侮ってはいけません。この経験をしてから、私はタオルと着替えを必ず用意しています。

告知と動員と予行演習

忘年会など仲間内でのライブではあまり必要ありませんが、それ以外で友人、知人、他人に自分の演奏を聞きに来てもらうには宣伝も大事です。前もって計画的にやりたいところです。

それと、予行演習は絶対に、そして本番さながらにやります。機材のセッティング、MCトークの組み立て、曲順の決定、時間の配分……と確認することはたくさんあります。お客を楽しませるためのスマートなステージングを目指したいところです。

8 ライブであがらない方法

大変申し訳ないのですが、正直に言うと、「ライブであがらない方法」はないと思っています。言い換えると、個人差があるにせよ、人は「あがる」し「緊張する」のです。普通に話せないほどあがる人もいれば、楽屋では緊張していてもステージに立った瞬間に解放されてハジケてしまう人もいます。何が違うのでしょうか。そもそも、「あがる」「緊張する」とはどういうことでしょうか。

「あがる」「緊張する」原因として考えられるのは「間違えたら恥ずかしい」「うまくできなかったらカッコ悪い」と思うからです。それならば普段から間違えないように練習するしかないのですが、人はどんなに練習しても間違えるときは間違えます。演奏中に予期しない出来事が起こってパニックになることもあります。あがらないためのポイントは、そうなったときの対処方法をもっているかどうかです。対処さえできれば「間違えても何とかなる」と思えるし、ライブを楽しむこともできるでしょう。それでは、演奏を間違えたとき、ハプニングや想定外の出来事が起こったときにどうすればいいかを考えてみましょう。

自分一人の弾き語りの場面で、間違えて演奏が止まってしまった……これはどうすることもできません。「なんちゃって〜、最初からもう一回やりま〜す」のパターンです。私はこの経験が何回かありますが、ブーイングどころかウケることが多いです。「しっかりやれ〜」「がんばって〜」というお客の反応があって会場が盛り上がります。恥ずかしい気持ちになりますが、私にとっておいしいパターンです。しかしこのパターンは万能ではありません。曲の最初のほうで止まったときには有効ですが、終わりのほうで止まってしまったときは「もう一回最初から」というわけにもいきません。そのときは強引に演奏を続けたほうがいいかもしれません。いずれにせよ、「間違えたものは仕方がない」という割り切りと気の持ちようが「あがる」「緊張する」可能性を小さくすることはまちがいありません。

二人以上での演奏の場合は話が違ってきます。二人以上ということは自分以外にも音を出している人間がいるということです。自分が間違ったり止まったりしても、自分以外のパートが正確に演奏されていれば曲はそれなりに聞こえます。多少音が薄くなりカッコ悪いかもしれませんが、恥ずかしい思いをするというほどのことではないし、お客が間違いに気づかないこともあるでしょう。逆に、「しまった、間違えた」と顔に出さないことが大事です。

次に想定外の出来事やハプニングについてですが、ライブに慣れていない初心者にとってはいろいろありますね。

ギターを構えたら音が出ない…これはビビります。冷静に考えると原因がわかるのですが、本番のステージ上で音が出なくなると頭の中が真っ白になってパニックに陥ります。ですが、冷静に対応してください。

演奏中に客席で携帯電話が鳴る…これは集中力が途切れて演奏に影響を受けます。もちろんお客のマナー違反ですが、鳴ってしまったものは仕方がありません。そんなときは「もしも〜し」などと言うとこれまたウケます。

似たようなことはほかにもあります。会場や照明にもよりますが、客席はステージから意外とよく見えます。ライブハウスなどでは演奏中でも食事やドリンクを運ぶ人がいますし、公園のような会場では自転車に乗ったおじいさんが目の前を横切ることもあります。私の場合、このようなささいなことでも集中力が途切れるので、「見ないようにする」「目を閉じて演奏する」「楽譜に集中する」ことを意識するようにしています。

演奏中に弦が切れる：私は経験したことはありません。プロの世界であれば二台目のギターを使うと思いますが、趣味のレベルでギターが一本しかない場合にはそうもいきません。ステージ上で弦を張り替えるか、ストロークであればそのまま弾き続けるか、その場で判断することになります。

このように考えると、あがらないためのへたなテクニックを探すよりも、慣れてしまったほうが得策なことに気づきます。「あがる」を克服する最大のノウハウは「場数を踏む」です。「習うより慣れよ」です。職場に初出勤する日は「緊張」しますが、慣れてくると当たり前のように出勤するのと同じで、ライブに慣れてしまうと二日酔いだろうが寝不足だろうが、それなりにステージに立てるようになります。

ここからは本番当日のリハーサルについて考えます。イベント主催者は円滑にイベントやライブを進行させるためリハーサルをします。また、対バン形式（複数のバンドが順番に出演し、一つのライブをおこなう形式）の場合、「逆リハ」でリハーサルをすることが多いです。「逆リハ」とは出演順とは逆の順番でリハーサルをすることです。

この当日のリハーサルも予期せぬ出来事を少なくするためにきわめて大事です。ここで確認を怠ると、モニター音が聞こえない、楽譜が見にくいなどといったことが生じ、それがストレスになり、いい演奏ができません。確認事項として次のことが考えられます。

自分の立ち位置：基本的な立ち位置はもちろん、ステージ上で左右前後のどこまで動けるのかを確認します。またギターを持ち替える必要がある場合の段取りなども確認します。

楽譜を立てる位置：譜面台を使う場合、照明の位置で見やすい場所とそうでない場所があります。

機材のセッティング：自分が最高のパフォーマンスをおこなえるようにセッティングします。屋外の場合は天候の影響もあります。ギターや機材は雨や直射日光にさらさないように気をつけてください。

モニター音の確認：自分の音が聞こえないのは致命的です。もし聞こえない場合はＰＡに言ってください。ここで遠慮して妥協すると、本番で痛い目にあいます。必要であればＰＡと事前に打ち合わせしておくといいでしょう。

ハウリング：ハウリングがある場合はＰＡが解決してくれるはずですが、ノッチフィルター（本章第5節第4項で詳述）などで対応することも検討します。

その他：基本的に客席への音量バランスなどは、ＰＡに任せることになります。彼らはプロですからまちがいないと思います。また「この照明は自分が思うような演出ができているか」などということも本来やるべきなのかもしれませんが、ここはあえて初心者の自分があがらないため、パニックにならないためのことを最優先にするのがベストです。

当日のリハーサルを完璧にすれば、本番の演奏時にストレスを感じることなく、いい演奏ができるでしょう。初心者にありがちな間違いとしては、当日のリハーサルでギターの練習をしてしまうことです。リハーサルとは予行演習のことで、練習する場ではありません。演習と練習は違います。うまく弾くための練習はライブ前にやるべきです。気をつけてください。

ここまでライブであがらないための方法を見てきました。これまでのことは、私の経験から学んだ個人的な意見なので正解ではありませんし、私にしか通用しない話なのかもしれません。あくまでも参考程度に考えてください。ただ、「あがる」「緊張する」ことをなくす絶対的な正解は「死ぬほど練習する」ことなので、お間違えないように(笑)。

第7章 知っておきたいコード理論——理解すると楽しさ百倍

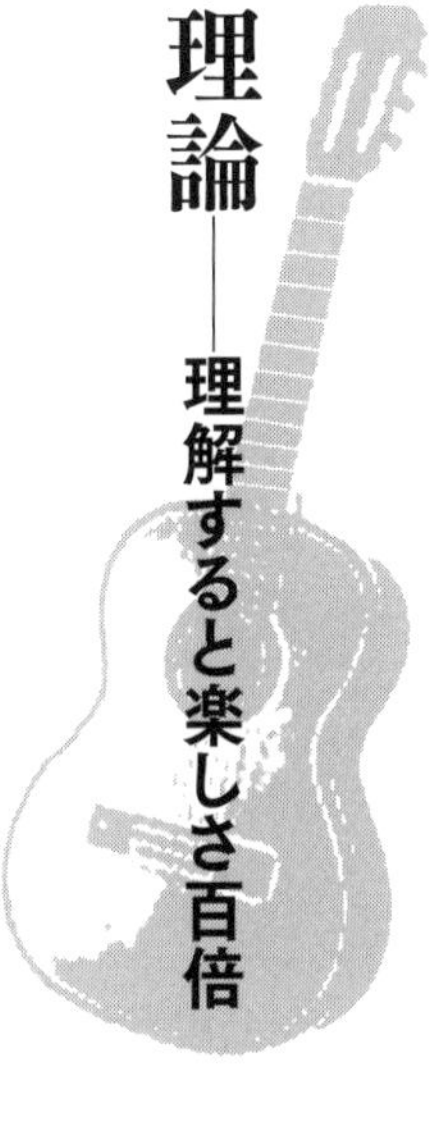

ギターを弾き始めたころ、コードを丸覚えしました。とりあえず音が出ればよかったし、それで十分楽しかったのです。しかし少し慣れてくると物足りなさを感じるようになりました。

あるとき友人とギターを弾いていると、「そこ、9thの音を入れたほうがいいんじゃない？」などと言われ、あたふたしたことを覚えています。「9thってナニ？」「コードブックはどこいったっけ？」とやっているうちに、もっと勉強したほうがいいなと思ったものでした。

コード理論は初心者にとって非常に複雑で、理解しづらいものです。「勉強しようと思っていちばんやさしい本を買ってきた。それでも専門用語が多すぎて本に書いてあることが理解できない」という人や「何十年も趣味でギターを弾いているのに、アレンジやコードの話になるとチンプンカンプン！」といった人も私の周りに結構います。それでも音楽理論の必要性を感じている人は多いはずです。そして、すべての音楽理論をマスターするにはそれなりの専門書、あるいは学校などで勉強する必要があります。

しかし、すべての理論を覚えなくてもカッコいい音楽はできるものです。いまよりも少しコード理論を覚えて、カッコいい音楽を目指しませんか？　現状を打破して新しい知識を習得することで、みなさんの音楽がもっとカッコよく楽しいものになったら大変すばらしいことだと思います。

コード理論を勉強すると、

・コードに関する演奏上の要望や注意点について、他人に的確な指示が出せたり、意思疎通ができたりする
・もっとカッコいいフレーズやコードを付けられるようになる
・耳コピーの最大の武器になる
・作曲や編曲ができるようになる

ことなどが得られます。本当に楽しさ百倍です。

本書では、初心者のために「コード理論の基本的な部分」だけをわかりやすく説明します。それ以上のことはほかの専門書に委ねます。

「複雑なクラシックの音楽理論」より「趣味のギターの音楽理論」を目指します。

「楽典的な正確さ」より「感覚的なわかりやすさ」を目指します。

五線譜と鍵盤は使わず、ＴＡＢ譜とフレットボードで説明します。

それでもやはり五線譜は必要なので、余裕があれば勉強することをお勧めします。

以下に書いてあることが理解できれば、友人との会話や買ってきた専門書で「何のことだかチンプンカンプン」といったことはなくなるでしょう。

譜7−1　メジャースケール　KeyC

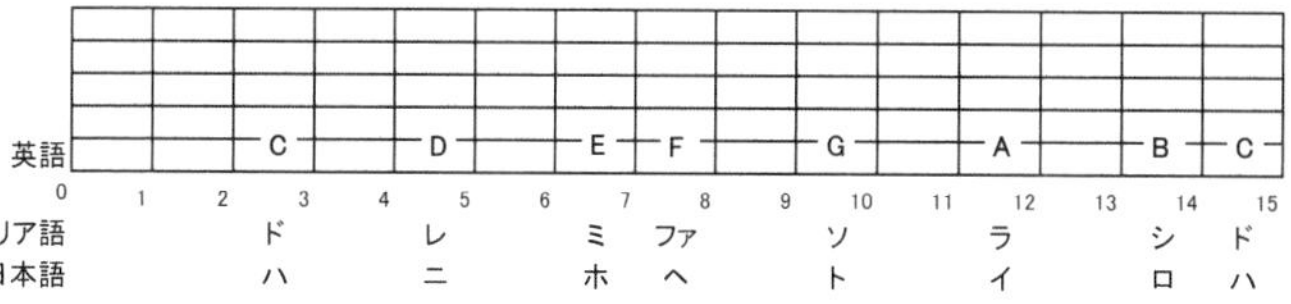

図7−1　音名

1 コードの仕組み

音に名前をつけよう

ホントに基本の基本から話します。

譜7－1をギターで弾いてみてください。ドレミファソラシドに聞こえましたか？　説明のために五弦だけを使っています。人に名前があるように音にも名前があります。このドレミファソラシドのことを音の名前で「音名」といいます。

実はこの音名ドレミファソラシドはイタリア語で、英語ではCDEFGABC、日本語ではハニホヘトイロハです（図7－1）。

音楽理論に用いる言葉は、人によってあるいは本によって違っているのが現状で、特に英語と日本語が混在しています。例えば、メロディー＝旋律　キーがC＝ハ長調　3rd（サード）＝長三度、といった具合です。

これが初心者にとって理論をわかりにくくしている原因のひ

とつだと思っています。音楽理論は難しいものではありません。ややこしいだけです。仕方がないので覚えましょう。名前ですから。ここから先もたくさんの用語が出てきますが、万国共通語の英語と母国語の日本語は必須です。

本書では混乱を避けるために、音名は英語CDEFGABCで表記を統一します。この先に出てくるドレミ……は音名ではありませんので、注意してください。

ここで気づくのは「ミとファ」「シとド」だけが半音＝一フレットずれていて、それ以外は全音＝二フレットずつずれていることです。ギター一フレットは半音です。二フレットは半音＋半音＝全音です。

図7－1の「ドレミ……」は順に「全音　全音　半音　全音　全音　全音　半音」の距離で並んでいることがわかります。このように「音がどんな間隔で並んでいるか」を表したものを「音階＝スケール」と言います。このような音の並び方は「長音階（メジャースケール）」と言われます。

それでは譜7－2はどうでしょうか。弾いてみましょう。やっぱりドレミファソラシドに聞こえましたか？　でも、譜7－1のドレミファソラシドと、ちょっと違いますよね？　何が違うかというとキーが違います。譜7－2は譜7－1より「キーが半音高い」のです。

みなさん、ここで一つ気づいてください。大事なことです。譜7－1のドレミファソラシド、譜7－2のドレミファソラシドは弾いているポジションが違うのに、どちらもドレミファソラシドに聞こえます。その理由は、同じ音階（スケール）だからです（図7－2）。

譜7－2　メジャースケール　KeyC#

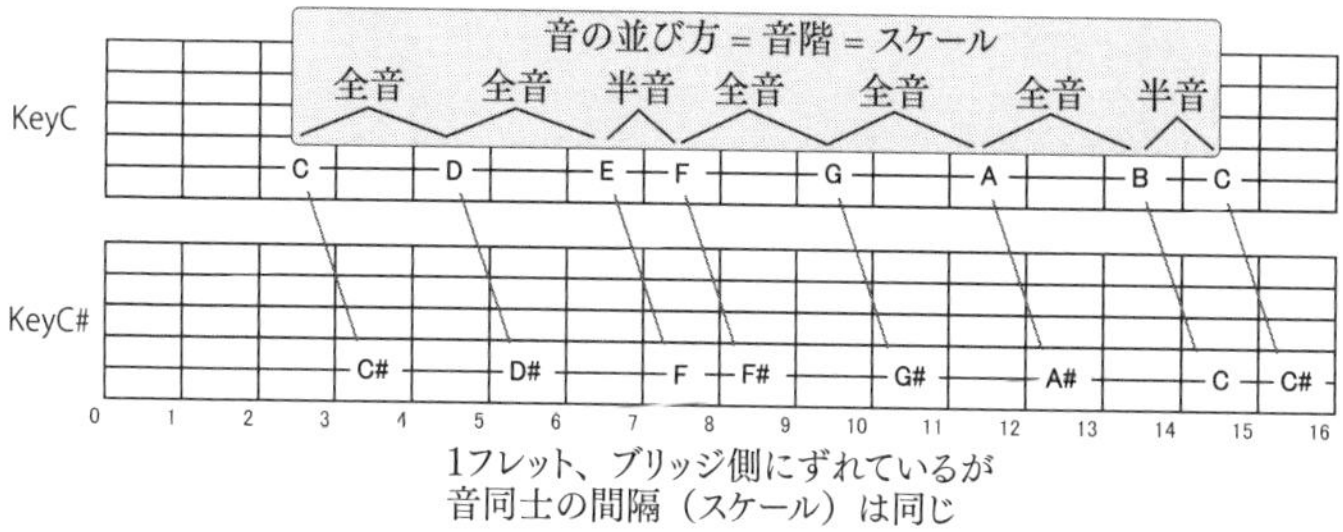

図7－2　スケールは同じ

これは左手のフォームは同じで、フレットを移動させるだけでキーが変わることを意味しています。これを「移調」と言います（転調ではありません。転調と移調は違うので、気をつけてください）。このことはギターを弾くうえでとても大事です。

譜7－2で実際に弾いた音は、「音名で、C＃ D＃ E＃＝F F＃ G＃ A＃ B＃＝C C＃」ですので、他人に譜7－2を弾いてほしいとき、正確を期して「音名で、C＃ D＃ E＃＝F F＃ G＃ A＃ B＃＝C C＃ を弾いてみて」と言わなければなりません。

この言い方は、言うほうも聞くほうもわかりにくく、面倒ですね。もっとわかりやすく簡単に他人に指示できる方法はないでしょうか？

そこで、譜7－1も譜7－2もドレミファソラシドに聞こえるわけですから、そのことを利用します。具体的には、音階のそれぞれの音に新しい名前をつけます。その名前は〝階名ドレミファソラシド〟です

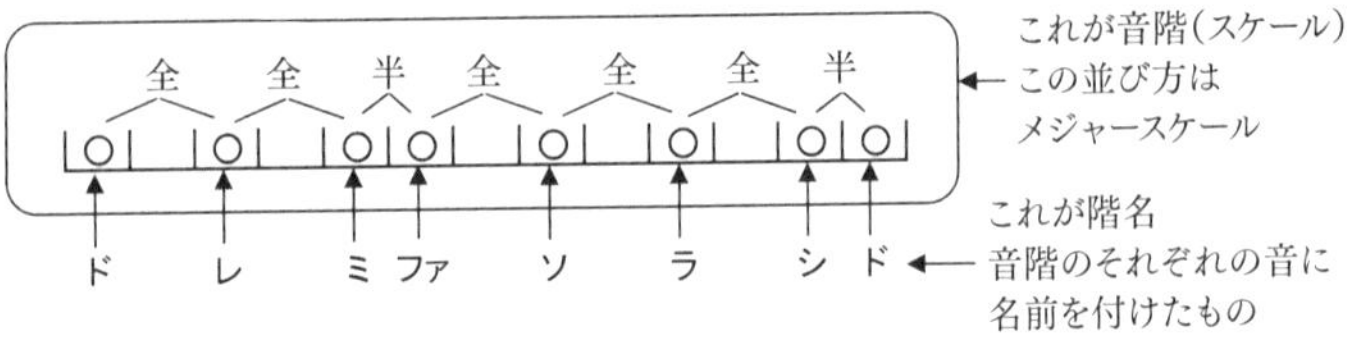

図7−3　音階と階名（メジャースケール）

（図7－3）。

「階名」は「音名」と区別するために「ドレミファソラシド」を使います。「音名」は「CDEFGABC」です。

大事なことであり、ややこしいところなので、もう一度書きます。「音名」は「音そのものの名前」で「C　D　E　F　G　A　B　C」、「階名」は「音階の音の名前」で「ド　レ　ミ　ファ　ソ　ラ　シ　ド」です。

階名ドレミファソラシドは、一度意味を覚えるととてもわかりやすく便利です。私はこの〝階名ドレミファソラシド〟をみなさんに強く勧めたいのです。特にギターを楽しむのであれば絶対に必要な知識です。

それでは階名ドレミファソラシドについて詳しく見ていきましょう。

「移動ド」は、とっても便利！

階名ドレミファソラシドは別名「移動ド」と呼ばれます。階名ドレミファソラシドの最大の特徴は「階名は移動する」ことです。例えるなら〝定規〟のようなものです。五弦だけを考えたフレットボードで説明します。ここでのフレットボードのCDE……は音名ですよ（図7－4）。

そして図7－5が階名ドレミファソラシドを記入した定規です。階名定規と名付けましょう。

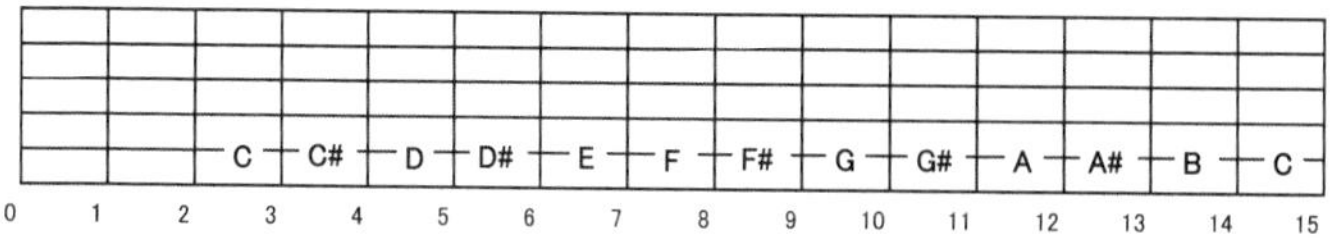

図7－4　5弦の音の並び

ド		レ		ミ	ファ		ソ		ラ		シ	ド

図7－5　階名定規

C	C#	D	D#	E	F	F#	G	G#	A	A#	B	C	C#	D	D#	E	F
ド		レ		ミ	ファ		ソ		ラ		シ	ド					

図7－6　階名定規のドとCを合わせる

C	C#	D	D#	E	F	F#	G	G#	A	A#	B	C	C#	D	D#	E	F
	ド		レ		ミ	ファ		ソ		ラ		シ	ド				

図7－7　階名定規のドとC# を合わせる

この階名定規のドとフレットボードのCが合うように重ねます（図7－6）。この状態を「キーがC」＝「ハ長調」と言います。本節の「音に名前をつけよう」の譜7－1と同じです。

メジャーキーでは「階名ドの位置にある音名＝キー」となります。「この曲のキーは？」と聞かれたら「階名ドの位置にある音名」を言えばいいのです。

それでは階名定規を一フレット、ブリッジ側に移動させてみましょう（図7－7）。本節の「音に名前をつけよう」の譜7－2の状態です。

「階名ドの位置にある音名＝キー」ですので、この場合のキーはC＃になります（正確にはD♭と言うのでしょうけど、わかりやすさを優先します）。そして「C＃のキーで階名ドレミファソラシド」は、音名で「C＃　D＃　E＃＝F　F＃　G＃　A＃　B＃＝C　C＃」だとわかります。

この「階名ドレミファソラシド」は自由に移動させることができますが、使うときは一つのルールを守らなければいけません。それは〝キーも同時に指示する〟ことです。

具体的に言うと、「C♯から始まって、ドレミファソラシドを弾いてみて」「C♯のキーでドレミファソラシドを弾いてみて」となります。このように言えば、万人が図7-7（譜7-2）を弾くことになります。逆に「C♯のキーでドレミファソラシドを弾いてみて」と言われれば、C♯をドとしてドレミファソラシドを弾けばいいということです。ずいぶんスッキリしてわかりやすいですよね。

階名定規のドをフレットボードのEに合わせれば、キーEでドレミファソラシドを弾いたときの音名がわかります。同じように十二のすべてのキーで好きなように移動できます。

これが、「階名ドレミファソラシド」が「移動ド」と呼ばれる理由です。反対に、音名CDEFGABCを「固定ド」と言うこともあります。

ここでのポイントは二つです。

①キーが確定されれば、そのキーでの階名ドレミファソラシドは一通りに決まります。

②あるキーでドレミファソラシドというフレーズが弾けるようになったら、どのキーでも弾けるということです（移調）。

この考え方を応用させれば、原曲キーがC♯のとき、カポタストを一フレットに付け、キーをCとして演奏したほうが楽だ！（いわゆる「Capo 1 Play C」というヤツ）ということがわかり、さらに二台目のギターは「Capo 4 Play A」で友人に弾いてもらおう！なんてことが瞬時にわかるようになります。「階名」「移動ド」の考え方は世界共通です。

余談ですが、「固定ド」を使うべきか「移動ド」を使うべきかはさまざまな議論があり、人や専門書によって言い方や書き方がまちまちです。私は「階名」「移動ド」をみなさんに強く勧めます。ギターという楽器を演奏するうえでは「移動ド」を利用したほうがわかりやすいし、ポピュラー音楽では弾き語りや伴奏をやるにしても、ボーカリストによってキーの変更（移調）は当たり前のようにおこなわれるからです。また、このあと説明するコード理論、スケール、耳コピーなど、ギターを演奏するうえですべてのことに関わってくる重要な考え方です。

私はある小学生にこの「階名」について教えたことがあります。しかし、なかなか理解してもらえませんでした。日本の学校教育では音名も階名もドレミファソラシドを使っており、それが原因で音名と階名の違いがわかりにくく、混同するようです。音名と階名の違いを理解することはギターの上達につながるので、しっかり理解してくださいね。

さあここまで階名について説明してきました。次に、コードの構成音を考えるときに欠かせない「音程」について話します。

音程

よく「音程がいい、悪い」などと言いますが、音程とは何でしょうか。

「音程＝インターバル」とは二音間の距離のことです。二音間の距離なので、基準になる音があり、それに対して比較する音があります。ちなみに、音程は英語でインターバルであり、ピッチではありません。ピッチとは「音高」で、つまり音そのものの高さのことです。例えばA＝四百四十ヘルツという具合です。

音程は二音間の距離ですので、その距離を表すための単位があります。それが「度」です。英語では「度」という単位は使わず序数を使って～thと言います。セブンス（7th）とか言いますよね。また、一度・八度はそれぞれユニゾン・オクターブとも呼びます。

音程をわかりやすく説明するために、先ほどの〝階名定規〟を発展させて、数字を使って表してみます。

図7－8のようにドを1とします。レを2、ミを3……と順番に番号を振ります。9以降もありますが、今回は8までにします。

ではレ♭は何番にしましょうか。レ♭はレの半音下……ということで「1・5」と番号を振りたいところですが、あとのことを考えて「m2」とします。英語minor（マイナー）のmで、これについてはのちほど詳しく説明します。同じようにミ、ラ、シの♭に「m」を付けた番号を振ります（図7－9）。

ド		レ		ミ	ファ		ソ		ラ		シ	ド
1		2		3	4		5		6		7	8

図7－8　階名定規を発展させる

ド	レ♭	レ	ミ♭	ミ	ファ		ソ	ラ♭	ラ	シ♭	シ	ド
1	m2	2	m3	3	4		5	m6	6	m7	7	8

図7－9　音程定規1

ソの♭が埋まっていませんが、こちらもあとで説明します。

さて、今度は〝音程定規〟と呼ぶことにします。音程定規は階名定規と同様、移動します。ちなみに〝定規〟という言葉は本書でしか通じない言葉なので、気をつけてくださいね。

この数字が二音間の距離を表します。ただし、この定規は普通の定規と違い、使い方にコツがいり

C	C#	D	D#	E	F	F#	G	G#	A	A#	B	C	C#	D	D#	E	F
ド	レ♭	レ	ミ♭	ミ	ファ		ソ	ラ♭	ラ	シ♭	シ	ド					
1	m2	2	m3	3	4		5	m6	6	m7	7	8					

図7－10　2度の音程

C	C#	D	D#	E	F	F#	G	G#	A	A#	B	C	C#	D	D#	E	F
		ド	レ♭	レ	ミ♭	ミ	ファ		ソ	ラ♭	ラ	シ♭	シ	ド			
		1	m2	2	m3	3	4		5	m6	6	m7	7	8			

図7－11　短3度の音程

ド	レ♭	レ	ミ♭	ミ	ファ		ソ	ラ♭	ラ	シ♭	シ	ド
1	m2	M2	m3	M3	4		5	m6	M6	m7	M7	8

図7－12　音程定規2

ます。普通の定規は「0」から始まりますが、音程定規は「1」から始まっています。

例えば「CとD」の距離を測ってみましょう。

Cに音程定規の1を合わせます（図7－10）。

Dに当てはまる数字を読みます。「2」です。単位は「度」です。なので、CとDの距離は、「二度（英語ではセカンド）」となります。「二－一＝一だから一度」ではないので気をつけてください。

次に、DとFの距離を測ってみましょう。移動させて、Dに音程定規の1を合わせます（図7－11）。

Fに当てはまる数字を読みます。「m3」です。「短三度」と読みます。小文字mは「短」と読んでください。先ほども出た英語 minor（マイナー）のmです。DとFの距離は「短三度」（英語では minor 3rd）となります。

この「m3」を短三度と呼ぶのに対して、「3」を「長三度」（英語では Major 3rd）と呼びます。なので音程定規も「3」→「M3」とします。英語 Major（メジャー）のMです。minor の小文字mと Major の大文字M

の使い分けは世界共通なので、音程定規もこれに合わせます（図7－12）。
ごらんのとおり、「三度」の音程（距離）には「短三度（ｍ３）」と「長三度（Ｍ３）」という二つの音程があることがわかります。「短三度（ｍ３）」も「長三度（Ｍ３）」も両方とも「三度（3rd）」です。ちょっとややこしいですか？「三度でハモる」と言いますが、「短三度」と「長三度」を両方使っているんですよ。また、図7－10で、ＣとＤの音程（距離）は「二度」と言いましたが「長二度（Ｍ２）」です。

ド	レ♭	レ	ミ♭	ミ	ファ	ソ♭	ソ	ソ#	ラ	シ♭	シ	ド
P1	m2	M2	m3	M3	P4	♭5	P5	#5	M6	m7	M7	P8

図7－13　音程定規の最終形

実は、こういった「短○度」「長○度」という呼び方をするのは「二度」「三度」「六度」「七度」のときだけです。「一度」「四度」「五度」「八度」は、それぞれ「完全一度（Ｐ１）」「完全四度（Ｐ４）」「完全五度（Ｐ５）」「完全八度（Ｐ８）」と呼びます。大文字ＰはPerfect のＰです。英語では、P1=Perfect first……と言います。「一度」「四度」「五度」「八度」に「短○度」「長○度」という呼び方はないので、かわりにそれぞれの♭を減○度、♯を増○度と言います。例えば、ソの♭を減五度（♭5＝フラットファイブ）、♯を増五度（♯5＝シャープファイブ）と言います。

図7－12と図7－13を比べるとわかりますが、ソ♯とラ♭は呼び方が違いますが同じ音です。これを「異名同音」と言います。説明の都合上、音程定規は「♯5」を使用します。難しい話はしません。名前だから仕方ない……まあ、そういうもんだと思って覚えましょう。

これで、音程定規がすべて埋まりました。最終形は図7−13になります。

メジャーコード

和音＝コードとは二つ以上の音の重なり合いのことです。「CとD」「CとD♯」「CとDとA」……と無限にあります。

私たちがよく耳にするポピュラー音楽は三つあるいは四つの音を重ね合わせたコード（三和音・四和音）が基本になっています。四和音は三和音から作りますから、実質的な基本は三和音になります。

三和音は三つの音を重ね合わせたものです。「三つの音の重ね合わせ方」には法則があり、三度ずつ重ねていきます。それではCというコードの構成音を見ていきましょう。

Cは、長三和音（メジャートライアド）と呼ばれるコードです。普段はメジャーコードと言ってますね。

メジャーコードは「完全一度、長三度、完全五度」の三音で構成されます。前項の音程定規の「P1、M3、P5」です。このときの完全一度にあたる音名をコードネームに使います。また完全一度をルート（根音）と言います。

簡単にいきましょう。またまた音程定規の登場です。Cというコードの構成音を知りたいので、音程定規のP1をCに合わせます。このP1に当てはまる音が「ルート（根音）」でしたね。和音はこのルート音に構成音を積み重ねて作ります。メジャーコードの構成音は「P1、M3、P5」なので、P1、M3、P5の音名をそれぞれ読み取ります（図7−14）。C、E、Gです。これがコードCの

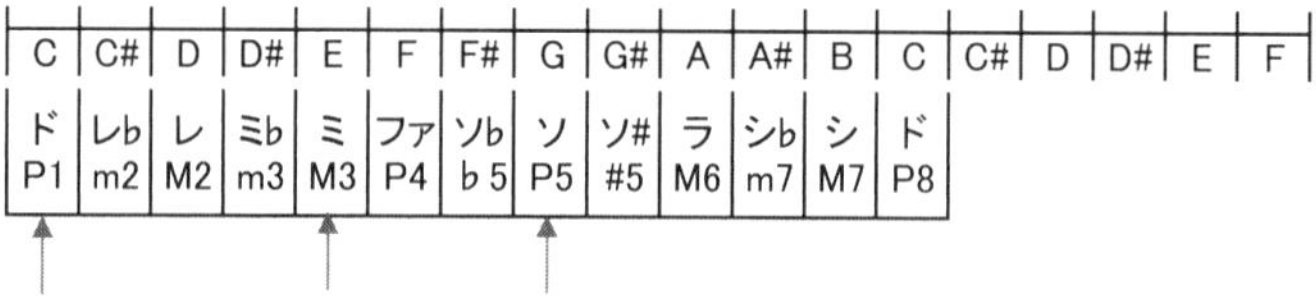

図7－14　Cの構成音

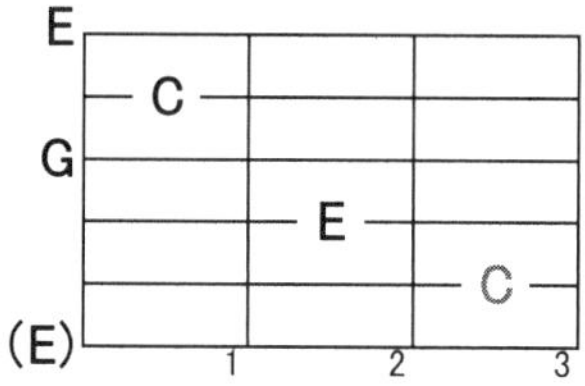

図7－15　Cのダイアグラム

構成音です。いわゆるドミソの和音です。簡単ですね。

それでは、フレットボードでCEGの位置を確認してみましょう。代表的なCコードのダイアグラムです（図7－15）。

コードCにもいろいろな押さえ方がありますね。どのフォームで弾いても自由で、曲の流れやコードを弾いたときの響きによってポジションを決めることが多いです。コードを弾いたとき、鳴っている音がCEGならすべてコードCです。

大事なことは「いちばん低いルート音（ベース音）」の位置を覚えることです。コードCの場合、ルートは「五弦三フレット」と「二弦一フレット」にあります。「ベース音はいちばん低いルート音」ですので、「五弦三フレット」がベース音になります。ベースは土台になる音です。コードを弾くとき、たいていベース音を最初に弾きます。

六弦開放の音はEでコードCの構成音です。この音を弾いてもコードCなので間違いではありません。しかし五弦三フレットから弾くことが圧倒的に多いです。このベース

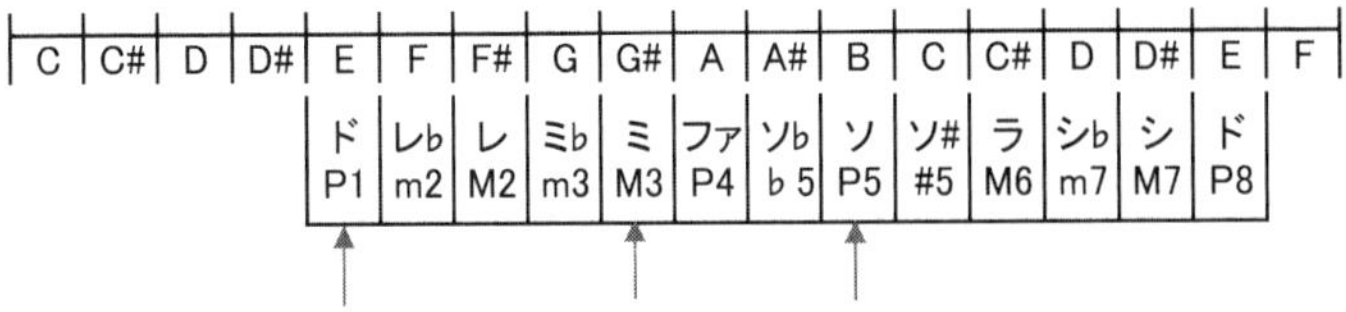

図7－16　Eの構成音

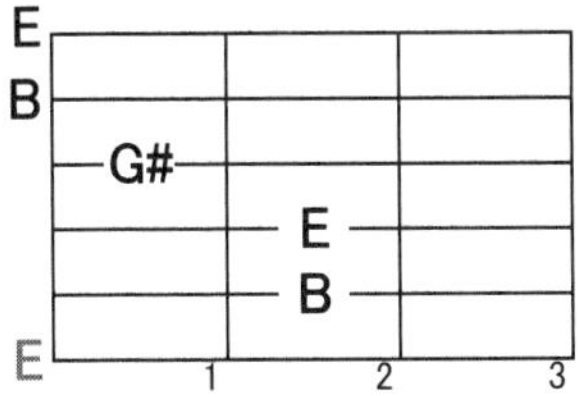

図7－17　Eのダイアグラム

音の位置を覚えて意識することが大事です。

試しにコードEの構成音を調べましょう。音程定規のP1をEに合わせ、P1、M3、P5の音名を読み取ります(図7－16)。

Eの構成音は、E、G#、Bだとわかります。

フレットボードでは図7－17のようになります。ベース音は六弦開放のEです。

メジャーコードは全部で十二個あります。C、C#、D、D#、E、F、F#、G、G#、A、A#、Bです。知りたいコードの構成音は、音程定規を使えば一発で知ることができます。

構成音がわかれば、レギュラーチューニングだけでなく、どんなオープンチューニングでも対応できます。オープンチューニングに特化したコードブックなんてありませんもんね。

オープンチューニングの曲をTAB譜を見てコピーしているだけより、コードとその進行を分析しながらコピーするほうがはるかに有意義です。運指やギターアレンジのや

C	D♭	D	E♭	E	F	G♭	G	A♭	A	B♭	B	C	D♭	D	E♭	E	F
ド	レ♭	レ	ミ♭	ミ	ファ	ソ♭	ソ	ソ#	ラ	シ♭	シ	ド					
P1	m2	M2	m3	M3	P4	♭5	P5	#5	M6	m7	M7	P8					

図7−18　Cm の構成音

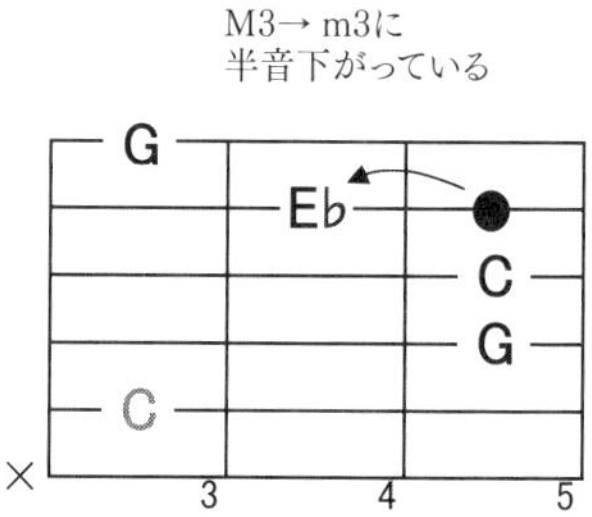

図7−19　Cm のダイアグラム

り方など、TAB譜だけでは見えない部分が見えてきます。

マイナーコード

メジャーコードの構成音は音程定規のP1、M3、P5でした。それでは長三度の「M3」の部分を、短三度の「m3」に置き換えてみましょう。

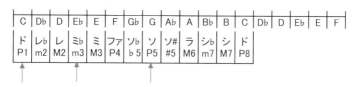

音程定規のP1をCに合わせます。このP1に当てはまる音がルート音（ベース音）でした。次に、P1、m3、P5の音名を読み取ります（図7−18）。

C、E♭、Gです。このときのコードネームをCm（シーマイナー）と呼びます。ルートの音名と小文字のmを使って表します。

覚えましょう。マイナーコードの構成音はP1、m3、P5です。

メジャーコードとの違いは三度の音が「長三度（M3）」か「短三度（m3）」かだけです。三度の音はメジャーかマイナーかを決める音になっています。ダイアグラムを見てみるとすぐわかります（図7‐19）。

三度の音が半音下がっています。

さらに、六弦開放はEなのでCmの構成音ではありません。したがって、Cmを弾くとき、六弦開放は絶対に弾いてはいけないことがわかります。

マイナーコードも全部で十二個です。Cm、C#m、Dm、D#m、Em、Fm、F#m、Gm、G#m、Am、A#m、Bmです。

AとAm、DとDm、EとEm、の違いなどを考えてみると面白いと思います。各コードの構成音を音程定規で確認してみてください。

セブンスコード

メジャーコードの構成音はP1、M3、P5、マイナーコードの構成音はP1、m3、P5でした。今回は四和音です。三和音に、さらに三度上の音を重ね合わせたコードです。ルートから見ると七度上になります。7th（セブンス）というヤツです。七度（セブンス）の音程には「短七度（m7）」と「長七度（M7）」があります。しかしどういうわけか、一般に「セブンス」というと「短七度（音程定規ではm7）」だけを指すことがほとんどです。それに対して「長七度（音程定規ではM7）」のことを「メジャーセブンス」と言います。

C7のようなコードを「ドミナントセブンスコード」と言い、CM7のようなコードを「メジャー

C	D♭	D	E♭	E	F	G♭	G	A♭	A	B♭	B	C	D♭	D	E♭	E	F
ド P1	レ♭ m2	レ M2	ミ♭ m3	ミ M3	ファ P4	ソ♭ ♭5	ソ P5	ソ# #5	ラ M6	シ♭ m7	シ M7	ド P8					
↑				↑			↑			↑							

図7－20　C7の構成音

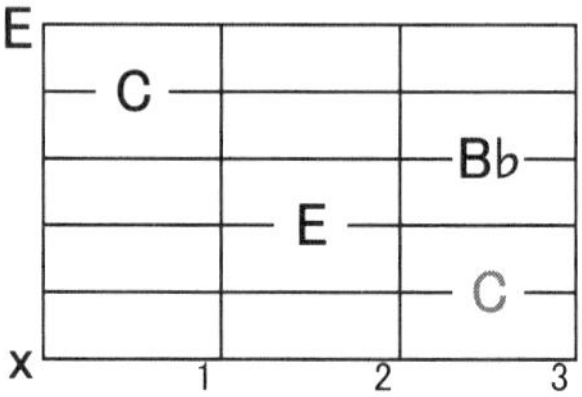

図7－21　C7のダイアグラム

セブンスコード」、Cm7のようなコードを「マイナーセブンスコード」と言います。

それでは四和音を見ていきましょう。「ドミナントセブンスコード」を説明します。

まずコードCを考えます。コードCの構成音は音程定規でP1、M3、P5です。これに「短七度（m7）」を加えます。ドミナントセブンスコードはP1、M3、P5、m7になります。

音程定規のP1をCに合わせます（図7-20）。

次に、P1、M3、P5、m7の音名を読み取ります。C、E、G、B♭です。このときのコードネームをC7（シーセブン）と呼びます。ルートの音名と7を使って表します。

ドミナントセブンスコードの構成音はP1、M3、P5、m7です。ダイアグラムを見てみると、ちゃんとB♭が加わっていますね（図7-21）。

ドミナントセブンスコードも十二個あるので構成音を確認してみてください。

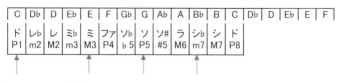

メジャーコード、マイナーコード、ドミナントセブンスコードを説明しました。これだけ理解すれば、ポップス、ロック、ブルース、カントリー、演歌……とたいていの曲は弾けます（ちょっと雰囲気の出ないところがあるかもしれませんが）。「ギターでソロをとって、アドリブも弾きたい」という方も、これまでの知識は大いに役立つはずです。ただ、「ジャズギターやボサノバギターを弾きたい」という方は、さらにコードの勉強が必要です。「クラシックギターを弾きたい」という方は五線譜の読み方も必須です。

そのほかのコード

そのほかにもコードはたくさんあるわけですが、どんなに複雑なコードでも考え方は同じです。三和音の代表メジャーコードはＰ１、Ｍ３、Ｐ５、四和音の代表ドミナントセブンスコードはＰ１、Ｍ３、Ｐ５、ｍ７でした。

そこから、
Ｍ３が半音上がったり下がったり
Ｐ５が半音上がったり下がったり
ｍ７が半音上がったり下がったり
するだけです。

そしてそのそれぞれにコードネームがついているということです。

仮に、ルートをCで考えます。例えば、

P1、M3、P5＝CのM3を半音下げるとP1、m3、P5＝Cm

P1、M3、P5＝CのP5を半音上げるとP1、M3、#5＝Caug

P1、M3、P5、m7＝C7のM3を半音下げ、P5を半音下げるとP1、m3、♭5、m7＝Cm7(♭5)

という具合です。

あとは慣れなので、みなさん、一度自分で考えながらギターで弾いて確認してみましょう。そうすることで早く自分のものにできます。

表7－1はそのほかのコードの構成音の一覧表（テンションは除く）です。コードネームはCをルートとして書いてあります。ここに記載したコードネームや読み方はほんの一例です。専門書によっては別名を使っていることがありますので注意してください。慣れてくるとコードネームを見たとき、そのコードの響きを頭のなかで思い浮かべられるようになります。また音を聞いたときコードネームがわかるようになります。

無視しないで！ 分数コード・オンコード

楽譜を見ていると、D/F#やAm onGというコードを見かけます。これらは「分数コード」や「オンコード」と言われるもので、どちらも同じ意味です。

普通コードを弾くとき、そのルート音がベース音になります。ベース音をルート以外に指定したい

表7−1　そのほかのコードの構成音

三和音

構成音			コードネーム	読み方
P1	M3	P5	C	シー
		#5	C(#5) Caug	シーオーギュメント
		♭5	C(♭5)	シーフラットファイブ
	m3	P5	Cm	シーマイナー
		#5	Cm(#5)	シーマイナーシャープファイブ
		♭5	Cdim　※1	シーディミニッシュ
	P4	P5	Csus4	シーサスフォー

四和音

元になる三和音	付加音	コードネーム	読み方
C	M7	CM7	シーメジャーセブン
	m7	C7	シーセブン
	M6	C6	シーシックス
C(#5) Caug	M7	CM7(#5)　※2	シーメジャーセブン シャープファイブ
	m7	C7(#5)	シーセブンシャープファイブ
C(♭5)	M7	CM7(♭5)　※2	シーメジャーセブン フラットファイブ
	m7	C7(♭5)	シーセブンフラットファイブ
Cm	M7	CmM7	シーマイナーメジャーセブン
	m7	Cm7	シーマイナーセブン
	M6	Cm6	シーマイナーシックス
Cm(#5)	-	-	-
Cdim　※1	M7	CdimM7　※2	シーディミニッシュ メジャーセブン
	m7	Cm7(♭5)　Cϕ　※3	シーマイナーセブン フラットファイブ
	♭m7　※4	Cdim7　C○　※1	シーディミニッシュセブン
Csus4	m7	C7sus4	シーセブンサスフォー

※1 他書ではdim7をdimと表記していることが多いです。またギターではdimとあればdim7を弾きます。
※2 これらのコードはほとんど使われません。
※3 ハーフディミニッシュコードと呼ばれるものです。
※4 減七度のことです。m7より半音低い音です。M6と異名同音です。

ときに「分数コード」や「オンコード」が使われます。指定された音がベース音（いちばん低い音）になるように押さえます。

例えば、D/F#はコードDでベース音をF#にしなさい、という意味です。コードDの構成音はD、F#、Aです。ルートのDをベース音にするのではなく、M3のF#をベース音にするということです。コードを弾いたときいちばん低い音をF#にします。つまり最初に鳴る音がF#です。押さえ方としてはこうなります（図7－22）。

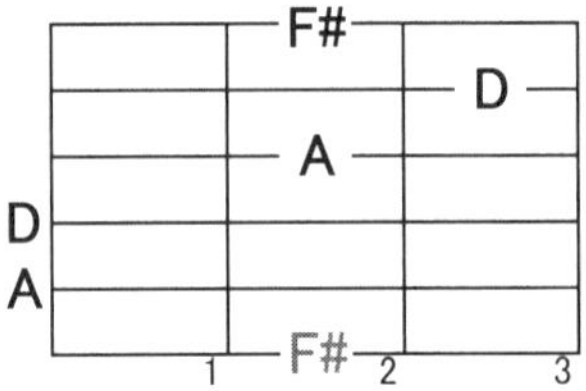

図7－22　D/F# のダイアグラム

同様に、Am onGはコードAmでベース音をGにしなさい、ということです。Am onGとAm/Gはまったく同じ意味です。

「分数コードが出てきてもあまり気にせず、分子のコードだけ弾くよ」と分数コードを無視してギターを弾く人がいます。確かに分母のベース音を無視しても、それほど違和感がないときもあります。ですが、ベース音はコードの基準であり、サウンドの土台になる音です。楽譜に分数コードが書いてあるのは、作曲者や編曲者があえてベース音を指定しているということで、弾き手としては忠実に再現したい部分です。分数コードを理解し、使いこなせるようにしたいです。

2 耳コピーに挑戦

趣味としてアコギを弾くのであれば、ある曲を聴いたときに楽譜を見ずにその場ですぐに同じように弾ける、伴奏を付けられるレベルを目指したいところです。いわゆる耳コピーというヤツですね。

本章第1節「コードの仕組み」ではコードの仕組みについて見てきました。では、コードにはさまざまな種類がありますが、これらのコードをどのように使えばいいのでしょうか。知識として知っているだけでは意味がありません。「だから何なの？」という話になってしまいます。

そこでここからは、これまでの知識を生かして、メロディーに伴奏を付けるにはどのようにコードを使うかについて話します。

コードが圧倒的に見つけやすくなる――ダイアトニックコード

ダイアトニックコードを理解すると、耳コピーがより楽になります。わかりやすいようにキーはC（ハ長調）で考えましょう。もう一度メジャースケールを確認します（本章第1節の「音に名前をつけよう」図7－3）。

CメジャースケールはCDEFGABですね。つまりハ長調では原則的にCDEFGABという七つの音でメロディーを奏でることになります。逆に言うと、ハ長調のメロディーには七つの音しか存在しない、ということになります。

七つの音しか存在しないということは、

↓

そのメロディーに合うようなコードを付けるには、スケール（音階）の七つの音だけで三和音や四和音を作ればいいのではないか？
　↓
その七つの音だけで構成される三和音と四和音には何があるか？
と考えるのが自然の流れです。
どうすればいいか。簡単です。三和音や四和音はルートの音をもとにして三度ずつ音を重ねたものなので、CDEFGABのそれぞれに三度ずつ重ねてみましょう。
CにEとGを重ねてCEG＝コードC、さらにBを重ねてCM7
DにFとAを重ねてDFA＝コードDm、さらにCを重ねてDm7
EにGとBを重ねてEGB＝コードEm、さらにDを重ねてEm7
FにAとCを重ねてFAC＝コードF、さらにEを重ねてFM7
GにBとDを重ねてGBD＝コードG、さらにFを重ねてG7
AにCとEを重ねてACE＝コードAm、さらにGを重ねてAm7
BにDとFを重ねてBDF＝コードBdim、さらにAを重ねてBm7(♭5)
となります。
このように、あるキーのスケール（音階）の音だけで作られるコードをダイアトニックコードといいます。キーは十二種類なので、それぞれにダイアトニックコードがあることになります（表7－2）。
そしてこれらのダイアトニックコードのどれかを弾けば、そのメロディーに合った伴奏が付けられ

表7－2　各キーのダイアトニックコード

キー	各キーのダイアトニックコード（三和音）						
C	C	Dm	Em	F	G	Am	Bm(♭5)
D♭	D♭	E♭m	Fm	G♭	A♭	B♭m	Cm(♭5)
D	D	Em	F♯m	G	A	Bm	C♯m(♭5)
E♭	E♭	Fm	Gm	A♭	B♭	Cm	Dm(♭5)
E	E	F♯m	G♯m	A	B	C♯m	D♯m(♭5)
F	F	Gm	Am	B♭	C	Dm	Em(♭5)
G♭	G♭	A♭m	B♭m	B	D♭	E♭m	Fm(♭5)
G	G	Am	Bm	C	D	Em	F♯m(♭5)
A♭	A♭	B♭m	Cm	D♭	E♭	Fm	Gm(♭5)
A	A	Bm	C♯m	D	E	F♯m	G♯m(♭5)
B♭	B♭	Cm	Dm	E♭	F	Gm	Am(♭5)
B	B	C♯m	D♯m	E	F♯	G♯m	A♯m(♭5)

キー	各キーのダイアトニックコード（四和音）						
C	CM7	Dm7	Em7	FM7	G7	Am7	Bm7(♭5)
D♭	D♭M7	E♭m7	Fm7	G♭M7	A♭7	B♭m7	Cm7(♭5)
D	DM7	Em7	F♯m7	GM7	A7	Bm7	C♯m7(♭5)
E♭	E♭M7	Fm7	Gm7	A♭M7	B♭7	Cm7	Dm7(♭5)
E	EM7	F♯m7	G♯m7	AM7	B7	C♯m7	D♯m7(♭5)
F	FM7	Gm7	Am7	B♭M7	C7	Dm7	Em7(♭5)
G♭	G♭M7	A♭m7	B♭m7	BM7	D♭7	E♭m7	Fm7(♭5)
G	GM7	Am7	Bm7	CM7	D7	Em7	F♯m7(♭5)
A♭	A♭M7	B♭m7	Cm7	D♭M7	E♭7	Fm7	Gm7(♭5)
A	AM7	Bm7	C♯m7	DM7	E7	F♯m7	G♯m7(♭5)
B♭	B♭M7	Cm7	Dm7	E♭M7	F7	Gm7	Am7(♭5)
B	BM7	C♯m7	D♯m7	EM7	F♯7	G♯m7	A♯m7(♭5)

ます。メロディーに付けるコードを圧倒的に見つけやすくなりましたね。

コード進行の法則を理解する

ダイアトニックコードをどのように使えば耳コピーできるかを考えるために、役割別に分類し整理してみます。まず、ダイアトニックコードは音階の上に作られる和音ですから、音階にm3、P5などと番号を付けたように、ダイアトニックコードにも番号を付けたくなります。これをディグリーネーム（和音記号）といい、スケール（音階）の何番目のコードかをローマ数字を使って表記します。この表記も万国共通であり、コード進行を理解するうえで非常にわかりやすいものなので覚えてください（表7－3）。

表7－3　ディグリーネーム（和音記号）と役割

キーがCのダイアトニックコード	C	Dm	Em	F	G	Am	Bm(♭5)
ディグリーネーム	I	II m	III m	IV	V	VI m	VII m(♭5)
コードの役割	T＝トニック	SD＝サブドミナント	T＝トニック	SD＝サブドミナント	D＝ドミナント	T＝トニック	D＝ドミナント
特徴	安定	弱不安定	安定	弱不安定	不安定	安定	不安定

ダイアトニックコードはスリーコードとセカンダリーコードに分けることができます。

コード進行の基本となるものがスリーコードと呼ばれるもので、表7－3のI、IV、Vの三つのコードのことです。Cメジャースケール（ハ長調）の場合はC、F、Gになります。第4

表7−4　ダイアトニックコード

ダイアトニックコード	スリーコード	I、IV、V
	セカンダリーコード（代理コード）	IIm、IIIm、VIm、VIIm(♭5)

表7−5　コードの役割

コードの役割	特徴	進行
T＝トニック	安定	どのコードにも進める。メロディーの最初や最後の小節でよく使われる
S＝サブドミナント	弱不安定	I、Vに進むことが多い
D＝ドミナント	不安定	Iに進むのが慣例だが、IVにも進める

章第3節「「大きな古時計」を弾いてみよう――右手の練習」の「大きな古時計」もC、F、Gのスリーコードで弾ける曲でした。またスリーコード以外のダイアトニックコードをセカンダリーコード（代理コード）といいます（表7−4）。

Cメジャースケール（ハ長調）ではIIm, IIIm, VIm, VIIm（♭5）です（ただしVIIm（♭5）はちょっと特別なコードで扱いが難しい部分があるので、この本では取り上げないことにします。またVIIm（♭5）を代理コードに分類しない考え方もあります）。

スリーコードとセカンダリーコードにはそれぞれコード進行での役割があり、トニックコード（主和音）、サブドミナントコード（下属和音）、ドミナントコード（属和音）に分類できます。

トニックコードは「安定」、ドミナントコードは「不安定」、サブドミナントコードは「安定と不安定の間（弱不安定としましょう）」という役割を担っています。文章で言えば起承転結を表す（詳しくは後述）と考えてください（表7−5）。

図7−23は、学校で一度はやったことがある「起立、礼、着席」の合図に使われる伴奏です。

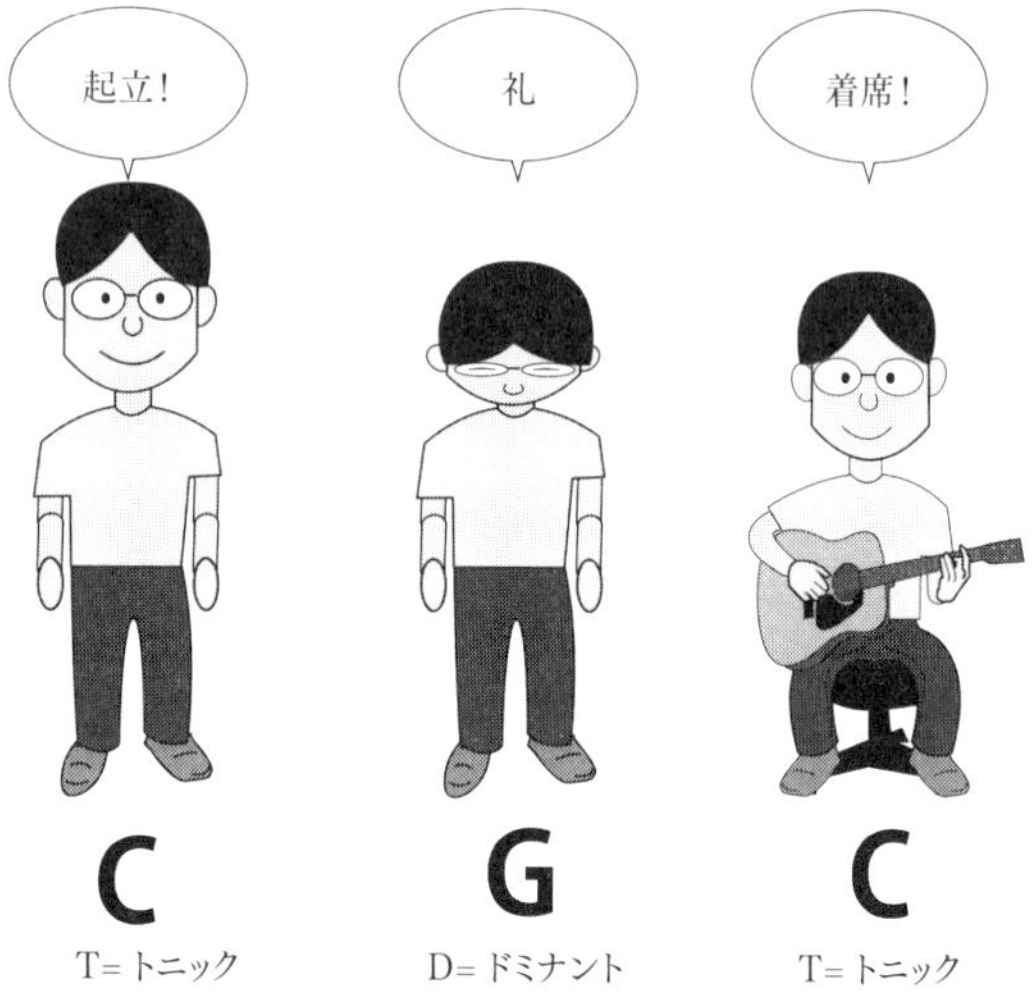

図7―23　起立、礼、着席

C―G―CというコードはI―V―I、つまりT―D―Tと進行しています。「安定」の役割をもつトニックから「不安定」のドミナントへいきます。もし、この「不安定」のドミナントを鳴らされてそのまま次の音が聞こえなかったら、「早く次の音を鳴らしてくれ」と思うでしょう。不思議なもので、人間はドミナントコードを聞くと次のコードを聞きたくなるのです。そして最後にふたたび「安定」のトニックがきます。これで曲が終わったという「安定」を感じることができます。

コードの役割とはこのような意味です。

トニックの役割は「安定」ですから、メロディーの最初や最後の小節でよく使われます。

「不安定」なドミナントは「安定」を求めてトニックにいこうとします。

また、サブドミナント「弱不安定」→ドミナント「不安定」→トニック「安定」とくると、さらにドラマチックに聴こえます。「弱不安定」のあとに「不安定」がくることで、早く「安定」したい気持ちがますます強まるからです。実際にC（I）→F（IV）→G（V）→C（I）はよくある進行で、

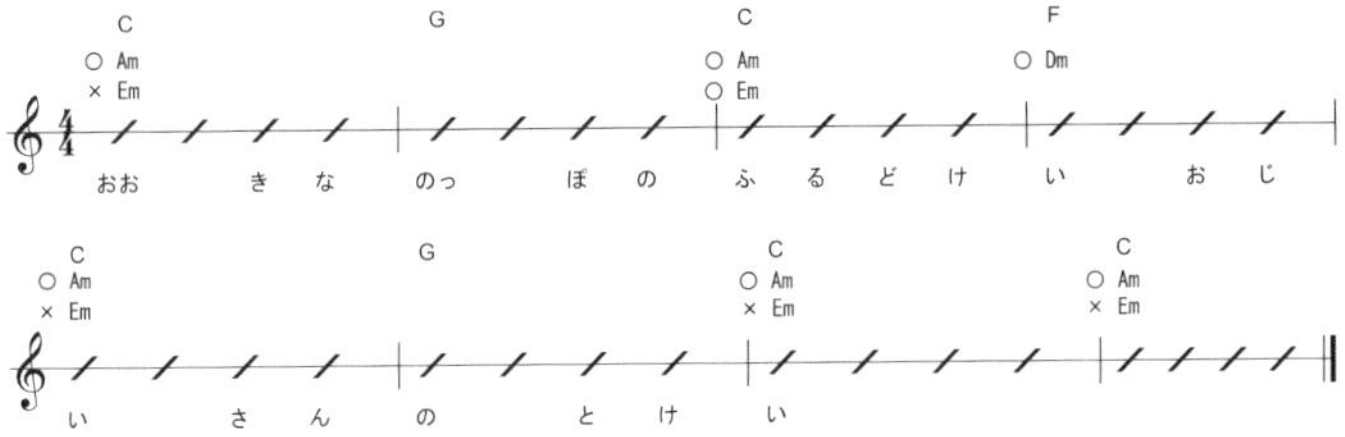

譜7−3　コードを入れ替えてみる

「安定」→「弱不安定」→「不安定」→「安定」となり、まさに起承転結です。

曲のコード進行は、こういった小さなワンパターンのコード進行の集まりになっていますので、お決まりのコード進行をいくつも覚えることが耳コピーのコツになります。

さて、もう一度表7-3を見てください。Ⅰ、Ⅲm、Ⅵmは同じトニックなので、メロディーと音がぶつからなければこれらのコードを入れ替えることが可能です（ぶつからなければというのがポイントです）。Ⅰの代わりにⅢmやⅥmで置き換えてもいいということです。サブドミナントも同様でⅣの代わりにⅡmを使うことができます。

「大きな古時計」の最初の八小節で考えてみたいと思います。CをAmかEmに、FをDmに置き換えて弾いてみるとどうなるでしょうか。実際にギターを構えて弾いてみてください（譜7-3）。

一、五、七、八小節目のCをAmにしてみます。メロディーとコードが合っている状態です。ただ暗い雰囲気になりました。Emに変えると不自然ですね。Emの構成音は階名ミソシですが、メロディーはドで音がぶつかっているからです。Emに置き換えることはできません。

三小節目のCはAm、Emのどちらを弾いても違和感がありません。つまり入れ替えることが可能です。

このようにしてメロディーにコードを付けていくわけです。

なお、この曲はメジャーキーの曲ですので、一般的には一、五、七、八小節目のCをAmにすることはありません。あくまでも「コードの役割」の説明と考えてください。

マイナースケールはどうなるの？

次にマイナーキーで使われるナチュラルマイナースケールについて見てみましょう。ナチュラルマイナースケールとは、メジャースケールの階名ラから始まるスケールです（表7-6）。

全半全全半全全という間隔で音が並んでいることがわかります。表7-6の場合、Aから始まっているのでAナチュラルマイナースケールになります。弾いてみるとわかりますが、Cメジャースケールと同じ音しか使っていないのに、音の並べ方を変えるだけで聞こえ方や雰囲気がまるで違うものになってしまうところが不思議であり面白いところです。メジャースケールは「明るい」「楽しい」イメージ、マイナースケールは「暗い」「寂しい」イメージですね。

Aナチュラルマイナースケールもメジャースケールと同じようにダイアトニックコードがあります。

ここで登場するコードはCメジャースケールのダイアトニックコードと同じですが、各コードの役割が違うところがポイントです。

またマイナースケールにはナチュラルマイナースケールのほかに、ハーモニックマイナースケール、

表7−6　Aナチュラルマイナースケールとダイアトニックコード

Aナチュラルマイナースケールとダイアトニックコード							
音名	A	B	C	D	E	F	G
階名	ラ	シ	ド	レ	ミ	ファ	ソ
三和音	Am	Bm(♭5)	C	Dm	Em	F	G
四和音	Am7	Bm7(♭5)	CM7	Dm7	Em7	FM7	G7

表7−7　キーがAmのときの実用的なダイアトニックコード

三和音	Am	Bm(♭5)	C	Dm	E	F	G
四和音	Am7	Bm7(♭5)	CM7	Dm7	E7	FM7	G7
コードの役割	Tm＝トニックマイナー	SDm＝サブドミナントマイナー	Tm＝トニックマイナー	SDm＝サブドミナントマイナー	D＝ドミナント	SDm＝サブドミナントマイナー	SDm＝サブドミナントマイナー

※メジャーキーのトニック、サブドミナントと区別するために、マイナーキーではトニックマイナー、サブドミナントマイナーと呼ぶ。コードの役割としての意味合いは同じ

メロディックマイナースケールがあり、これらにもダイアトニックコードがあります。少し難しくなるので詳細は割愛しますが、マイナーキーでのメロディーはこれらの三つのスケールを複合的に使います。

ということで、ダイアトニックコードは三つのマイナースケールを複合的に考えた表7−7のように覚えると実用的です。

キーの見つけ方

楽譜がない曲を耳コピーするうえで大事なことはキーを見つけることです。キーがわからないことには、そのメロディーに使われているスケールがわからないので、当然ダイアトニックコードもわかりません。

本章第1節の「「移動ド」は、とっても便利！」でメジャーキーでは「階名ドの位置にある音名＝キー」と説明しました。マイナー

スケールも同様でスケール（音階）の最初の音名がキーになり、表7－6であればキーはAm（イ短調）になります。

つまり、その曲で使われているスケールを見つけることでキーを把握できますが、初心者にとってこの方法は難しいかもしれません。もう少し簡単な方法を紹介します。

メジャーキーのときはI、マイナーキーのときはImを見つける方法です。I、Imはそのままキーになります。

イントロや歌い出しの最初の小節は、メジャーキーであればI、マイナーキーであればImの可能性が非常に高くなります。また、メロディーの最後もトニックであるI、Imの可能性が高くキーを特定できます。

もう一つ別の方法としては、ドミナントのV（V7）を見つける方法です。「起立、礼、着席」で示したようにドミナントは「不安定」な響きのために「安定」のトニックに向かうことが多く、初心者でもドミナントの響きを聞いたときにトニックに落ち着きたいということを体で感じやすいからです。ドミナントを見つけると、次のトニックのI、Imを見つけやすくなります。

いずれにせよ、I、Imが見つかればキーがわかります。キーがわかったら、まずはそのキーのダイアトニックコードを弾いてみて耳コピーしていきます。

最速の耳コピー練習法

耳コピーができるようになる練習としては、やはり多くの曲を、楽譜を読みながらコピーすることです。このときにちょっとしたコツがあります。

みなさんが弾きたい曲によるので一概には言えませんが、テレビなどでよく耳にする邦楽のポピュラー音楽であれば、カポタストを使ってさまざまなキーの曲をC、G、Am、Emのどれかのフォームにしてコピーすることをお勧めします。

例えばキーがDの曲があったとします。楽譜ではDのフォームで弾くことになっているかもしれませんが、これをあえてカポを二フレットに付け、Cのフォームで弾くようにします。こうすることで、キーがCのときのコード進行のパターンを覚えることができます。

またブルースやロックであればEかAのフォームで弾くことが多いので、そのフォームに合わせるようにするといいでしょう。

ある程度の曲数をコピーすると「あれ？　このコード進行ってあの曲と同じだな」「CのあとにはFだな」などというパターンが見えてきます。このパターンをたくさん覚えることが耳コピーの武器になります。

パターンをたくさん覚えようと言うと、「理論なんか勉強しなくてもいいんじゃないか？」と返されます。確かにそのとおりですが、理論を勉強したほうがより早く耳コピーできるようになります。英語の勉強と同じで、文法を知らなくてもネイティブと長時間一緒にいれば英語を話せるのかもしれないですが、やはり文法を知っていたほうが有利なのと同じです。

こういった練習をするときに役立つのが歌本です。歌本とは歌詞とコードが書いてある、弾き語りをするときにとても便利な本、とでも言いましょうか。五線譜などはほとんどなく、歌詞とコードしか書いてないので楽譜と言えるかどうか疑問ですが、コード進行の勉強にも役立つ本です。楽器店以外に普通の書店でもよく見かけます。「ギター　歌本」でネット検索しても出てくるので一度探してみてください。

また、「楽器.me」(http://gakufu.gakki.me/)もいいですね。歌詞とギターコード譜を無料で提供してくれるサイトです。

少し話がそれましたが、まずみなさんが弾きたいなと思う曲をメジャーキーで十曲、マイナーキーで十曲ずつピックアップします。最初はなるべく単純な曲がいいでしょう。童謡やフォークソング系がお勧めです。

そしてピックアップしたメジャーキー十曲をC、Gのフォームで、マイナーキー十曲をAm、Emのフォームで弾けるようにします。そのあとにメジャーキー十曲をE、Aのフォームで弾けるように練習します。つまりメジャーキー十曲とマイナーキー十曲で六十曲分の練習をすることになります。

このようにすると、あらゆるキーでのコード進行のパターンが理解しやすく、耳コピーをするコツを最短で習得できると思います。

実際の流れ

最後に実際に耳コピーをするときの流れを見ていきましょう。

当たり前ですが、まず曲を覚えます。そのときにベースラインを意識して聞くようにします。

次に曲のキーを確定します。慣れればすぐにキーがわかるのですが、初心者はここで苦労するかもしれません。キーの見つけ方のコツは本節の「キーの見つけ方」を参考にしてください。

キーがわかったらベース音をコピーします。ベース音はコードのルートになっていることがほとんどなので、ベース音さえコピーできればコードをコピーできたと言っても過言ではありません。

拾ったベース音をルートにもつコードを当ててみます。このときダイアトニックコードやコード進行パターンの知識があるとコピーが早くできます。もしコードがよくわからないときは、ベースをルートとしたコードを全部当ててみます。例えばベース音がＡならＡ、Ａｍ、Ａ７、Ａｍ７……といった具合です。やはり、コード進行パターンをたくさん知っているほうが有利です。

そして、実際の曲と自分がコピーしたコードが合っているかどうか確認する作業をします。そのために原曲をＣＤなどで鳴らしながら、一緒にジャラーンと一拍ずつダウンストロークして弾くといいでしょう。一緒に弾いて違和感なく音の響きや雰囲気が合えば、耳コピーできていることになります。

コードが決まったらストロークで弾くのかアルペジオで雰囲気を表現するのか、前奏は静かに、サビは躍動的に、など曲調を考えながら右手の表現をコピーします。ギターは小さなオーケストラですから、どのようにでもリズムや雰囲気を出せると思います。ちょっとした編曲なので、思う存分やってください。

慣れるまではこのようにして耳コピーしていくことになります。はじめは途方もなく大変な作業に思えるでしょうが、そのうち慣れます。コードＦが押さえられなかった人が練習によって押さえられるようになる感覚と同じです。

慣れてくると曲を聴いた段階でコードがなんとなくわかるようになり、間違いがないかギターで弾いてみて確認する、という感じになってきます。またギターの響きによってカポを使っているのか／いないのか、使っているなら何フレットに付けているか、ということもわかるようになります。

第8章　録音にチャレンジしてみよう

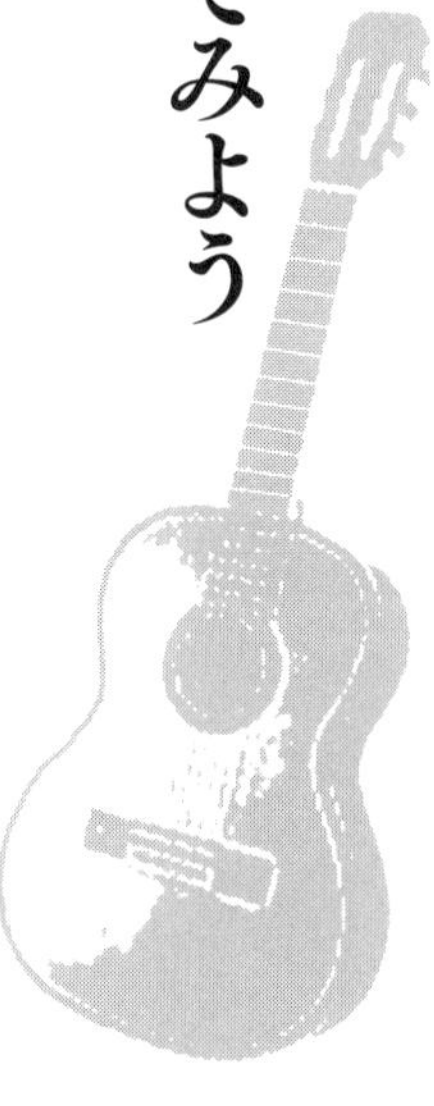

1　録音する意味

趣味で音楽をやっている人ならCDを作るとはいかないまでも、どうせなら自分の演奏を記録・録音したいと思うものです。

二十年ほど前、私は友人とギター二台でよくセッションをしていました。ある程度合わせられるようになったところで演奏をカセットテープに録音して、それを二人で聞きながら「ああでもない、こうでもない」と盛り上がったものでした。先日、部屋の片付けをしていると、そのときのカセットテープが十本ほど出てきました。聞いてみると、もちろん演奏も歌も下手ですし、音質も劣化していましたが、とても懐かしく穏やかな気持ちになりました。「ああ、録音しておいてよかった」と思いました。

最近は品質が高い録音機材が多く出回るようになり、楽器演奏や歌などを誰もが手軽に高音質で録音できる時代になりました。音質の劣化が少ないデジタル録音が主流になり、高性能で低価格なパソコンが一般家庭にも普及したことが大きな要因でしょう。

本書ではアコギの録音についてすべては書けませんが、ライブと同様に趣味としてとても面白いので、そのためのポイントをお話しします。まずはアコギを一生の趣味とする場合、「何のために録音するのか?」を、ちょっと考えてみましょう。

演奏技術を客観的にみる

第5章第1節の「自分のリズムを確かめる」の項でも話しましたが、アコースティックギター初心者にとって録音するいちばんの意味は「自分の演奏を第三者として聞ける」ことにあります。実際に録音して聴いてみると、「こんなに下手だったかな?」と思うことがよくあります。そう感じることで「もっとうまくなってやろう」とモチベーションが上がり、練習することでさらに演奏がうまくなります。また、日々の上達度合いを確認できるので、「練習をすればうまくなるんだな!」と実感できます。

もちろん、自分の演奏の確認のためだけなら、たいそうな録音技術は必要ないかもしれません。しかし、録音次第で自分の演奏がうまく聞こえるようになるのも事実です。マイキングの仕方(本章第3節で詳述)、エフェクターの使い方で実際に違ってきます。また、ライブでの音作りにも役立ちます。

自分の演奏を録音することは、ギター演奏の上達につながります。

自分の演奏を思い出にする

先ほども話しましたが、自分の演奏を録音しておくといい思い出になります。二十年前の自分の声と演奏を聞けることはたいへんすばらしいことです。

自分の子供のころの写真を見るのとまったく同じです。自分の人生の記録ですもんね。それには価値があります。

誰に聞かせるわけでもありませんが、せっかくですので自分の演奏を録音することをお勧めします。その録音は一生モノです。オンリーワンです。宝物です。いつかその録音を聞いて、懐かしいと感じるときがくるはずです。

人に聞いてもらうための音源を作る

「YouTube」などを利用して、自分の演奏を発表できる場がどんどん増えています。知識があればパソコンで自作CDも作れますし、売ろうと思えば音楽配信で世界中に売れる時代です。

どうせなら、人前に出しても恥ずかしくないものを作りたいものです。これは演奏技術の話ではありません。例えば家にお客が来たとしましょう。自分の手料理を振る舞うとします。料理の技術は問題ではなく、「盛り付けを丁寧にする」「お茶をタイミングよく注ぐ」など相手を気遣う心の話です。

趣味としての音楽制作ですが、聞き手に気持ちよく聞いてもらうために気をつけることがあるのでのちほど詳しく話します。

本格的な録音をするなら

ここまでのように、趣味として録音をする目的はいくつかあり、人によって違うのでその目的に合った録音方法を勉強するといいでしょう。もしみなさんが本格的な録音を望むのであれば、レコーディングスタジオを利用することも手かもしれません。アコギなどの生楽器の録音は非常に奥が深く、プロの間でも難しいとされています。お金はかかりますが、高品質な録音ができます。

2 録音に必要な機材

最低限必要なものはレコーダー、マイク、ヘッドホンの三つです。それぞれ詳しく見ていきましょう。

レコーダー

レコード（記録・録音）するものがレコーダー（録音機材）です。私が昔使っていたラジカセもレコーダーです。いまの時代、ラジカセをレコーダーにすることは、さすがにもうありません。

現在、最も手軽に音を録音できるものはスマートホン・携帯電話です。そういう意味ではスマホもレコーダーですね。私もいいフレーズが浮かんだときなどは、スマホの録音アプリで録ります。マイクなどのセッティングは無用で、すぐに録音できるところがいいですね。あとから聞き直すのにとても便利です。とはいえ、スマホはとりあえずの録音には優れていますが、通常はモノラル録音（マイク一つで録音したもの）なのでアコギの録音には向いていません。ただし音楽録音用に iPhone／iPad向けのマイクが販売されています。こういった専用のマイクを利用すれば、音楽録音用なので高音質で録音できます。

また、家電量販店でよく売っているのがＩＣレコーダーです。しかし、ＩＣレコーダーもアコギなどの生楽器の録音には向いていません。ＩＣレコーダーはデータを圧縮して記録するものが多く、生楽器の録音というより、会議などを記録するために長時間録音できるように設計されています。

それでは音楽向けのレコーダーを見ていきましょう。

①最も手軽に録音できるＰＣＭレコーダー（ハンディレコーダー）

楽器の演奏やライブの録音に特化したレコーダーです。前述のスマートホン同様、ちょっとした録音に最適で、高音質です。ＰＣＭレコーダーで録音した弾き語りなどの作品をインターネットでよく見かけますが、十分にいい音で録れています。ステレオマイクが搭載されている機種がほとんどです。

音声と同時に動画も記録し、簡単な設定で「YouTube」にアップロードできるものがあり、とても便利です。ほとんどの機種が電池で駆動し、小さくて持ち運びも楽なので屋外にも容易に持ち出すことができ、練習スタジオなどでも活躍します。価格は一万円前後からあります。

②本格的な録音ができるMTR（マルチトラックレコーダー）

マルチトラックレコーディング（多重録音のこと。詳しくは本章第3節の「マイキングで録音の質が決まる」で話します）ができるレコーダーです。多種のエフェクターを搭載したものや、最終形の音源をCDに書き込める機能を搭載したものもあります。これさえあれば、十分に音楽制作ができます。

MTRは音楽スタジオにあるミキサーに似た姿をしていて、ミキサーに録音機能、編集機能、エフェクターなどが搭載されたものと考えて差し支えありません。なので、ミキサーを使い慣れた人なら違和感なくMTRも使えます。ミキサー同様、各ツマミを直感的に操作できるので、実用性に優れています。リアルタイムで各ツマミをグイグイ回す人もいますね。そういった理由で、次に説明するDAW（デジタル・オーディオ・ワークステーション）よりもMTRを好む方もいます。価格は二万円前後からあります。

しかしDAWと比べると、どうしても機能が制限されます。現在はDAWでの音楽制作が主流になっています。

③現在の主流、DAW

DAWはパソコンのソフトウエアを使って、パソコンをレコーダーにするというものです。やはり有名なのはAVID社のProToolsでしょうか。もともとはプロの世界で使われていたシステムですが、最近では安価になって誰もが手にできるようになりました。

多くのDAWはレコーダーとしてのオーディオ録音以外にも、MIDIという規格を使ってパソコンに楽器を演奏させたり、楽譜を作成したり、CDを作成したりとさまざまなことができます。そのためDAWを使いこなすには、それなりの知識・技術と、高性能なパソコンやオーディオインターフェース（パソコンとマイクなどの外部機器を接続するための専用の機器）などの周辺機器が必要となってきます。DAWについては本書で取り扱わないので、ここでは「レコーダーとしてDAWというものがあり、現在の音楽制作の主流だ」という紹介程度にしておきます。

④アコギの録音は、どのレコーダーがいいのか？

結論から言えば「どれでもいい」です。大事なことは「レコーダーを使って何がしたいのか？」です。例えば、

・音楽スタジオなどに持ち込んで録音したい
・弾き語りをメインに録音し、「YouTube」にアップしたい
・一人でアコギ、歌、タンバリン、ハモリ……と数種類のパートを演奏して録音したい
・ピアノは弾けないのでパソコンに演奏させて、自分のギターとMIXさせたい

など、いろいろな人がいると思います。「何がしたいのか？」によって使うレコーダーを決めるのがいいでしょう。

マイク

マイクにはさまざまな種類があります。アコギ録音でよく使われるマイクはダイナミックマイクと

コンデンサマイクです。また、後述しますがマイクには指向性があり、状況に応じて適切なマイクを使うことが多いようです。では、それぞれの特徴を見ていきます。

①ダイナミックマイク

音楽スタジオやカラオケでよく見かけるマイクです。耐久性が高く安価です。また、小さい音をあまり拾わないので、周囲の余計なノイズに強いです。

SHURE社のSM57、SM58が超定番で、一万円前後で購入できます。

②コンデンサマイク

アコギや生楽器の録音に最適なマイクです。息づかいなどの小さな音までも拾います。

ダイナミックマイクに比べると高価で、耐久性がなく、振動や湿度に弱いので取り扱いには注意が必要です。

コンデンサマイクはケーブルをつないだだけでは動きません。コンデンサの原理を利用した構造のため、稼働させるには電圧をかける必要があります。これをファンタム電源といいます。ファンタム電源の電圧はマイクによって違います。四十八ボルトが一般的ですが、二十四ボルトや十二ボルトのマイク、また単三電池一本の一・五ボルトのマイクもあります。コンデンサマイクを購入するときはファンタム電源をどのように供給するかを考える必要があります。一般的には、四十八ボルトであれば、ミキサーやオーディオインターフェースから供給します。

プロの音楽制作ではNEUMANN社のU87という有名なマイクがありますが、二十五万円ほどします。さすがに、なかなか手が出ませんね。楽器録音用コンデンサマイクで安価なものは一万円ぐらいからあります。

③マイクには指向性がある

マイクには指向性があります。「どの方向・角度からの音を拾うのか」ということですね。単一指向性（カーディオイド）、双指向性、無指向性などがあり、状況によってマイクを使い分けます。マイクによっては、これらの指向性を切り替えられるものもあります（図8－1）。

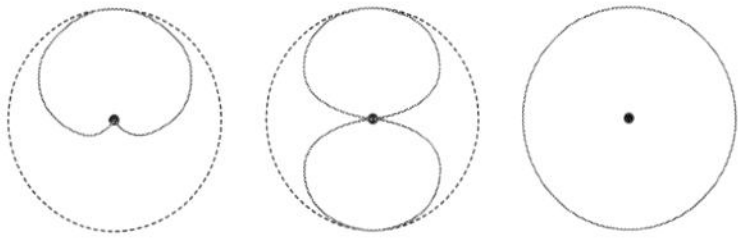

図8－1　マイクの指向性

アコギやボーカルの録音には単一指向性のマイクが適しています。正面からの音だけを拾うので、周りの余分なノイズが入りにくいからです。またハウリング対策にもなります。双指向性は、向かい合って対談するラジオや楽器演奏などをマイク一本で集音するときに便利です。無指向性マイクは会議の収録、ライブハウスの観客席の音など、その場全体の音を録音したいときに使います。

④ステレオマイク

ステレオマイクはアコギの録音に適しています。ステレオマイクには集音の仕方によってAB方式、XY方式、MS方式という三つのタイプがあります（図8－2）。ステレオマイクを購入する際の参考にしてください。

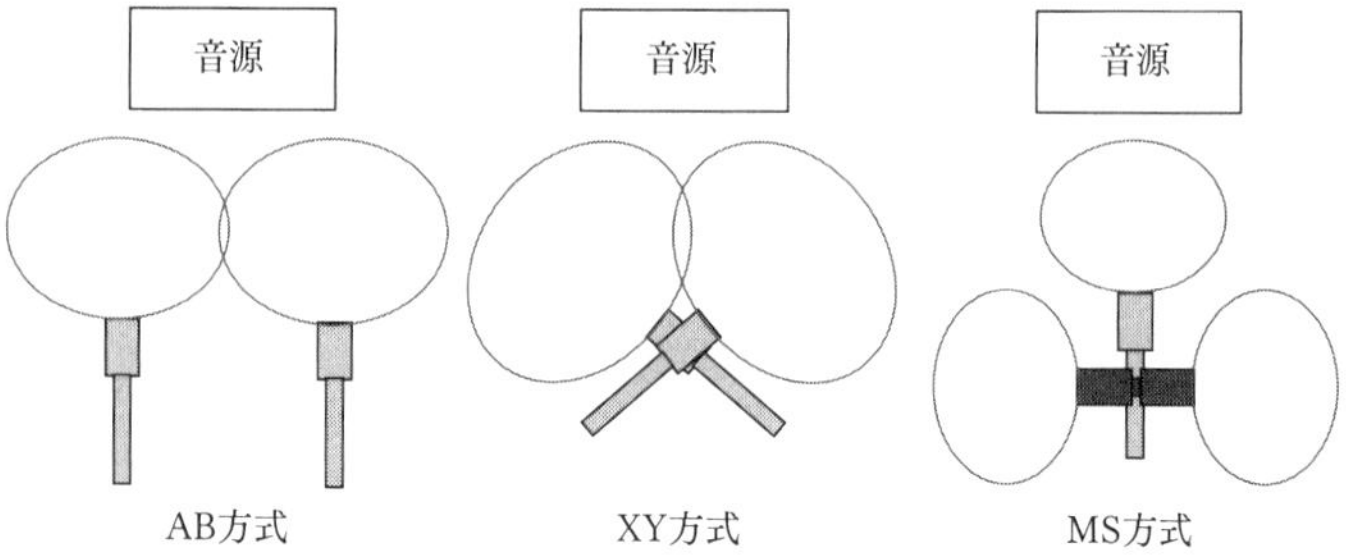

図8−2　ステレオマイク

⑤アコースティックギターの録音に最適なマイクは？

初めてマイクを買うのであれば、単一指向性のコンデンサマイクがいいでしょう。

コードストロークでジャカジャカ弾くだけであればダイナミックマイクもアリですが、アルペジオなどの指弾きなどはコンデンサマイクがお勧めです。もちろんコンデンサマイクはボーカルの録音にも適しています。

先ほども書きましたが、コンデンサマイクはピンからキリで一万円ぐらいから数十万円と価格に幅があります。プロが使うような高価なコンデンサマイクはもちろんいいのですが、数万円のコンデンサマイクが悪いかというと、そうでもありません。アコギ録音の初心者でコンデンサマイクがほしい方は数万円でも十分です。

またアコギはステレオマイクでの録音もお勧めです。特にアコギ一台で聞かせるような曲の場合、ステレオマイクで録音すると自然な広がりが出ます。

⑥そのほかのスタンド類

アコギの録音にマイクスタンドは必須です。しっかりマイクを固定し、狙ったマイキングで録るのが録音の基本だからです。マイクスタンドにはストレートタイプとブームタイプがあります。アコギの録音にはブームタイプが便利でお勧めです。

マイクスタンド以外では、譜面台やギタースタンドもあったほうが、録音時の作業効率が上がります。ぜひ検討してみてください。

ヘッドホン

マイクと同様アコギの録音にはヘッドホンも必要です。主な目的は音色の確認、レベル（音量）の確認、ノイズの確認などです。ヘッドホンにもさまざまなものがありますが、録音時の使用に適しているものは「密閉型」で「モニター用」です。

ヘッドホンには、構造の違いで開放型（オープンエア型）と密閉型があります。

開放型（オープンエア型）のヘッドホンは外に音が漏れる構造になっていて、メリットは長時間使用しても耳が疲れないということで、リスニング向きのヘッドホンです。デメリットは、音が外に漏れるので大音量にすると周りの人に迷惑がかかるということです。電車のなかで他人のヘッドホンから「チャカ、チャカ、チャカ～」と耳障りな音が聞こえてくることがありますよね。

対して密閉型のヘッドホンは、音が外に漏れない構造になっていて、録音時のモニターヘッドホンとして最適です。録音時にアコギ音以外の余計なノイズが入っては困ります。アコギを録音してみたら、マイクがヘッドホンから漏れた音を拾ってしまい、「ノイズになっている！　最初からやり直し！」なんてことになるのは悲しすぎます。そういう理由で、録音時に使用するヘッドホンは密閉型を使ってください。密閉型のデメリットは、長時間聞いていると耳が疲れることです。

またヘッドホンは、音の聴こえ方の違いでリスニング用とモニター用に大別できます。人が音楽を聴く場合、低音と高音が強調されていた方が気持ちよく聞こえ、好まれる傾向にあります。いわゆる「ドンシャリ」というヤツです。リスニング用のヘッドホンは、このドンシャリになるように設計されているものが多く、録音での音色確認には不向きです。音楽制作では低音から高音までバランスよく録音したいので、低音から高音までバランスよく表現するモニター用のヘッドホンを使います。価格は一万円前後からあります。

3 いざ！ 録音！

マイキングで録音の質が決まる

マイクの種類や位置、角度で音色は大きく変わります。マイキングとは、どのようにマイクを設置するかです。マイキング次第で録音の質が決まります。

確実にマイキングするために、マイクはマイクスタンドにしっかり固定します。このときコンデンサマイクなら、そのマイク専用のショックマウンタを使います。

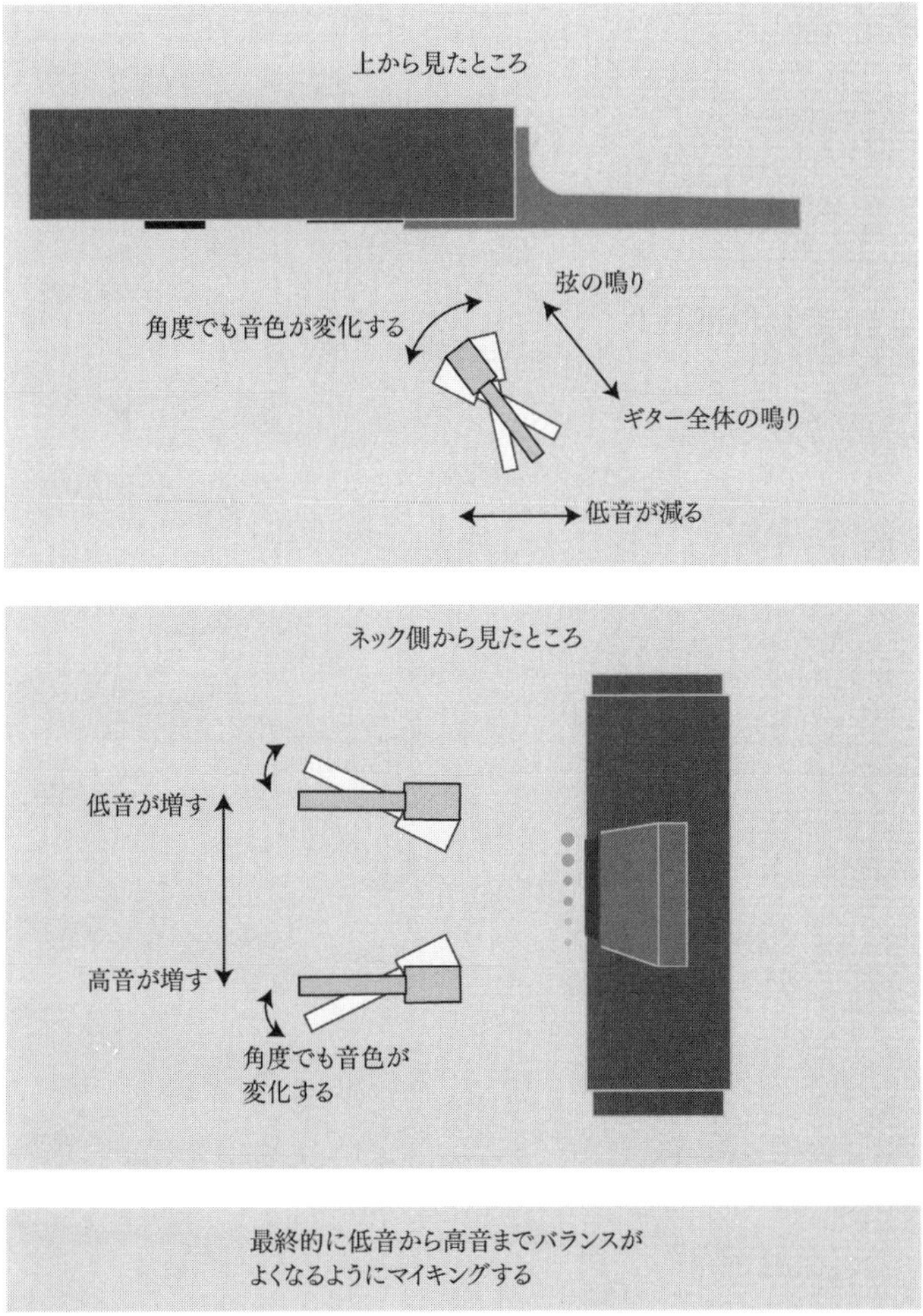
上から見たところ
弦の鳴り
角度でも音色が変化する
ギター全体の鳴り
低音が減る
ネック側から見たところ
低音が増す
高音が増す
角度でも音色が
変化する
最終的に低音から高音までバランスが
よくなるようにマイキングする

図8−3　オンマイク

①オンマイク

演奏者から数十センチのところにセッティングするマイクをオンマイクと言い、演奏者のじゃまにならないようにマイクの位置を決めます（図8－3）。

ダイナミックマイクであれば五センチから十センチほど、コンデンサマイクであれば十センチから十五センチほど離します。その距離で、基本的には二十フレットあたりからサウンドホールを狙います。マイクをギターから離すとギター全体の鳴りが録れ、近づけると弦の鳴りが増します。マイクを六弦側に近づけると低音が増し、一弦側に近づけると高音が増します。マイクでサウンドホールを狙い、「低音がうるさい」「モワッとしている」と感じたときは、少しネック側を狙うようにします。またマイクの角度でも音色は変わります。

録音前に必ずヘッドホンを使って音色の確認をし、最終的に「低音から高音までバランスよく集音できている」「弾いていて気持ちがいい」「憧れアーティストのあの曲は、こんな感じの音だったな」というマイキングを目指します。ここはセンスが問われるところで、マイキングの醍醐味です。マイキングは弾き手、奏法、ギターの鳴り方、マイクによって違うので、いろいろと試すことが大事です。

②オフマイク

オフマイクにはもう一本マイクがいりますが、アコギの録音ではオフマイクを立てると効果的です（図8－4）。

オフマイクはコンデンサマイクを使ってアコギから一メートルほど離れたところにマイクをセットして、部屋全体の空気感、壁からの反響音を録音します。オフマイクの音をオンマイクに混ぜることで、オンマイクだけでは表現できない録音が可能になります。
マイキングは部屋の大きさや反響の仕方によりますので、試行錯誤して決めることになります。

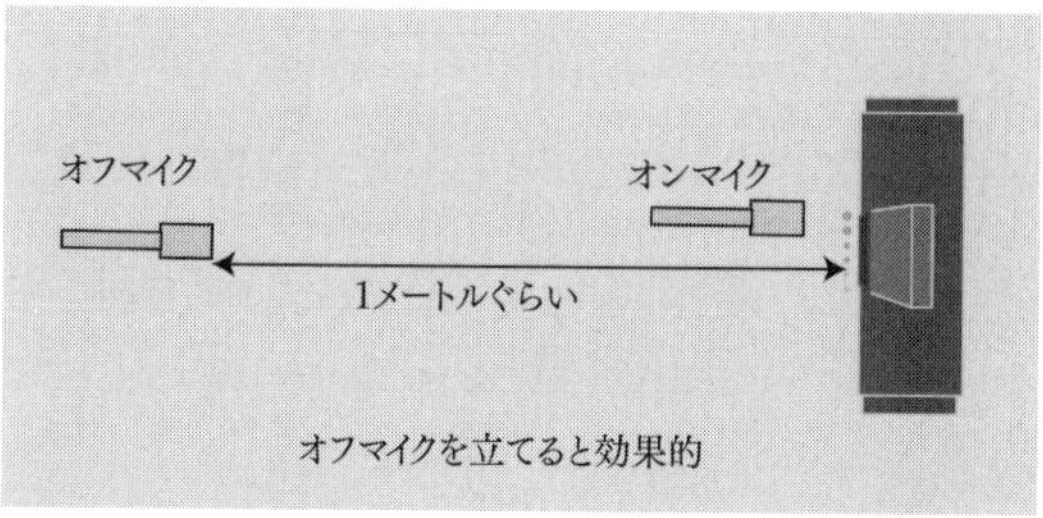

図8−4　オフマイク

セッティング

もっとも簡単なハンディレコーダーを使った録音のセッティングを考えてみます。録画もできるレコーダーであれば、「YouTube」などにアップロードするためのいちばん手っ取り早い方法です。一生の趣味として最適ですね。

原則的には機材の説明書のとおりセッティングします。ポイントとしては、ハンディレコーダーをスタンドに固定すること、ヘッドホンを使ってレコーダーからの音をモニタリングしながら録音することです。ギターの生音とレコーダーからのモニター音を比べた場合、違って聴こえることがあるので、それを確認するためです。「ギターが低音から高音までバランスよくなっているか」「余計なノイズが入っていないか」「弾き語りの場合、歌とギターの音量バランスはどうか」「二台以上のギターや他楽器とのセッションであれば全体がバランスよく聞こえるか」などを確認してみてください。

ここで納得がいかない場合は、前項のマイキングを参考に試行錯誤することになります。また、必要に応じてリバーブなどのエフェクターをかけると効果的なので検討してみてください。

マルチトラックレコーディング（多重録音）とは

前節のハンディレコーダーでの録音は手軽であり、セッティングもシンプルなことがメリットですが、デメリットもあります。例えば、友人とアコギを弾きながら歌を歌う場合、ハンディレコーダーを前にして、「せーの」で同時に弾き始めて録音します。このような録音方法を「一発録り」と言います。その後聴いてみると、「友人の演奏は完璧だが、自分の演奏がイマイチだ!!」、あるいは「二人ともギターの演奏と歌は完璧なのに、自分の音は大きく、友人の音は小さく、音量バランスが悪いな」なんてことがあります。悲しいことに、二人とも最初から録音をやり直しですね。

そこでマルチトラックレコーディングという方法で録音することにします。トラックとは「音声を記録できる領域」のことで、そのような独立した領域を多面的（マルチ）に使って録音する方法です。

例えばトラックを四つ用意し、トラック一に自分のギター、トラック二に友人のギター、トラック三に自分の歌、トラック四に友人の歌を録音します（図8－5）。この場合の録音は「せーの」とすべてを同時に録音するのではなく、それぞれのトラックに別々に各パートを録音していくのが一般的です。

このようにトラックを重ねて録音することをマルチトラックレコーディングと言います。この方法なら、それぞれのトラックが独立しているので、ミスをしたパートだけを録り直すことができるし、録音後に各トラックの音量バランスをとることもできます。便利ですね。

また、「オーバーダビング」と言って、先ほどの演奏を聞きながら別のパートを重ね録りすることもできます（図8－6）。例えば間奏にソロフレーズを入れたり、ハモリパートを入れたりというように、一人でいろいろなパートを録音していくことが可能になります。

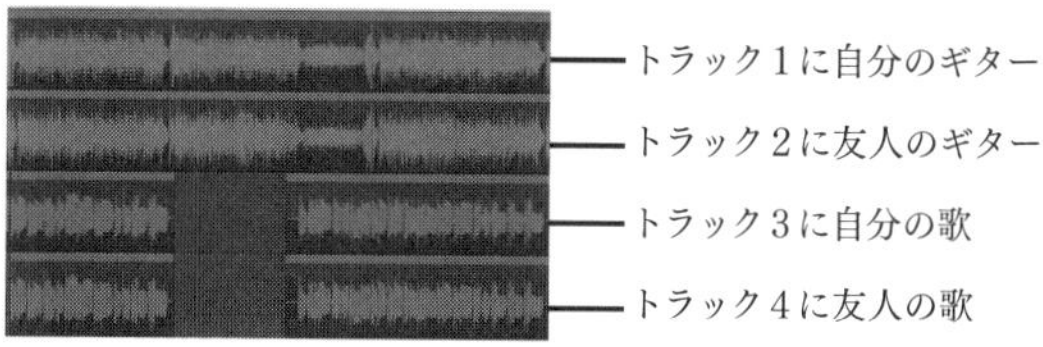

図8－5　マルチトラックレコーディング

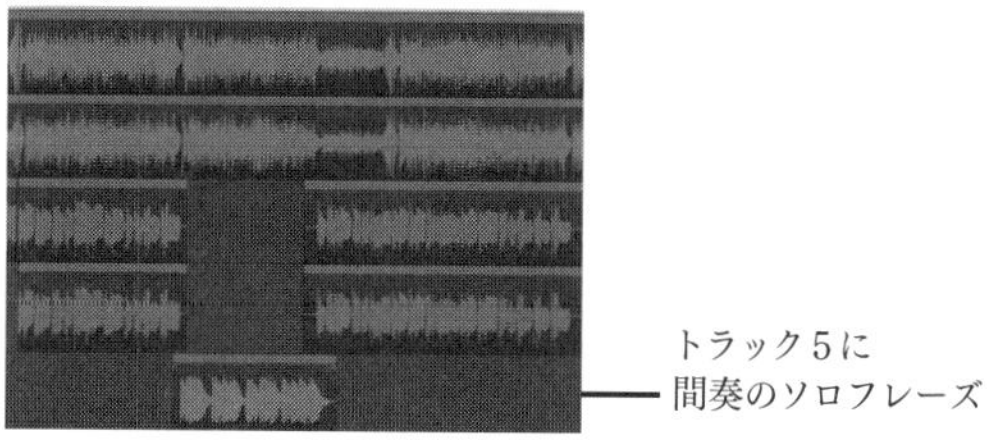

図8－6　オーバーダビング

そのほかのマルチトラックレコーディングを使ったアコースティックギター録音の応用としては、ピエゾとマグネット（第6章第3節で詳述）のピックアップの音を別トラックに録音してミックスしたり、オンマイクとオフマイクを別トラックに録音してミックスしたりすることが考えられます。

MTRやDAWはマルチトラックレコーディングを得意としていて、そのための機材です。ハンディレコーダーでもマルチトラックレコーディングができる機種もありますが不向きです。購入の際は、みなさんに必要な機材を選んでください。

エレアコのライン録音について

ここまではマイクによる録音を考えてきました。アコギの生音にこだわって録音するのであれば、マイクを使って録音することをお勧めします。では、エレアコやピックアップが付いたアコギの場合はどうしましょうか。

ピックアップからの音を増幅して、ケーブル（ライン）を通ってきた音を録音することをライン録音といいます。つまり、ライン録音は「エレアコの音」を録音する方法です。アコギの生音＝マイク録音、エレアコの音＝ライン録音ということになります。

ライン録音は「生音の録音に向いていないから意味がない」という意見もあるようですが、そんなことはありません。エレアコは「エレクトリックアコースティックギター」という立派な楽器であり、作り込まれた音が非常に気持ちいいエレアコサウンドというものがあります。

録音したい音が「アコギの生音」なのか「エレアコの音」なのかを考えましょう。曲やアレンジによるので、マイク録音かライン録音のどちらを選ぶべきか慎重に検討してください。

4 うまく録音するためのポイント

初心者がうまく録音するためにいちばんに気をつけることは、「ギターの音は大きく、ノイズは小さく録音する」ことです。

アコギの録音レベル（録音するときの音量）が小さいと再生時に聴きづらいので編集作業で大きくしますが、そのときにノイズなども同時に増幅されてしまい、結果的にいい録音にはなりません。例えば、テレビでの台風のレポート中継がイメージに近いと思います。レポーターは強風のなかをレポートします。マイクは風の音とレポーターの声を拾いますが、風が強すぎてレポーターの声が聞き取れません。そこでテレビのボリュームを大きくすると、レポーターの声だけでなく風の音も大きくなります。当たり前ですね。アコギの録音を考えた場合、アコギの音は大きく、それ以外のノイズは小さく録音することでいい録音が可能になります。

アコギを大きく録音するためのポイントは二つあります。適正な録音レベルを得ることと、マイクとレコーダーを正しく接続することです。ノイズを小さくするためにはケースバイケースで対策と工夫が必要です。

それでは詳しく見ていきましょう。

アコギをなるべく大きい音量で録音する

適正な録音レベルを得る方法としては、一般的にはマイクとギターの位置を近づけるか、ミキサーやレコーダーの入力ゲイン（増幅率）ツマミで調整します（このとき、機材の操作法はさまざまなので取扱説明書を読みます）。

次にマイクとレコーダーの接続方法を必ず守ることです。それが「なるべく大きい音量で録音す

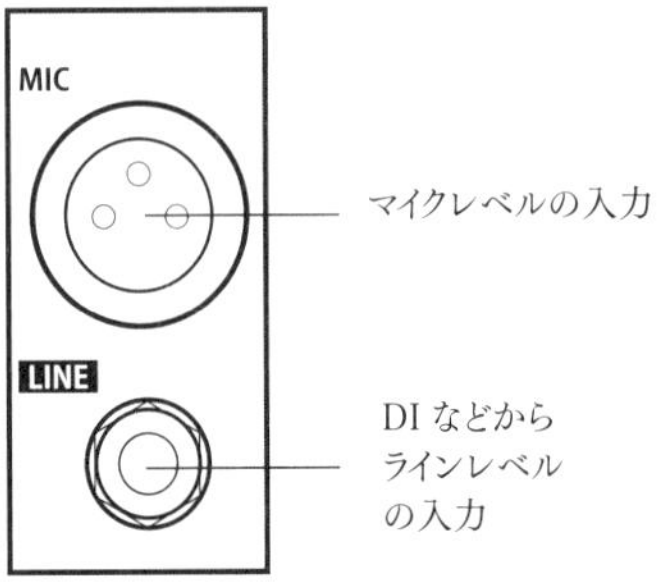

図8－7　マイク入力端子とライン入力端子

る」ことにつながります（図8－7）。

簡単に言えば、マイクはマイク入力端子に、それ以外の楽器はライン入力端子につなぎます。マイクの出力は非常に小さいので、それに対応するためミキサー、MTR、オーディオインターフェースなどは入力を二つに分けて、それぞれ別にゲインの調整ができるようになっているからです。録音してみたら音が小さすぎる、あるいは大きすぎるときには、この接続を確認してみてください。

注意することは、「大きい音量での録音」にこだわりすぎると、信号が過大入力されたときにデジタル機器ではクリップノイズ（プチッやバチッといったノイズ）が発生することです。この現象を避けるために、最近の機器はリミッターが付いていることが多いので、そのときはONにしてください。

本章第3節の「セッティング」で話したハンディレコーダーは、マイクとレコーダーが一緒になっていて単体で録音が完成するので、このような問題はありません。

ノイズの種類と対策

アコギの録音をするときに考えられるノイズとその対策です。この場合のノイズとは、アコギ以外の音のすべてです。そのノイズをいかに小さくするかがノイズ対策です。

①電気的なノイズ

電気的なノイズで有名なものにハムノイズ、ホワイトノイズがあります。ハムノイズは「ブーン」、ホワイトノイズは「サー」という感じです。機材が発していたり、機材がどこからか拾ってきたりする電気的なノイズです。電気的なノイズ対策としての基本的な考え方は、録音機材をノイズ発生源から遠ざけることと、録音機材には安定した良質の電源（詳しくは後述）を供給することです。

・ノイズを発生させるものから機材を遠ざける

電気的なノイズ発生源の代表選手は、エアコン、冷蔵庫、電子レンジなどの大きな電力を使う家電製品です。心当たりがあれば、これらのコンセントを一度すべて抜いてみてください。最善策は、これらの家電製品に使うコンセントと録音用機材に使うコンセントを分けることです。また蛍光灯もノイズ発生源です。プロのレコーディングスタジオでは蛍光灯は一切使われていません。

・安定した良質の電源を供給する

タコ足配線は厳禁です。電圧が安定しません。電源タップを使うときは、専用の電源タップを使うことでトラブルを回避できます。

ストンプ型のエフェクター類は電源アダプターから供給するのではなく、新品の電池にしたほうがノイズ対策には有効です。アコギを録音するときは電池でエフェクターを使ってください。

購入した機材に付属するメーカー純正の電源ケーブルがあれば必ずそれを使います。USBケーブル、FireWireケーブルも同様です。

②演奏時に発生するノイズ

・フィンガーノイズ、ピックがボディーに当たる

フィンガーノイズとはコードチェンジするときなどに出る「キュッ、キュッ」というノイズのことで、指と弦がこすれることで出るものです。これをノイズと言っていいかどうかは難しいのですが、あまり耳障りになるのであればノイズです。フィンガーノイズはマイクの向きを変えることで対処します。ピックがボディーに当たる音が気になるのであれば、当たらないように演奏するしかありません。

・足でリズムをとる、椅子がキシキシいう

足で床をたたいてリズムをとっている音、座っている椅子や足台がキシキシと鳴る、などもノイズになります。このノイズは一人で録音作業をしていると結構あります。しかも演奏に集中していると、その場では気づきにくいところが厄介です。あとから聞いてみたらノイズになっていたというパターンです。最初からやり直しになることが多いので、要注意です。録音前に何らかの対策をしてください。

・弾き終わってから五秒は静止する

初心者は弾き終わったあと、安心するせいか、すぐに動いてしまいがちでその音がノイズになります。特に、曲終わりで編集に困ることが多いですね。例えば、CDなどは「ジャラ～ン～～～～～～～～～～」と最後の減衰音まで聞かせてから曲が終わります。しかし、「ジャラ～ン～～～ガタッ～～～ゴトゴト～～～～」という録音の場合、減衰音を聞かせて終わることができません。もち

ろん編集もできないので、途中で「バサッ」と切るしか方法がありません。アコギの録音は、こういったことも考えて録音するといいでしょう。

聴き手が聴きやすいように調整する

市販のCDを聴いてみると一曲目も二曲目も全曲同じ音量になっています。当たり前ですよね。みなさんも「YouTube」などの配信サービスで何曲もアップロードするときは、どの曲も同じ音量になるように調整したほうがいいでしょう。聴き手が聴きやすいようにするためです。

また「YouTube」などで見かける映像として、録音ボタンを押すときの「ガタガタ……」という音が聞こえ、そのあと椅子に座ってギターを構えて演奏し、終わったらまたカメラに近づいてきて手を伸ばして録画を終えるという作品があります。

これらの作品は少し手を加え編集作業をすることで、かなり印象が変わります。機材を購入するとたいていは編集ソフトが付いてくるので、それで編集します。

まず、どの曲も一定の音量にするわけですが、小さい音で一定にしても仕方がないので、リミッターなどのエフェクターを使ってなるべく大きな音で一定にしましょう。市販のCDくらいの音量がベストです。また曲のアタマと終わりの余分な箇所を切って、演奏部分だけの作品になるように編集します。一、二秒ほど余裕をもって曲が始まり、演奏後も数秒たってから終わるようにしたほうがいいでしょう。プロの音源を参考にするといいと思います。

聴き手が聴きやすくするためのこれらの作業を、音楽制作でマスタリングといいます。初歩的なマスタリング作業ですが、するとしないのとでは出来栄えがまったく違います。

5 世界に向けて配信しよう

インターネットの音楽配信サービスで有名なのは、やはりアップル社のiTunesでしょうか。多くの有名アーティストが楽曲を販売していますが、実はみなさんの楽曲もiTunesなどの音楽配信サービスで販売することが可能です。しかし、個人がiTunesと契約をしようと思っても簡単にはいきませんね。そこで私たち個人が音楽配信サービスを利用して楽曲を販売する場合、アグリゲーターと呼ばれる音楽配信サービスとアーティストを仲介する業者を使うことになります。アグリゲーターも各社それぞれのサービスを展開しているので、詳しくはネットで検索してみてください。

楽曲の販売が目的ではなく、単に趣味として世界中に配信したいならば、いちばんポピュラーな「YouTube」を利用するといいでしょう。「YouTube」は音楽専用ではありませんが、日本では多くの利用者を抱える配信サービスです。「YouTube」は動画配信がメインですが、音声だけをアップロードしたい場合は、イメージに合った写真などの静止画を一枚用意してアップロードすれば問題なくできます。

さて、「YouTube」は単に作品をアップロードするだけでなく、ブログと同じように使うと検索結果が上位に表示されるようになって視聴者が増えるようです。ブログと同じようにというのは、定期的な作品の公開とコメント欄を利用した視聴者との交流です。

こういったものをうまく活用すればアコギ仲間が増えますし、一生の趣味になると思います。もちろんライブ告知などの情報も発信できるので、集客ツールにもなります。ライブやＣＤもそうですが、音楽配信サービスも楽曲をアップしただけで聴いてくれるとはかぎりません。マメな更新とファンの獲得がポイントですね。

あとがき

最後までお読みいただきありがとうございます。

いろいろ書いてきましたが、アコースティックギターを一生の趣味とするためには、本書に書いたこと以外にも楽しみ方があると思います。例えばオールドギターの収集を趣味としている方もいますし、ギター製造体験に通って自分で制作したオリジナルギターを宝物とされている方もいますね。十人十色でアコースティックギターの楽しみ方も人それぞれです。そのあたりのことはまったく書けませんでしたが、ご容赦ください。また、本書は私が運営するサイト「初心者のためのアコースティックギター上達テクニック」(http://ac-guitar.com)の内容に加え、私の経験を改めて整理してパワーアップさせたものです。サイトでは、第5章第1節の「カポと移調」で紹介した移調表(PDF)や動画をアップしていますので、そちらも参考にしていただければ幸いです。

私はアコースティックギターを趣味として三十年ほどたちましたが、私が経験したアコースティックギターの楽しみ方を自分なりにまとめ、みなさんにお伝えする機会を得たことは非常にラッキーでした。これまでの経験を整理することは、私自身の人生を整理するに等しいからです。そして本書を執筆しはじめてからというもの、私が最近考えていることは「アコースティックギターを趣味としたとき、それはどのくらいの可能性を秘めているか？」ということです。

まず、アコギは人生を豊かにする趣味です。そして私の人生もそうでありたいと思っています。家族や親しい友人とギターを弾きながら笑いあえればどんなにすばらしいことでしょう。例えば、よくテレビで沖縄の家庭が特集されますよね。泡盛を飲みながら、会話が弾み、そのうちお父さんが三線を弾き、お母さんが太鼓をたたき、おじいさんもおばあさんも子供も踊りだす……。いいじゃないですか。実にイイ!!　アコギを趣味とすればこのように家族や友人と盛り上がり、豊かな人生を送れることはまちがいないと確信しています。

もっと言えば、インターネットが普及した現在では、さらに上のレベルを目指すことも十分に可能でしょう。自分の演奏を世界に向けて発信できる環境が整っているということで、趣味レベルでもプロ顔負けの創作をしてる方もいますし、ネットの世界からメジャーデビューをされた方もいます。自分の趣味が仕事になるなんて、ホントにすばらしいことです。


どのような形であれ、ぜひみなさんも人生の一部にアコースティックギターを取り入れていただきたいと思います。そして、本書をきっかけにみなさんのアコギライフがすばらしいものとなるように願っています。

最後に本書を執筆するにあたり、青弓社の加藤真冬さんや矢野恵二さんをはじめ、アコースティックギター製造の取材に快く応じていただいたN.S Guitar Works の鈴木尚好さんに心から感謝します。

［著者略歴］
山田篤志（やまだ・あつし）
1970年、愛知県生まれ
高校入学をきっかけにアコースティックギターを始める。自営業のかたわら、ウェブサイトの運営や楽曲の提供など音楽活動中
［運営サイト］
「初心者のためのアコースティックギター上達テクニック」（http://ac-guitar.com）
「アコースティックギター録音入門」（http://coolife21.com/ac-recording/）
［楽曲提供］
「Soundmarche」（http://soundmarche.com）

まるごとアコギの本《ほん》

発行———2017年7月31日　第1刷
　　　　 2019年4月20日　第2刷
定価———1600円＋税
著者———山田篤志
発行者——矢野恵二
発行所——株式会社青弓社
〒162-0801 東京都新宿区山吹町337
電話 03-3268-0381（代）
http://www.seikyusha.co.jp
印刷所——三松堂
製本所——三松堂

ISBN978-4-7872-7402-1 C0073